JN060025

「収益認識会計基準と税務」完全解説

EY新日本有限責任監査法人
公認会計士・税理士 **太田 達也** 著

税務研究会出版局

改訂にあたって

　企業会計基準委員会から、令和2年3月31日付で、「収益認識に関する会計基準」の改正が公表された。財務諸表の注記事項の定めを中心とする改正が行われ、これにより「収益認識に関する会計基準」の最終版が確定した。

　改正後の「収益認識に関する会計基準」は、令和3年4月1日以後に開始する連結会計年度および事業年度の期首から適用される。ただし、令和2年4月1日以後に開始する連結会計年度および事業年度の期首から早期適用することができる。また、早期適用については、追加的に、令和2年4月1日に終了する連結会計年度および事業年度から令和3年3月30日に終了する連結会計年度および事業年度までにおける年度末に係る連結財務諸表および個別財務諸表から適用することも認められる。

　今回の改訂にあたっては、令和2年3月31日付の改正による注記事項の整備を受けて、「第12章　開示」に改正内容を取り込み、開示例を掲載した。また、各章にわたって、大幅な加筆を行っている。

　「第3章　適用上の5つのステップ」においては、図表や設例の追加を行い、加筆等も行っている。「第4章　個別論点」から「第8章　顧客からの返金が不要な支払」にかけて、大幅な加筆を行っている。「第9章　法人税法上の取扱い」においては、その後国税当局から示された見解を踏まえて、法人税法上の解釈を加筆している。

　本書が、会社の経理担当者、会計士・税理士などの実務家の必携書としてお役に立てれば幸いである。

　なお、本書の内容のうち意見にわたる部分は、筆者の個人的見解も含まれている。文責はすべて筆者にあることをお断りしておきたい。

　最後に、本書の企画、編集および校正にわたってご尽力いただいた（株）税務研究会の知花隆次氏にこの場を借りて厚くお礼申し上げたい。

令和2年5月

公認会計士・税理士　太田達也

はじめに

　企業会計基準委員会から、「収益認識に関する会計基準」が平成30年３月30日に公表された。平成33年４月１日以後開始する連結会計年度および事業年度の期首から適用される。ただし、平成30年４月１日以後開始する連結会計年度および事業年度の期首から適用することができる。また、早期適用については、追加的に、平成30年12月31日に終了する連結会計年度および事業年度から平成31年３月30日に終了する連結会計年度および事業年度までにおける年度末に係る連結財務諸表および個別財務諸表から適用することも認められる。

　従来、わが国に収益認識に関する包括的な会計基準はなく、各企業は、企業会計原則の実現主義の考え方を踏まえて、会計方針を定めてきた。収益認識に関する包括的な会計基準が設定されることを踏まえて、各企業において現状の実務の再確認を行い、これまでの会計処理の見直しの要否の検討が必要になる。また、平成30年度税制改正による措置および法人税基本通達の内容を踏まえ、税務との関係についての十分な検討・準備が必要である。収益認識に関する会計基準は会計処理の根幹に関わる基準であり、その設定はすべての企業に影響する重要な改正である。

　本書では、企業会計基準委員会から公表された「収益認識に関する会計基準」（以下、「収益認識会計基準」という）、平成30年度税制改正による措置およびその後平成30年５月30日付で公表された法人税基本通達の内容等を踏まえて、今後の実務対応について、詳しく解説している。

　第１章では、従来からの実務のベースとなっている企業会計原則の考え方をまとめている。

　第２章では、収益認識会計基準の基本的な考え方、内容を解説し、IFRS第15号との関係についても触れている。

　第３章では、適用上の５つのステップについて、ステップ１からステップ５のそれぞれについて詳しく解説している。理解を深めるために、できる限り具体例なども織り込んでいる。

　第４章では、個別論点として、ポイント制度、返品権付取引、商品券等、

本人取引か代理人取引か、有償支給取引、請求済未出荷契約、買戻契約を解説している。税務との関係や申告調整など、実務に必要な内容もできる限り織り込んでいる。

第5章では工事契約、第6章では役務の提供を取り上げ、第7章ではライセンス契約、第8章では顧客からの返金が不要な支払を取り上げている。

第9章では、法人税法の取扱いを詳細に解説している。各章においても、法人税法の取扱いを個々に織り込んでいるが、ここでは総合的に解説を行っているものである。

第10章では、消費税の処理に係る実務上の対応（会計、法人税との乖離の問題）を解説している。消費税について改正はなく、基本的に現行と同様の取扱いが求められる。会計と法人税が一致しても、消費税の処理は別扱いになるものがいくつか生じる。具体的な設例を取り上げ、その対処法についても解説している。

第11章では、業種別の論点を取り上げている。製品の販売取引、商品の販売取引、建設業、商社の取引、百貨店・小売業、電気・ガス事業、船舶による運送、輸出取引、不動産業、モバイルコンテンツ事業について、それぞれの業種特有の論点を解説している。

第12章では、開示、第13章では適用時期を取り上げている。適用時期では、法人税との関係も解説し、適用初年度における申告調整の方法についても具体例を設けている。

本書が、会社の経理担当者、会計士・税理士などの実務家の必携書としてお役に立てれば幸いである。

なお、本書の内容のうち意見にわたる部分は、筆者の個人的見解も含まれている。文責はすべて筆者にあることをお断りしておきたい。

最後に、本書の企画、編集および校正にわたってご尽力いただいた（株）税務研究会の堀直人氏にこの場を借りて厚くお礼申し上げたい。

平成30年9月

公認会計士・税理士　太田達也

CONTENTS

第5章

工事契約

Ⅰ　**一定の期間にわたって充足される履行義務とされる要件**···158

Ⅱ　**進捗度の見積方法**···162

Ⅲ　**原価回収基準**··163

Ⅳ　**代替的な取扱い**···165

Ⅴ　**契約の結合**··167

Ⅵ　**契約の変更**··169

Ⅶ　**工事契約等から損失が見込まれる場合の取扱い**·······171

第12章

開示

第13章

適用時期

企業会計原則の考え方

I　実現主義の考え方

　従来、わが国に収益認識に関する包括的な会計基準は存在しなかった。企業会計原則において、「売上高は、実現主義の原則に従い、商品等の販売又は役務の給付によって実現したものに限る。」（企業会計原則　第二　損益計算書原則　三　B）とされ、収益の認識は実現主義によることが示されている。この企業会計原則の考え方を踏まえた会計処理が、各社において行われてきた。

　昭和27年6月16日に経済安定本部企業会計基準審議会から公表された「税法と企業会計原則との調整に関する意見書（小委員会報告）」では、実現主義の適用に関し、「販売によって獲得した対価が当期の実現した収益である。販売基準に従えば、一会計期間の収益は、財貨又は役務の移転に対する現金又は現金等価物（手形、売掛債権等）その他の資産の取得による対価の成立によって立証されたときのみに実現する。」（総論　第一　二　実現主義の原則の適用）とされている。

　実現主義の下での収益認識要件として、一般に「財貨の移転または役務の提供の完了」とそれに対する「対価の成立」が求められていると考えられる。ただし、詳細なルールを定めたものではなく、抽象的な考え方を示しているものに過ぎない。各社において採用されてきた会計処理としては、出荷日基準、着荷日基準、検収日基準など様々であり、それらの日の中か

ら収益が実現したと考えられる一定の日を基準として、各社が継続適用してきたのが実情である。

実現主義の下での収益認識要件

| 財貨の移転または役務の提供の完了 | ＋ | 対価の成立 |

出荷日基準、着荷日基準、検収日基準などから一定の日を継続適用

　収益認識会計基準の下では、履行義務の充足に合わせて収益を認識するという考え方が採用されている。この点については、第2章以下で詳しく解説する。

 特殊な販売取引

　委託販売、試用販売、予約販売、割賦販売等特殊な販売契約による売上収益の実現の基準は、企業会計原則において、次によるものとされる（企業会計原則注解(6)）。基本的には実現主義の考え方に基づいていると考えられる。

1　委託販売

　委託販売については、受託者が委託品を販売した日をもって売上収益の実現の日とする。したがって、決算手続中に仕切精算書（売上計算書）が到達すること等により決算日までに販売された事実が明らかとなったものについては、これを当期の売上収益に計上しなければならない。ただし、仕切精算書が販売のつど送付されている場合には、当該仕切精算書が到達した日をもって売上収益の実現の日とみなすことができる。

　この点について、収益認識会計基準では次のように取り扱われる。すなわち、商品または製品を最終顧客に販売するために、販売業者等の他の当

事者に引き渡す場合には、当該他の当事者がその時点で当該商品または製品の支配を獲得したかどうかを判定する。当該他の当事者が当該商品または製品に対する支配を獲得していない場合には、委託販売契約として他の当事者が商品または製品を保有している可能性があり、その場合、他の当事者への商品または製品の引渡時に収益を認識しない（「収益認識に関する会計基準の適用指針」（以下、「収益認識適用指針」という）75項）。

　また、契約が委託販売契約であることを示す指標には、例えば、次の(1)から(3)があるとされている（収益認識適用指針76項）。

(1)　販売業者等が商品または製品を顧客に販売するまで、あるいは所定の期間が満了するまで、企業が商品または製品を支配していること

(2)　企業が、商品または製品の返還を要求することあるいは第三者に商品または製品を販売することができること

(3)　販売業者等が、商品または製品の対価を支払う無条件の義務を有していないこと（ただし、販売業者等は預け金の支払を求められる場合がある。）

2　試用販売

　試用販売については、得意先が買取りの意思を表示することによって売上が実現するのであるから、それまでは、当期の売上高に計上してはならないとされている。

　収益認識会計基準を適用した場合でも、「商品又は製品を顧客に試用目的で引き渡し、試用期間が終了するまで顧客が対価の支払を約束していない場合、顧客が商品又は製品を検収するまであるいは試用期間が終了するまで、当該商品又は製品に対する支配は顧客に移転しない。」と定められており（収益認識適用指針83項）、従来の実務と実質的に変わらないと考えられる。

3　予約販売

　予約販売については、予約金受取額のうち、決算日までに商品の引渡しまたは役務の給付が完了した分だけを当期の売上高に計上し、残額は貸借対照表の負債の部に記載して次期以後に繰り延べなければならない。

　収益認識会計基準を適用した場合、引渡しまたは役務の給付が完了していない部分は、履行義務が充足されていないことになるため、負債の部に記載して繰り延べることとなる点は、実質同様であると考えられる。

4　割賦販売

　割賦販売については、商品等を引き渡した日をもって売上収益の実現の日とする。しかし、割賦販売は通常の販売と異なり、その代金回収の期間が長期にわたり、かつ、分割払であることから代金回収上の危険率が高いので、貸倒引当金および代金回収費、アフター・サービス費等の引当金の計上について特別の配慮を要するが、その算定にあたっては、不確実性と煩雑さとを伴う場合が多い。したがって、収益の認識を慎重に行うため、販売基準に代えて、割賦金の回収期限の到来の日または入金の日をもって売上収益実現の日とすることも認められるとされてきた。

　この点、収益認識会計基準では、顧客に支配が移転した時をもって、企業の履行義務が充足されると考え、原則として、支配が移転し履行義務が充足される時に収益を計上するものとされる。割賦販売における支配の移転は資産の引渡しの時であるため、割賦基準は認められないこととされた。

　収益認識会計基準が割賦基準による収益の計上を認めないとしたため、法人税法も、平成30年度税制改正により、長期割賦販売等に係る延払基準を一定の経過措置を講じた上で廃止した。

　なお、企業会計原則のほかに、個別基準として企業会計基準第15号「工事契約に関する会計基準」および実務対応報告第17号「ソフトウェア取引の収益の会計処理に関する実務上の取扱い」があるが、これらは収益認識会計基準の適用に伴い廃止される。今後は、収益認識に関する包括的な会計基準として、収益認識会計基準を統一的に適用することになる。

収益認識会計基準の基本的内容

Ⅰ　適用の範囲

　収益認識会計基準は、次の⑴から⑺を除き、顧客との契約から生じる収益に関する会計処理および開示に適用される（収益認識会計基準3項）。

収益認識会計基準の適用対象外となる取扱い

⑴　企業会計基準第10号「金融商品に関する会計基準」の範囲に含まれる金融商品に係る取引

⑵　企業会計基準第13号「リース取引に関する会計基準」の範囲に含まれるリース取引

⑶　保険法（平成20年法律第56号）における定義を満たす保険契約

⑷　顧客または潜在的な顧客への販売を容易にするために行われる同業他社との商品または製品の交換取引（例えば、2つの企業の間で、異なる場所における顧客からの需要を適時に満たすために商品または製品を交換する契約）

⑸　金融商品の組成または取得に際して受け取る手数料

⑹　日本公認会計士協会　会計制度委員会報告第15号「特別目的会社を活用した不動産の流動化に係る譲渡人の会計処理に関する実務指針」の対象となる不動産（不動産信託受益権を含む）の譲渡

> (7)　資金決済に関する法律（平成21年法律第59号）における定義を満
> たす暗号資産および金融商品取引法（昭和23年法律第25号）におけ
> る定義を満たす電子記録移転権利に関連する取引

　上記にあるように、「金融商品に関する会計基準」の範囲に含まれる金融商品に係る取引については、従来どおり「金融商品に関する会計基準」が適用されるし、「リース取引に関する会計基準」の範囲に含まれるリース取引についても、従来どおり「リース取引に関する会計基準」が適用される。

　もちろん原価、費用、損失に関する会計処理については適用対象外である。売手における収益の計上について収益認識会計基準のルールが適用されるとしても、買手における仕入の計上等について、売手の処理に合わせる必要はない。例えば売手において出荷日基準や着荷日基準により収益を計上しても、それに対応する買手は検収日基準により仕入を計上することは差し支えない。

　また、収益認識会計基準の適用により、売手の収益の計上額が変更されることとされても、それに対応する買手における原価、費用等の計上額は従来どおりとなり変わらない場面が生じる。この点は、連結財務諸表における連結会社間の取引であるケースにおいて、連結会社間の取引高の消去や連結会社間の債権と債務の相殺消去がうまくできないという問題を生じさせることになる。この点については、売手の会計処理を従前の処理に振り戻した上で相殺消去を行うなど、実務上の工夫が必要になると考えられる。あるいは、連結会計システムの設計に係る問題として、連結会計システムを提供する業者により一定の対応が行われる可能性があると思われる。

 **用語の定義**

　収益認識会計基準5項から15項にかけて、次のように用語の定義が定められている。用語の定義を正確に理解したうえで、収益認識会計基準の内容を理解・整理する必要がある。

用語の定義

用語	用語の定義
契約	法的な強制力のある権利および義務を生じさせる複数の当事者間における取決めをいう。
顧客	対価と交換に企業の通常の営業活動により生じたアウトプットである財またはサービスを得るために当該企業と契約した当事者をいう[1]。
履行義務	顧客との契約において、次の(1)または(2)のいずれかを顧客に移転する約束をいう。 (1)　別個の財またはサービス（あるいは別個の財またはサービスの束[2]） (2)　一連の別個の財またはサービス（特性が実質的に同じであり、顧客への移転のパターンが同じである複数の財またはサービス）
取引価格	財またはサービスの顧客への移転と交換に企業が権利を得ると見込む対価の額（ただし、第三者のために回収する額を除く）をいう。
独立販売価格	財またはサービスを独立して企業が顧客に販売する場合の価格をいう。
契約資産	企業が顧客に移転した財またはサービスと交換に受け取る対価に対する企業の権利（ただし、顧客との契約から生じた債権を除く）をいう。

1　企業の通常の営業活動により生じたアウトプットである財またはサービスを得るために当該企業と契約した当事者をいうこととされているため、固定資産の譲渡は対象外である。
2　別個の財またはサービスの束とは、例えば製品の販売とその製品に係る大幅なカスタマイズの提供であるとか、建物の設計とその建物の建設のように、複数の財またはサービスの提供によってはじめて顧客が便益を享受できる場合、複数の財またはサービスをまとめて単一の履行義務とするケースが当てはまる。

契約負債	財またはサービスを顧客に移転する企業の義務に対して、企業が顧客から対価を受け取ったものまたは対価を受け取る期限が到来しているものをいう。
顧客との契約から生じた債権	企業が顧客に移転した財またはサービスと交換に受け取る対価に対する企業の権利のうち無条件のもの（すなわち、対価に対する法的な請求権）をいう。
工事契約	仕事の完成に対して対価が支払われる請負契約のうち、土木、建築、造船や一定の機械装置の製造等、基本的な仕様や作業内容を顧客の指図に基づいて行うものをいう。
受注制作のソフトウエア	契約の形式にかかわらず、特定のユーザー向けに制作され、提供されるソフトウエアをいう。
原価回収基準	履行義務を充足する際に発生する費用のうち、回収することが見込まれる費用の金額で収益を認識する方法をいう。

基本的な考え方（資産・負債アプローチ）

　収益認識会計基準は、IFRS第15号「顧客との契約から生じる収益」をほぼ踏襲している。したがって、基本的な考え方として資産・負債アプローチが採用されている。

　収益認識会計基準の基本的な考え方である資産・負債アプローチとは、次の考え方である。すなわち、収益は、資産の増加、負債の減少、または両者の組合せから生じる。企業が顧客との間で契約を締結すると、顧客から対価を受け取る権利（契約上の権利）と顧客に財またはサービスを提供する義務（契約上の義務）が生じる。資産と負債が相殺関係になり、純額でみると資産でも負債でもない。

　企業が財またはサービスを提供する義務を履行したときに、その義務が消滅し、契約上の権利だけが残り、それに対応した収益が認識される。

　　資産（契約上の権利）　×××　　／　　収益　×××

　この履行義務の測定を「取引価格」によるので、当初は資産と負債は同額になる。したがって、契約開始時に収益を認識することはあり得ず、企業が約束した財またはサービスを顧客に移転し、それにより契約における履行義務を充足したときのみに収益の認識が行われることになる。「履行義務の充足」が重要なキーワードになる。

 # IFRS第15号「顧客との契約から生じる収益」との関係

　収益認識会計基準は、IFRS第15号をほぼ踏襲していると考えられる。したがって、収益の計上単位、収益の計上額および計上時期については、次項で説明する5つのステップを必ず踏んで決定しなければならない。

　ただし、収益認識適用指針の92項から104項までの13項目においては、原則的な処理によらない処理、いわゆる代替的な取扱いが定められている。これらに規定されている要件に当てはまるものについては、例外的な処理が認められる。代替的な取扱いは、国際的な財務諸表間の比較可能性を損なわないと考えられる範囲で認められるものであり、13項目のみの限定的な取扱いである点に留意する必要がある。

　代替的な取扱いの具体的な内容については、該当項目の箇所で適宜説明する。また、巻末に代替的な取扱いの一覧表があるので、参考とされたい。

　なお、収益認識会計基準101項において、「他の会計基準と同様に、重要性が乏しい取引には、本会計基準を適用しないことができる。」と規定されており、代替的な取扱いとして定められている事項以外の取扱いについて、重要性の原則を適用することが認められるケースがあり得る。その重要性の判断に関する具体的な基準は示されていないため、投資家の判断に影響がないといえるかどうかについて企業の状況等に応じて適切に判断する必要があり、また、監査法人の監査を受けている企業においては、担当

会計士と十分な協議の上、適切に対応する必要があると考えられる。

 # ５つのステップ（適用手順）

　収益認識会計基準では、収益を計上するためには５つのステップに基づく旨が示されており、より詳細な検討をしなければならない内容になっている。この５つのステップを踏むことにより、収益計上の「単位」、「金額」および「時期」が決定される。各企業の取引に、５つのステップを当てはめて、従来の処理を見直す必要があるのかどうかを適用に向けて検討する必要がある。

収益認識に係る５つのステップ

(1)　顧客との契約の識別
(2)　契約における履行義務の識別
(3)　取引価格の算定
(4)　履行義務への取引価格の配分
(5)　履行義務の充足による収益の認識（一定の期間にわたり充足される履行義務と一時点で充足される履行義務）

　上記の(1)と(2)は収益認識の単位を決定するものであり、(3)と(4)により収益の額が算定される。(5)は収益の計上の時点を決定するものである。

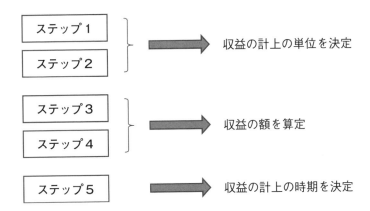

　各ステップの詳しい解説は第3章に譲るが、ここでは各ステップの簡単
なポイントを解説する。

(1)　ステップ1（顧客との契約の識別）

　ステップ1では、契約の識別要件が明確化されており、契約が成立した
といえるのかどうかがこの要件により判断される。従来の実務と大きく異
なるものではない。

　ただし、法形式上複数の契約に分かれていても、契約を結合しなければ
ならないケースが生じ得る点に留意しなければならない。これを「契約の
結合」という。契約の結合の要件が明確化されている。従来の実務では、
法形式上の契約という単位が重視されてきたが、収益認識会計基準では経
済的な実質としての単位をとらえる考え方が採用されている。

(2)　ステップ2（契約における履行義務の識別）

　履行義務（企業が、契約に基づいて顧客に財またはサービスを提供する
義務）を識別しなければならない。履行義務の識別要件が定められている。
　おおむね次の3パターンに分けられると思われる。

> ・１契約に１つの履行義務の場合（例　商品Aを販売する）
> ・１契約に複数の履行義務が識別される場合（例　製品Bを販売する
> 　履行義務とその製品について一定期間保守サービスを提供する履行
> 　義務）
> ・複数の契約に１つの履行義務の場合（１棟の建物の工事の請負で、
> 　第１期工事、第２期工事というように契約が分かれている場合、ソ
> 　フトウエアの受注制作で、要件定義、設計、開発、開発テストとい
> 　うように工程別に契約が分かれている場合等）

　上記の３つ目のパターンの場合、ステップ１において契約の結合に当たると判断されることになる。ただし、代替的な取扱い（収益認識適用指針101項）の要件を満たす場合は、例外的に各契約を結合しないで、それぞれの契約を履行義務とみなして、各契約単位で収益を認識することが認められる。

(3)　ステップ３（取引価格の算定）

　取引価格を算定するが、固定金額の場合はそれほど論点があるわけではないが、取引対価に金額が変動する可能性のある部分を含んでいる場合に、「変動対価」といい、変動対価の見積りが必要になる。過去の実績等に基づいて、期待値または最頻値のいずれか適切な方法を用いて見積もることになる。

　変動対価の例としては、値引き、割戻し、リベート、業績に基づく割増金、ペナルティー、仮価格による取引、返品権付取引などが挙げられる。

(4)　ステップ４（履行義務への取引価格の配分）

　１つの契約の中に複数の履行義務がある場合、契約全体の取引価格を各履行義務に配分する（各履行義務が収益の認識の単位となるため）。１つの契約に１つの履行義務しかない場合は、この配分は不要である。

　取引価格の配分は、各履行義務の独立販売価格（財またはサービスを独立して（単独で）企業が顧客に販売する場合の価格）の比率に基づいて配分する必要がある。

　独立販売価格が観察可能でないときは、独立販売価格を見積もらなければならない。見積りの方法については、適用指針にその方法が定められている。

(5)　ステップ５（履行義務の充足による収益の認識）

　一定の期間にわたり充足される履行義務であるのか、一時点で充足される履行義務であるのかを判定する必要がある。判定のルールが明確に示されている。

　一定の期間にわたり充足される履行義務であるときは、進捗度に応じて一定の期間にわたり収益を認識し、一時点で充足される履行義務であるときは、履行義務が充足されるその一時点で収益を認識する。

設例　取引例への５つのステップの当てはめ

前提条件

　企業は、当期首において標準的なＡ商品の販売と３年間の保守サービスの提供を顧客と同時に契約した。Ａ商品の販売契約と保守サービスの提供に係る契約は別個の契約書として締結されたとする。これらの契約に基づいて、企業は、当期にＡ商品を顧客に引き渡し、当期から３年間にわたり保守サービスを行う。契約書に記載されたＡ商品と３年間の保守サービスの提供の対価の合計金額は12,000千円である。

(1)　ステップ１

　顧客との契約を識別する。Ａ商品の販売と保守サービスの提供は別個の契約書として締結されているが、契約の結合にあたると判断され、１つの契約であると識別された。

(2)　ステップ2

A商品の販売と保守サービスの提供を別個の履行義務として識別し、それぞれを収益認識の単位とした。

(3)　ステップ3

A商品の販売および保守サービスの提供と交換に企業が権利を得ると見込んでいる対価の金額（契約全体の取引価格）を12,000千円と判断した。変動対価は含まれていない。

(4)　ステップ4

取引価格12,000千円を収益認識の単位である各履行義務にそれぞれの独立販売価格の比率に基づいて配分し、A商品の取引価格は10,000千円、保守サービスの取引価格は2,000千円とした。

(5)　ステップ5

履行義務の性質に基づき、A商品の販売は一時点において履行義務を充足すると判断し、A商品の引渡し時に収益を認識する。また、保守サービスの提供は、一定の期間（3年間）にわたり履行義務を充足すると判断し、一定の期間（3年間）にわたって収益を認識するとした。

適用上の5つのステップ

　以下、5つのステップのそれぞれについて、具体例などを交えながら詳しく解説する。また、併せて法人税法上の取扱いとの比較も行う。

Ⅰ　顧客との契約の識別

従来の実務と異なる処理となる場合

　口頭や内示書による合意がある場合とか、例えば無償の保守サービスが契約に明示されておらず、過去の取引慣行から保守サービスの提供が顧客により合理的に期待されている場合などは、契約として取り扱うべき場面が生じ得る。

　また、法形式上は別契約であっても、会計上は、複数の契約を結合しなければならない場合が生じ得る。

1　契約の識別

　「契約」とは、法的な強制力のある権利および義務を生じさせる複数の当事者間における取決めをいう（収益認識会計基準5項）。契約は、書面、口頭、取引慣行等の形式にかかわらず、当事者が承認していて、履行義務を確約している必要がある。

　以下の契約の識別要件をすべて満たす場合に、収益認識会計基準の適用対象になる（収益認識会計基準19項）。

契約の識別要件

(1) 当事者が、書面、口頭、取引慣行等により契約を承認し、それぞ
れの義務の履行を約束していること

→「書面、口頭、取引慣行等の形式にかかわらず」とされている点
に留意が必要である。契約書の締結にまで至っているかどうかは
問わない。契約が黙示であった場合（例えば製品の完成後に契約
が締結される等）でも、法的な強制力が生じる場合があるからで
ある。企業にとっての義務は財またはサービスを提供する義務で
あり、顧客にとっての義務は財またはサービスの提供を受けるこ
とと交換に対価を支払う義務である。

(2) 移転される財またはサービスに関する各当事者の権利を識別でき
ること

→企業にとっての権利は財またはサービスを提供することと交換に
対価を受け取る権利であり、顧客にとっての権利は財またはサー
ビスの提供を受ける権利である。

(3) 移転される財またはサービスの支払条件を識別できること

→取引金額の確定的な合意までは求められないと考えられるが、少
なくとも取引対価を合理的に見積もるための基礎的な合意が存在
しているかどうかがポイントである。

(4) 契約に経済的実質があること（すなわち、契約の結果として、企
業の将来キャッシュ・フローのリスク、時期または金額が変動する
と見込まれること）

→実需がないのに売上高をかさ上げするために行われる循環取引は
経済的実質がないといえるが、従来の実務においても粉飾に該当
する。

(5) 顧客に移転する財またはサービスと交換に企業が権利を得ること
となる対価を回収する可能性が高いこと。当該対価を回収する可能

性の評価に当たっては、対価の支払期限到来時における顧客が支払
う意思と能力を考慮する。

→対価の支払期限到来時における顧客が支払う意思と能力を考慮す
るという意味であり、貸倒れの可能性については、従来どおり貸
倒引当金を計上する。

　口頭や内示書による合意がある場合とか、無償の保守サービスが契約に
明示されておらず、過去の取引慣行から保守サービスの提供が顧客により
合理的に期待されている場合などは、上記の契約の識別要件を満たしてい
るかどうかを慎重に判断する必要がある。契約の識別要件を満たしている
と判断されるものについては、収益認識会計基準の適用対象となる契約と
して取り扱うべきと考えられる。

　内示書等を収益認識会計基準の適用対象となる契約として取り扱うため
には、次の点に留意する必要があると考えられる。

①　当事者間に強制力のある権利および義務を生じさせる法的効果が
認められるのか。

②　それぞれの義務の履行を約束していることが必要であるため、実
質的な補償なしに離脱できるような解約条件が付されていないか。

③　支払条件を識別できることが必要であるため、取引金額の確定的
な合意までは求められないが、少なくとも取引対価を合理的に見積
もるための基礎的な合意が存在しているか。

　なお、契約の識別要件が満たされていない段階で対価を受け取った場合
は、次のいずれかに該当するときに、受け取った対価を収益として認識す
る（収益認識会計基準25項）。

受け取った対価の額について収益認識するケース

> ・財またはサービスを顧客に移転する残りの義務がなく、約束した対価のほとんどすべてを受け取っており、顧客への返金は不要であること
> ・契約が解約されており、顧客から受け取った対価の返金は不要であること

　したがって、顧客から受け取った対価については、上記のいずれかに該当するか、あるいは、契約の識別要件（５つの要件）が事後的に満たされるまで、将来における財またはサービスを移転する義務または対価を返金する義務として、負債（前受収益等）を認識することになる。

2　契約の結合

　次の要件のいずれかを満たす場合、同一の顧客（当該顧客の関連当事者を含む）と同時またはほぼ同時に締結した複数の契約を結合して、単一の契約とみなして会計処理する（収益認識会計基準27項）。法形式上は別個の契約であっても、実態として一体の契約とみられる場合には、会計上は契約を結合して会計単位としなければならないという意味である。従来の実務にはない取扱いである。

　なお、異なる顧客と締結した複数の契約であるとか、異なる時点で締結した複数の契約は、本来結合しない取扱いとなるが、これについては別途代替的な取扱い（収益認識適用指針102項、103項）が定められており、一定の要件を満たしている場合には、あえて結合することが認められる場合がある。代替的な取扱いについては、後で詳説する。

契約の結合の要件

> (1)　当該複数の契約が同一の商業的目的を有するものとして交渉され

> 　たこと
> (2)　1つの契約において支払われる対価の額が、他の契約の価格また
> 　は履行により影響を受けること
> (3)　複数の契約において約束した財またはサービスが、後で説明する
> 　履行義務を識別する要件に照らして、単一の履行義務となること

　(1)は、同一の商業的目的を有するものとして、関連性のある財または
サービスがパッケージとして交渉されて締結されたものである場合に、会
計上、それらを結合しなければならない。例えば、同一の顧客との間で、
機械装置の販売契約とその機械装置の据付サービス契約が法形式上は別契
約として、同時またはほぼ同時に締結された場合であっても、それらが同
一の商業的目的を有するものとしてパッケージとして交渉されている場合
に、2つの契約を結合しなければならない場面が生じる。

　また、(2)の要件に該当する例としては、例えば上記の例で、機械装置の
販売と据付サービスの提供を併せて契約したため、据付サービスの対価
の額が、その据付サービスを単独で提供する場合よりも低く設定されてい
る場合は、上記の(2)の要件を満たすことが考えられる。財またはサービス
を独立して（単独で）提供する場合の価格を「独立販売価格」[3]というが、
同一の顧客と同時またはほぼ同時に締結した複数の契約において、1つの
契約における対価の額が、他の契約の価格または履行により影響を受ける
場合は、契約価格と独立販売価格に差異が生じることがあり得る。

　さらに、(3)の要件に該当する例としては、1つの建物を完成して引き渡
す工事契約について、契約を第1期工事と第2期工事というように分けて
締結したとしても、履行義務としてみた場合には、1つの建物を完成して
引き渡すという単一の履行義務となることが考えられる。1つのソフトウ

3　独立販売価格とは、財またはサービスを独立して（単独で）企業が顧客に販売する場合の
　価格である。直接観察できない場合は、見積もる。保守サービスが機器の販売とセットでは
　なく、保守サービスのみが単独で提供される場合の取引価額が、機器の販売とセットで契約
　される場合の契約価格と異なる場合があり得る。

エアの受注制作について開発工程ごとに契約を分けるケースなども同様である。このような場合は、契約も１つ、履行義務も１つという関係になる。

　ただし、(3)については、代替的な取扱い（収益認識適用指針101項）が別途定められており、一定の要件を満たしている場合に、あえて結合しない例外的な処理が認められる場合がある。代替的な取扱いについては、後で詳説する。

3　契約の結合の例

　企業が機器の販売に際して、販売促進の一環として、当該機器を購入する顧客との間で、保守サービスを単独で利用する場合の料金よりも低い料金で、機器の販売とは別の保守サービスの提供契約を同時に締結することがある。

　機器の販売契約と保守サービスの提供契約は、契約の結合の前提である「同一の顧客」と「同時に締結した複数の契約」を満たしている。このため、２つの契約を結合するかどうかは、先の(1)から(3)のいずれかに該当するかどうかの判断によることになる。

　企業は、同一の顧客との間で、機器の販売と保守サービスの提供という関連性ある製品とサービスを一体で交渉しており、また、保守サービスの価格は機器の販売に影響を受けることから両者に価格の依存性があると考えられる。このため、先の(1)と(2)の要件を満たしていると考えられることから、機器の販売契約と保守サービスの提供契約を結合して「単一の契約」とすることになると考えられる。

この「単一の契約」において、機器の販売と保守サービスの提供が２つ

の履行義務として識別された場合、機器の販売契約と保守サービスの提供契約における契約価額を合算したものを基礎として取引価格を算定し、その取引価格を機器の販売と保守サービスの提供という2つの履行義務にそれぞれの独立販売価格の比率で配分するため、各々の契約価額と異なる金額で収益が認識される可能性がある。取引価格の算定はステップ3、取引価格の各履行義務への配分はステップ4の手続であるため、詳細はそちらに委ねるが、ここでは従来の実務と収益の計上額が異なることになる可能性があるという点に着目してほしい。

　同一の顧客と同時またはほぼ同時に複数の契約を締結する取引、例えば汎用ソフトウエアを顧客仕様にカスタマイズして提供する場合にソフトウエア本体の利用権の提供とカスタマイズの契約を分けている場合や、ソフトウエアの受注制作において開発工程ごとに契約を分けている場合などは、収益認識会計基準の設定の影響を受ける可能性があると考えられる。すなわち、従来は結合しない会計処理をしてきた場合であっても、収益認識会計基準の適用以後は契約の結合の要件に照らし合わせて判断を行い、契約の結合に当たると判断される場合には、複数の契約を結合すべき場面が生じ得る。

4　代替的な取扱い

(1)　複数の契約を結合しなくてよいとする取扱い

　顧客との契約が実質的な取引単位であって、契約における財またはサービスの金額が合理的に定められており独立販売価格と著しく異ならない等の要件に該当する場合、複数の契約を結合せず、個々の契約において定められている内容を履行義務とみなし、個々の契約において定められている金額（内訳）に基づき収益を認識することができるとする代替的な取扱い（収益認識適用指針101項）が定められている。

　例えば、受注制作のソフトウエアについて、要件定義、設計、開発、開発テストというように工程ごとに契約が締結されている場合において、全

体が単一の履行義務であると判断される場合は、先の契約の結合の要件の
(3)を満たすことになるため、それらの契約を結合しなければならない。こ
の点、上記の代替的な取扱いの要件を満たすときは、複数の契約を結合し
ないで、個々の契約において定められている金額（内訳）に基づき収益を
認識することが例外的に認められる。

　なお、情報サービス産業協会（JISA）が「『収益認識に関する会計基準』
を巡る論点及び実務対応」を公表しているが、あくまでも業界独自の指針
であり、公式のものではない。会計処理をめぐっては、監査法人と十分に
協議を行い、慎重に判断することが必要であると考えられる。

⑵　異なる顧客と締結した複数の契約（異なる時点に締結した複数の契約）を結合してもよい取扱い

　工事契約について、当事者間で合意された実質的な取引の単位を反映す
るように複数の契約（異なる顧客と締結した複数の契約や異なる時点に締
結した複数の契約を含む）を結合した際の収益認識の時期および金額と当
該複数の契約について収益認識会計基準（27項および32項）の定め（複数
の契約を結合しないで、契約における各履行義務単位で収益認識する原則
的な定め）に基づく収益認識の時期および金額との差異に重要性が乏しい
と認められる場合には、当該複数の契約を結合し、単一の履行義務として
識別することができる（収益認識適用指針102項）。

　異なる顧客と締結した複数の契約や異なる時点に締結した複数の契約に
ついては、原則的な取扱いによれば複数の契約を結合できないが、結合し
た場合と結合しなかった場合とで、収益認識の時期および金額の差異に重
要性が乏しい場合は、例外的に結合できるという意味である。

　受注制作のソフトウエアについても、工事契約に準じて上記の定めを適
用することができる（収益認識適用指針103項）。

　例えば、ショッピングセンターの建設工事において、躯体の工事ととも
に、多数のテナント工事を手掛けることがある。収益認識会計基準におけ

る契約結合の要件は、同一の顧客（当該顧客の関連当事者を含む）との間で同時またはほぼ同時に締結された複数の契約であることが前提とされているため、テナント同士が関連当事者の関係でない限り、テナントごとに契約を識別し、テナントごとに収益を認識しなければならないのかという問題が生じる。テナントごとの収益認識が求められるとされた場合には、多大な実務負担につながるおそれがある。この問題については、上記の代替的な取扱いを当てはめて、当事者間で合意された実質的な取引の単位を反映するように複数の契約（異なる顧客と締結した複数の契約や異なる時点に締結した複数の契約を含む）を結合した際の収益認識の時期および金額と当該複数の契約について収益認識会計基準（27項および32項）の定めに基づく収益認識の時期および金額との差異に重要性が乏しいと認められる場合には、当該複数の契約を結合し、単一の履行義務として識別することができることになる（収益認識適用指針102項）。

　なお、重要性が乏しいと認められるかどうかについては、個々の契約ごとに判断する必要があると考えられる。原則どおり処理した場合と代替的な取扱いを適用して処理した場合とで、収益認識の時期および金額にどの程度の差異が生じるのかを確認し、その影響の程度が重要であるかどうかを個々の契約ごとに判断することになると考えられる。

5　契約の変更

　契約の変更とは、契約の当事者が承認した契約の範囲または価格（あるいはその両方）の変更である。契約の当事者が承認した場合に効力が生じる。従来、契約の変更に関する明確な取扱いはなかった。収益認識会計基準では、契約の変更が行われた場合は、次の3つのパターンのいずれに該当するかを判断しなければならない。3つのいずれかによって、会計処理が異なる。

(1)　契約変更を既存の契約とは別個の独立した契約として取り扱う場合	
(2)　契約変更を既存の契約とは別個の独立した契約として取り扱わない場合	①　既存の契約をいったん解約して、新しい契約を締結したものと仮定して取り扱う場合
	②　既存の契約の一部であると仮定して取り扱う場合

　なお、重要性が乏しい場合、3通りのいずれの処理も認められるとする代替的な取扱いが定められている（収益認識適用指針92項）。

⑴　契約変更を既存の契約とは別個の独立した契約として取り扱う場合

　次の2つの両方の要件が満たされる場合、既存の契約とは別個の独立した契約として会計処理を行う（収益認識会計基準30項）。

契約変更を独立した契約として会計処理する場合の要件

・別個の財またはサービスの追加により、契約の範囲が拡大されること
・変更される契約の価格が、追加的に約束した財またはサービスに対する独立販売価格に特定の契約の状況に基づく適切な調整を加えた金額分だけ増額されること

別個の独立した契約として会計処理を行う例

　既存の契約において、製品100個を100,000円（@1,000円）で顧客に販売するとされていた。製品100個のうち50個を販売した後、追加で40個販売することとなったとする。この追加分については、新規顧客に販売する際に生じるであろう販売関連費用を負担しないで済むため、値引きして36,000円（@900円）で販売することとした。

最初の50個の販売

　売掛金　50,000　　／　　売上　50,000

残りの50個を販売

　売掛金　50,000　　／　　売上　50,000

追加の40個を販売

　売掛金　36,000　　／　　売上　36,000

　上記の例において、40個の追加により契約の範囲が拡大されている。また、追加の40個分については、新規顧客に販売する際に生じるであろう販売関連費用を負担しないで済むため値引きして単価900円としたとされており、独立販売価格に適切な調整を加えた金額分だけ増額されていると考えられる。先の2つの要件を両方とも満たしていると考えられる。したがって、既存の契約とは別個の独立した契約として処理することが考えられる。最初の50個と残りの50個については単価1,000円で売上を計上し、追加の40個については単価900円で売上を計上することが考えられる。

　契約の変更による取引価格の変動がどのような要因に起因しているかを検討することが必要である。値下げが既存の顧客への販売であれば販売関連費用の追加的な負担が生じないという適切なものであり、引き渡した製品の品質や性能に起因するものではない。追加の製品40個については、当初の100個の契約とは別個の独立した契約として取り扱うことが考えられる。

(2)　契約変更を既存の契約とは別個の独立した契約として取り扱わない場合

　一方、先の2つの要件を満たさず、独立した契約として処理されない場合は、契約変更日において未だ移転していない財またはサービスについて、次の①から③のいずれかの方法により処理しなければならない（収益認識会計基準31項）。③は、①と②の組合せの場合であるため、パターンとしては①に該当するものなのか、②に該当するものなのかを判断することになる。

契約変更が独立した契約として処理されない場合の会計処理

①　未だ移転していない財またはサービスが契約変更日以前に移転した財またはサービスと別個のものである場合	既存の契約を解約して、新しい契約を締結したものと仮定して会計処理する。 残存履行義務に配分すべき対価の額は、次の合計額とする。 ・顧客が約束した対価（顧客から既に受け取った額を含む）のうち、取引価格の見積りに含まれているが収益として認識されていない額 ・契約変更の一部として約束された対価
②　未だ移転していない財またはサービスが契約変更日以前に移転した財またはサービスと別個のものではなく、契約変更日において部分的に充足されている単一の履行義務の一部を構成する場合	既存の契約の一部であると仮定して会計処理する。すなわち、単一の履行義務の残として処理する。契約変更による取引価格の修正は、収益の修正として計上される。
③　未だ移転していない財またはサービスが①と②の両方を含む場合	契約変更が変更後の契約における未充足の履行義務に与える影響を、それぞれ①または②の方法に基づき処理する。

①　既存の契約をいったん解約して、新しい契約を締結したものと仮定して取り扱う場合

　未だ移転していない財またはサービスが契約変更日以前に移転した財またはサービスと別個のものであると考えられる場合は、既存の契約を解約して、新しい契約を締結したと仮定して会計処理する。次の例のように、追加の製品の販売分の値下げの理由が、すでに販売済の製品の品質トラブルにある場合、その値下げは販売政策の変更に伴うものではなく、すでに引き渡した製品の品質や性能に起因するものである。この場合は、いったん既存の契約を解約して、リセットした上で、新規の契約を再締結したものとみなして処理することになる。

①の処理の例

　既存の契約において、製品100個を100,000円（@1,000円）で顧客に販売

するとされていた。製品100個のうち50個を販売した後、追加で30個販売することとなった。この追加分については、最初の50個の販売分に品質トラブルがあり、その点を反映して21,000円（@700円）になったものである。次のように、既存の契約を解約して、新契約が締結されたとみなすため、新契約として80個（50個＋30個）を71,000円（50,000円＋21,000円）（@887.5）で顧客に販売するものとして処理する。

最初の50個の販売

　　売掛金　50,000　　／　　売上　50,000（@1,000）

残りの50個を販売

　　売掛金　44,375　　／　　売上　44,375（@887.5）

追加の30個を販売

　　売掛金　26,625　　／　　売上　26,625（@887.5）

　上記の例において、追加の30個分の値下げの理由は、当初の契約100個のうちの最初の50個分について品質トラブルがあったことである。未だ移転していない製品が契約変更日以前に移転した製品と別個のものであると考えられる。したがって、既存の契約をいったん解約して、新しい契約を締結したものと仮定して会計処理することになる。最初の50個の販売の段階で契約を解約して、新たに残り50個分と追加の30個分を合わせて80個分の新規契約を締結したとみなすため、新規契約80個分の単価は加重平均されて887.5円とされる。この887.5円の単価で、残り50個分と追加の30個分の売上の計算が行われることになる。要は、すでに計上した収益の額はそのままとし、将来に向かって契約変更の影響を反映させる処理である。

②　既存の契約の一部であると仮定して取り扱う場合

　顧客仕様のソフトウエアの開発を受注し、全体を管理するため、開発作業を複数の工程に分割し、各工程を単位として契約を締結するが、工程相互の関連性が高く、全工程を単一の履行義務と判断している。この場合、工程ごとに顧客に確認を行う取引において、顧客の確認を得たものの、そ

の後の顧客の要請により仕様に修正を加えるように契約を変更するケースがある。

　企業が全工程を単一の履行義務として判断している場合、顧客の要請に基づく仕様の変更があれば、その変更はすでに提供された財またはサービスと相互に関連し、別個のものと見られない可能性がある。この場合、収益認識会計基準では、上記の②に従って、契約の変更を既存の契約の一部として取り扱い、契約変更時点で、変更後の取引価格と履行義務の進捗度に基づいて計算された収益の金額と、すでに認識された収益との差額を修正することになると考えられる。

　また、②に当てはまるケースとしては、受注制作のソフトウエアにおける仕様の変更のほか、次の例に示すように、工事契約における建物の仕様変更のケースが考えられる。

②の処理の例

　顧客との間で、工事契約を締結した（取引価格100,000円、工事原価総額（見積り）80,000円、利益（見積り）20,000円）。工事進行基準により収益を計上するものとする。第１期において、工事原価48,000円が生じたため、進捗度を60％とし、工事収益を60,000円（100,000円×60％）計上した。第２期において、建物の仕様の変更があり、変更後の取引価格120,000円、工事原価総額（見積り）95,000円、利益（見積り）25,000円となった。

　未だ移転していない財またはサービスが、部分的に充足された履行義務の一部であり、先の②に該当すると考えられる。したがって、契約変更による取引価格および進捗度の修正は、収益の修正として計上する。

　第２期までの原価の累計が76,000円（第１期48,000円＋第２期28,000円）となった。進捗度80％（76,000円÷95,000円）とし、収益36,000円（120,000円×80％－60,000円）を計上した。

（第１期）

| 工事未収入金 | 60,000 | ／ | 工事収益 | 60,000 |
| 工事原価 | 48,000 | ／ | 現預金 | 48,000 |

（第2期）

　工事未収入金　36,000　　／　　工事収益　36,000

　工事原価　　　28,000　　／　　現預金　　28,000

　上記の処理例のように、契約変更が行われた第2四半期において、契約変更による影響額を反映させる処理であり、キャッチアップ修正という言い方をする。

　なお、重要性が乏しい場合、3つのパターンのいずれの処理も認められる代替的な取扱いが定められている（収益認識適用指針92項）。

Ⅱ　契約における履行義務の識別

従来の実務と異なる処理となる場合

　約束した財またはサービスが別個のものか否かの判断（履行義務単位への分割）について、従来は工事契約や受注制作のソフトウエアを除き、一般的な取扱いがなかった。履行義務の識別について、収益認識会計基準に基づく判断が必要になる。その識別された履行義務単位で収益を計上することになる。

　1つの契約に複数の履行義務が含まれる場合は、各履行義務が収益の認識単位となる。したがって、ステップ2において別個の履行義務であるのかどうかを判断しなければならない。

1　顧客に移転されることが約束される財またはサービス

　「履行義務」とは、顧客との契約において、次の(1)または(2)のいずれかを顧客に移転する約束をいう（収益認識会計基準7項）。

> (1)　別個の財またはサービス
> (2)　一連の別個の財またはサービス（特性が実質的に同じであり、顧客への移転のパターンが同じである複数の財またはサービス）[4]

　例えば、製品や商品の販売の場合は、製品Ａを顧客に引き渡す約束、商品Ｂを顧客に引き渡す約束のように、別個の財を顧客に移転する約束を識別する。あるいは、役務の提供の場合も、輸送サービスの提供、修理サービスの提供というように、別個のサービスを顧客に移転する約束を識別する。

　また、(1)については、「別個の財またはサービスの束」も含まれる。別個の財またはサービスの束とは、例えば製品の販売とその製品に係る大幅なカスタマイズの提供であるとか、建物の設計とその建物の建設のように、複数の財またはサービスの提供によってはじめて顧客が便益を享受できる場合、それらの財またはサービスを区別して識別することはできない。複数の財またはサービスをまとめて単一の履行義務として取り扱うものである。

　一方、(2)については、期間極めの役務提供取引で該当するものが多いと考えられる。例えば、期間極めの清掃サービス、警備サービス、保守サービスなどは、契約期間にわたって一連の別個の財またはサービスが顧客に移転するが、特性が実質的に同じであり、顧客への移転のパターンが同じである複数の財またはサービスであると考えられ、それらの複数の財またはサービスをまとめて、全体を単一の履行義務であると識別するものが中心になる。

　顧客に移転することが約束される財またはサービスには、例えば、次のものがある（収益認識会計基準129項）。

4　一定の期間にわたり充足される履行義務の要件を満たし、かつ、履行義務の充足に係る進捗度の見積りに同一の方法が使用される場合は、顧客への移転のパターンが同じであるとされる（収益認識会計基準33項）。清掃サービスや警備保障サービスなどは、当てはまることが考えられる。

顧客に移転することが約束される財またはサービスの例

・企業が製造した財の販売（例えば、製造業者の製品）

・企業が購入した財の再販売（例えば、小売業者の商品）

・企業が購入した財またはサービスに対する権利の再販売（例えば、企業が再販売するチケット）

・契約上合意した顧客のための作業の履行

・財またはサービスを提供できるように待機するサービス（例えば、利用可能となった時点で適用されるソフトウエアに対する不特定のアップデート）あるいは顧客が使用を決定した時に顧客が財またはサービスを使用できるようにするサービスの提供

・財またはサービスが他の当事者によって顧客に提供されるように手配するサービスの提供（例えば、他の当事者の代理人として行動すること）

・将来において顧客が再販売するまたはその顧客に提供することができる財またはサービスに対する権利の付与（例えば、小売店に製品を販売する企業が、当該小売店から製品を購入する個人に追加的な財またはサービスを移転することを約束すること）

・顧客に代わって行う資産の建設、製造または開発

・ライセンスの供与

・追加の財またはサービスを取得するオプションの付与（当該オプションが重要な権利を顧客に提供する場合）

2　履行義務の識別

　顧客に移転されることが約束される財またはサービスが別個のものかどうかの判断を行い、別個のものならばそれぞれ区分して識別しなければならない。

　以下の要件の両方に該当する場合は、別個の履行義務であると判断され

る（収益認識会計基準34項）。

履行義務の識別要件

(1)　財またはサービスの観点からの区分可能性	当該財またはサービスから単独で顧客が便益を享受することができること、あるいは、当該財またはサービスと顧客が容易に利用できる他の資源を組み合わせて顧客が便益を得ることができること
(2)　契約の観点からの区分可能性	当該財またはサービスを顧客に移転する約束が、契約に含まれる他の約束と区分して識別できること

⑴　財またはサービスの観点からの区分可能性

　顧客が財またはサービスから便益を享受することができるのは、財またはサービスの使用、消費あるいは廃棄における回収額より高い金額による売却、経済的便益を生じさせるその他の方法による保有を行うことが可能な場合である（収益認識適用指針5項）。

　企業が取得した製品を直ちにそのままの状態で使用できない場合であっても、他の企業やその顧客が据付けや試運転等を行うことにより、その製品を使用することができる場合は、顧客が単独で、または顧客が容易に利用できる他の資源を組み合わせて顧客が便益を得ることができることに該当することが考えられる。他の企業に限らず、製品を販売した企業がそのような据付けや試運転等を日常的に独立して販売している場合も、同様であると考えられる。

　容易に利用できる資源とは、企業または他の企業が独立して販売する財またはサービス、あるいは、顧客が企業からすでに獲得した資源（企業が契約に基づき既に顧客に提供している財またはサービスを含む）または他の取引もしくは事象からすでに獲得した資源をいう。

　他の企業に限らず、企業が特定の財またはサービスを通常は独立して販売しているという事実は、上記⑴の要件を満たしていることを示している可能性があると考えられる（収益認識会計基準130項）。

⑵　契約の観点からの区分可能性

　上記の要件⑵に従って、財またはサービスを顧客に移転する約束が、契約に含まれる他の約束と区分して識別できるかどうかを判定するにあたっては、当該約束の性質が、契約において、当該財またはサービスのそれぞれを個々に移転するものか、あるいは、当該財またはサービスをインプットとして使用した結果生じる結合後のアウトプットを移転するものかを判断する。

　財またはサービスを顧客に移転する複数の約束が区分して識別できないことを示す要因には、例えば、次の①から③がある（収益認識適用指針6項）。3つの要因は、相互に排他的なものではなく、そのうちの複数が該当する可能性もある（収益認識適用指針112項）。

財またはサービスを顧客に移転する複数の約束が区分して識別できないことを示す要因

①　重要な統合サービス	当該財またはサービスをインプットとして使用し、契約において約束している他の財またはサービスとともに、顧客が契約した結合後のアウトプットである財またはサービスの束に統合する重要なサービスを提供していること
②　著しい修正・カスタマイズ	当該財またはサービスの1つまたは複数が、契約において約束している他の財またはサービスの1つまたは複数を著しく修正するまたは顧客仕様のものとするか、あるいは他の財またはサービスによって著しく修正されるまたは顧客仕様のものにされること
③　相互依存性・相互関連性が高い	当該財またはサービスの相互依存性または相互関連性が高く、当該財またはサービスのそれぞれが、契約において約束している他の財またはサービスの1つまたは複数により著しく影響を受けること

①　重要な統合サービス

　例えば、建物の建築工事契約を例にする。その契約には、設計、基礎工事、資材の調達、建設、内装、配管・配線が含まれるとする。先の財またはサー

ビスの観点からの区分可能性については、それらの財またはサービスが企業または他の企業によって他の顧客に対して日常的に独立して提供されているのであれば、区分することが可能であると判断される可能性がある。

　しかし、そのような契約を請け負った企業は、様々な財の提供や作業の監理や調整を行うのが通常であり、複数の財またはサービスを統合することにより、アウトプットとしての建物を完成して引き渡す約束であると判断されることが多いと考えられる。複数の財またはサービスは、契約した目的物である建物（結合後のアウトプット）を建設するためのインプットとして使用されている実態であると判断される場合は、個々の財またはサービスは、契約の観点において区分して識別できないと考えられる。

　この重要な統合サービスについて理解を深める上で、次の収益認識適用指針の設例5-1および5-2が参考になる。

設例 重要な統合サービス（病院の建設）

1.　前提条件

(1)　A社（建設会社）は、病院を建設する契約をB社（顧客）と締結した。A社は、プロジェクトの全般的な管理に対する責任を負っている。

(2)　当該契約には、設計、現場の清掃、基礎工事、調達、建設、配管と配線、設備の据付け及び仕上げが含まれる。これらの財又はサービスの多くは、A社又は同業他社により、他の顧客に対して日常的に独立して提供されている。

2.　財又はサービスが別個のものであるかどうかの判定

(1)　A社は、約束した財又はサービスは、会計基準第34項(1)及び本適用指針第5項に従って別個のものとなり得ると判断した。すなわち、A社は、B社が当該財又はサービスから単独であるいはB社が容易に利用できる他の資源と組み合わせて便益を享受することができ、また、B社が個々の財又はサービスから、それらの使用、消費、売却又は保有によって経済的便益を生み出すことができると判断した。

(2)　しかし、A社は、財又はサービス（インプット）をB社が契約した目的である病院（結合後のアウトプット）に統合する重要なサービスを提供するため、当該財又はサービスを移転する約束は、会計基準第34項(2)及び本適用指針第6項の諸要因に従って、契約に含まれる他の約束と区分して識別できないと判断した。

(3)　(1)及び(2)による判断の結果、会計基準第34項における要件の両方が満たされるわけではないため、A社は、当該財又はサービスは別個のものではなく、契約で約束した財又はサービスのすべてを単一の履行義務として処理すると判断した。

設例　重要な統合サービス（特殊仕様の装置）

1．前提条件

(1)　A社は、複雑な特殊仕様の装置の複数のユニットを引き渡す契約をB社（顧客）と締結した。当該装置のそれぞれのユニットは、他のユニットと独立して稼働させることができる。

(2)　A社は、契約により、ユニットを製造するための製造プロセスを確立することが求められている。装置の仕様は、B社が自社で有する設計に基づく特殊なものであり、装置を引き渡す契約とは別の契約に基づいて開発されたものである。

(3)　A社は、契約の全体的な管理に対する責任を負っており、当該契約により、材料の調達、外注業者の選定と管理、製造、組立及び試験を含むさまざまな活動を実施することやそれらを統合することが求められている。

2．財又はサービスが別個のものであるかどうかの判定

(1)　A社は、契約における約束を評価し、それぞれのユニットが他のユニットと独立して機能し得ることから、B社はそれぞれのユニットから単独で便益を享受することができるため、約束したユニットはそれぞれ会計基準第34項(1)に従って別個のものとなり得ると判断した。

(2)　A社は、自らの約束の性質は、B社と契約した特殊仕様の装置の複数のユニットを製造して提供することであることに着目し、自らが責任を負うのは、契約の全体的な管理と、さまざまな財又はサービス（インプット）を全体的なサービス及びその成果物である装置（結合後のアウトプット）に統合する重要なサービスの提供であるため、装置及び当該装置を製造するためのさまざまな財又はサービスを提供する約束は、会計基準第34項(2)及び本適用指針第6項に従って、契約に含まれる他の約束と区分して識別できないと判断した。

(3)　さらに、A社が提供する製造プロセスはB社との契約に特有のものであり、A社の履行とさまざまな活動の重要な統合サービスの性質は、装置を製造するA社の活動のうちの1つが変化すると、複雑な特殊仕様の装置の製造に要する他の活動に重要な影響を与えるため、A社の活動は相互依存性及び相互関連性が非常に高いと判断した。

(4)　したがって、A社は、会計基準第34項(2)の要件が満たされないため、A社が提供する財又はサービスは別個のものではないと判断し、契約で約束した財又はサービスのすべてを単一の履行義務として処理すると判断した。

（出典：収益認識適用指針の設例より）

②　著しい修正・カスタマイズ

　例えば、ソフトウエアの販売に係る契約と、販売したソフトウエアについて顧客仕様に大幅な仕様の変更、著しい修正・カスタマイズを加える作業に係る契約を同一の顧客との間で締結したとする。この場合、先の①で説明したのと同様に、ソフトウエアの提供と大幅な仕様の変更をそれぞれインプットとして使用した結果生じる結合後のアウトプットである目的物（大幅な仕様変更がされた完成後のシステム）を提供する約束であると判断されることが考えられる。この場合も、全体を単一の履行義務として識別することになる。

③　相互依存性・相互関連性が高い

③は、①または②に該当するかどうかが不明確となる場合があるために定められているものである。

財またはサービスの相互依存性または相互関連性が高いとは、例えば、企業が当該財またはサービスのそれぞれを独立して移転することにより約束を履行することができないため、複数の財またはサービスが相互に著しく影響を受ける場合が想定されている（収益認識適用指針114項）。

3　具体例への当てはめ

(1)　機械装置の販売と保守サービスの例

例えば機械装置の販売契約と保守サービス契約とを一体で契約するが、機械装置の販売代金と保守サービス料の内訳が、契約書上明示されていないとする。履行義務の識別要件のうちの先の要件(1)について検討すると、販売される機械装置が標準型のもので大幅なカスタマイズなく使用でき、また、企業が提供する保守サービスが一般的なものであり、他の企業も提供可能であり、他の顧客に対して独立して販売されている場合、機械装置の販売から単独で便益を得ることができる、もしくは容易に利用できる他の資源と組み合わせて（他の企業による保守サービスと組み合わせて）顧客は便益を得ることができると考えられる。機械装置の販売と保守サービスは、上記(1)の要件に該当すると考えられる。

また、契約上、標準型の機械装置の仕様に基づく使用が意図されており、機械装置の販売と保守サービスの提供をインプットとして使用した結果生じる結合後のアウトプットを移転する約束には該当しないと判断されるのであれば、上記(2)の要件も該当する可能性が高いと考えられる。この場合には、先の2つの要件を両方とも満たすことが考えられるため、機械装置の販売と保守サービスの提供は別個の履行義務となる可能性が高いと考えられる。

別個の履行義務かどうかの判断（その1）

```
┌──────────────────┐   別個の履行義務かどうか   ┌──────────────────┐
│   機械の販売   │ ◄- - - - - - - - - - - - ► │   保守サービス   │
└──────────────────┘                            └──────────────────┘
```

保守サービスが一般的なものであり他の企業も提供可能である場合	標準型の機械装置の仕様に基づく使用が意図されている
機械の販売から顧客が単独で便益を得るまたは顧客が容易に利用できる他の資源を組み合わせて顧客が便益を得ることができる	著しい修正・大幅なカスタマイズなし 機械の販売と保守サービスに相互関連性・相互依存性は認められない

機械の販売と保守サービスは別個の履行義務であると判断される

⑵　精密機器の販売と据付け、試運転サービスの例

　例えば据付けや試運転作業を伴う精密機器の販売を行うものとする。売手は機器を買手の工場に納入した後に据付けや試運転作業を実施し、買手は所定の性能の達成を確認して最終検収する契約となっている。精密機器の販売、据付けおよび試運転作業の対価の内訳が、契約書上明示されていないとする。据付けおよび試運転作業が他の企業も提供できる一般的なものである場合には、精密機器の販売とそれらは独立した履行義務として識別される可能性がある。

　一方、精密機器の据付けが、契約上、顧客向けに当該機器へ大幅な修正やカスタマイズを加える複雑な作業であるような場合には、当該機器の販売と据付け作業は単一の履行義務と判断される可能性が高いと考えられる。

別個の履行義務かどうかの判断（その２）

```
┌─────────────────┐        別個の履行義務かどうか         ┌─────────────────┐
│  精密機器の販売  │ ◄──────────────────────────────► │     据付け       │
└─────────────────┘                                    └─────────────────┘
```

据付けや試運転が顧客向けに大幅な修正や
カスタマイズを加える複雑な作業である

┌──────────────────────────┐ ┌──────────────────────────┐
│ 精密機器の販売から顧客が単独で │ │ 著しい修正・大幅なカスタマイズ │
│ 便益を得るまたは顧客が容易に利 │ │ が必要   │
│ 用できる他の資源を組み合わせて │ │ 精密機械の販売と据付けサービスに │
│ 顧客が便益を得ることはできない │ │ 相互関連性・相互依存性が認められる │
└──────────────────────────┘ └──────────────────────────┘

┌────────────────────────────────┐
│ 精密機器の販売と据付けサービスは   │
│ 単一の履行義務であると判断される   │
└────────────────────────────────┘

⑶　ソフトウエアのライセンス供与とアップデートのサービスの例

　ソフトウエアのライセンス供与を行う契約に、そのライセンス期間にわ
たりソフトウエアのアップデートを行う条項を含むケースにおいて、企業
はライセンス供与、インストール・サービス、アップデート・サービス、
テクニカル・サポートを独立して販売している。

　ソフトウエアは、他の財またはサービスの前に引き渡され、アップデー
トがなくても、ソフトウエア自体は機能し続けるとすれば、ソフトウエア
のライセンス供与とソフトウエアのアップデート・サービスに相互依存
性・相互関連性はないと考えられる。ソフトウエアのライセンス供与とソ
フトウエアのアップデートは別個の履行義務と判断される可能性が高いと
考えられる。

別個の履行義務かどうかの判断（その3）

```
┌──────────────┐   別個の履行義務かどうか   ┌──────────────┐
│ ソフトウエアの │ ◀‑‑‑‑‑‑‑‑‑‑‑‑‑‑‑‑‑‑‑▶ │  アップデート  │
│ ライセンス供与 │                         └──────────────┘
└──────────────┘
```

ソフトウエアは、他の財またはサービス
の前に引き渡され、アップデートがなく
ても、ソフトウエアは機能し続ける

┌─────────────────────────┐ ┌─────────────────────────┐
│ ソフトウエアのライセンス供与か │ │ 著しい修正・大幅なカスタマイズ │
│ ら顧客が単独で便益を得るまたは │ │ なし   │
│ 顧客が容易に利用できる他の資源 │ │ ソフトウエアのライセンス供与と │
│ を組み合わせて顧客が便益を得る │ │ アップデートに相互関連性・相互 │
│ ことができる   │ │ 依存性は認められない   │
└─────────────────────────┘ └─────────────────────────┘

┌──────────────────────────────────────┐
│ ソフトウエアのライセンス供与とアップデート・ │
│ サービスは別個の履行義務であると判断される   │
└──────────────────────────────────────┘

⑷　ソフトウエアの受注制作の例

　企業がソフトウエアの受注制作を請け負うケースで、要件定義、基本設計、詳細設計、開発、開発テストの各工程が分割して契約締結されていて、それぞれの工程ごとに検収が行われ、それに対応する代金の授受がされる内容になっているとする。

　履行義務の識別要件に照らして判断すると、その約束の性質が財またはサービスのそれぞれを個々に移転するものではなく、当該財またはサービスをインプットとして使用した結果生じる結合後のアウトプットを移転するものと判断される可能性が高いと考えられる（収益認識適用指針6項）。そのように判断される場合は、その契約全体が単一の履行義務となる。後で説明するステップ5の手続で一定の期間にわたり充足される履行義務であると判断される場合は、その全体についての進捗度を合理的に見積もり、進捗度に応じた収益を認識することになると考えられる。代金の授受ごとに収益を認識していた場合は、その実務の見直しの検討が必要になる。授受された代金が収益計上額を上回る部分は、前受収益等の負債に計上することになると考えられる。

別個の履行義務かどうかの判断（その４）

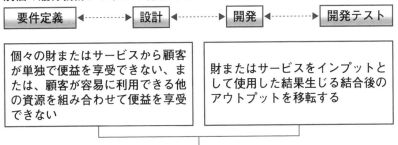

ただし、顧客との契約が実質的な取引単位であって、契約における財またはサービスの金額が合理的に定められており独立販売価格と著しく異ならない等の要件に該当する場合、複数の契約を結合せず、個々の契約において定められている内容を履行義務とみなし、個々の契約において定められている金額（内訳）に基づき収益を認識することができるとする代替的な取扱いが定められている（収益認識適用指針101項）。

なお、次の代替的な取扱いが定められている。約束した財またはサービスが、顧客との契約の観点で重要性が乏しい場合には、当該約束が履行義務であるのかについて評価しないことができる（収益認識適用指針93項）。重要性が乏しい場合は、当該約束が履行義務であるのかについて評価しないことが認められるため、その場合は他の履行義務に含めてかまわないという意味である。

また、顧客が商品または製品に対する支配を獲得した後に行う出荷および配送活動については、商品または製品を移転する約束を履行するための活動として処理し、履行義務として識別しないことができる（収益認識適用指針94項）。通常は、出荷・配送活動が終わり、商品または製品が顧客に引き渡された時点で履行義務が充足されるが、この代替的な取扱いは特殊なケースを想定している。すなわち、顧客に商品または製品の引渡しがされ、商品または製品を引き渡す履行義務は充足されたが、その後に出荷・

配送活動を行う場合を意味しており、原則からいえば出荷・配送活動が別個の履行義務になる。この代替的な取扱いを適用することにより、別個の履行義務として識別しないことが認められるため、商品または製品が顧客に引き渡され、履行義務が充足された時点で、取引価格の全額について収益を計上することができることになる。実務負担が軽減されることが考えられる。

　例えば、インコタームズにおける倉庫渡し（Ex-Godown）は、売手が所有する倉庫または指定する倉庫において、物品を買手に対して引き渡す条件である。代替的な取扱いにより、売手の倉庫からの出荷・配送活動を別個の履行義務として取り扱わないことが認められる。この点、輸出取引におけるFOBやCIFについても、商品または製品に対する支配が顧客に移転した後に輸送活動が行われることが通常考えられるが、その輸送活動を別個の履行義務としては取り扱わないことが認められると考えられる。詳しくは、「第11章　業種別の論点」の「Ⅷ　輸出取引」を参照されたい。

4　財またはサービスに対する保証

　財またはサービスに対する保証が合意された仕様に従って機能することの保証である場合、企業会計原則注解（注18）に定める引当金（製品保証引当金等）として処理する（収益認識適用指針34項）。従来と同様の処理である。

　また、顧客にサービスを提供する保証（当該追加分の保証について、以下、「保証サービス」という）を含む場合には、保証サービスは別個の履行義務であり、取引価格を財またはサービスおよび当該保証サービスに配分する（収益認識適用指針35項）。

財またはサービスに対する保証の２類型

財またはサービスに対する保証が合意された仕様に従って機能することの保証	製品保証引当金等として処理
顧客にサービスを提供する保証	独立した履行義務として処理

(1)　品質保証型

　財またはサービスに対する保証が合意された仕様に従って機能することの保証である場合、従来と同様に、企業会計原則注解（注18）に定める引当金（製品保証引当金等）として処理する（収益認識適用指針34項）。当事者が意図したとおりに機能することについて保証するものであり、「品質保証型」という。例えば、家電製品を購入した場合、1年間のメーカー保証が付く場合がほとんどである。これは、メーカーが合意された仕様どおりの良品を提供することに対する保証といえる。いわば「良品提供義務」であり、財またはサービスに潜在的な瑕疵があった場合に、財またはサービスを提供する企業がそれを補完する意味合いがあると考えられる。

　この品質保証型は、財またはサービスと一体のものであり、別個の履行義務とはみられないものを想定している。取引価格を配分することはなく、将来の費用について、合理的に見積もった額を引当金に計上する。

(2)　サービスを提供する保証

　顧客にサービスを提供する保証である場合は、追加のサービスを提供するものとして、別個の履行義務として識別する。例えば、通常の品質保証とは別に、顧客の責任による故障にも修理等で対応する保証であるとか、購入日から一定期間にわたり製品の操作方法について訓練を受ける権利を顧客に提供するといった保証は、追加的なサービスの提供として、財またはサービスの提供とは別個の履行義務であると考えられる。また、有料の保証サービスであり、顧客にその保証を受けるかどうかの選択権が与えられるような場合は、別個の履行義務に該当する可能性が高いと考えられる。家電量販店において、メーカーの製品保証とは別に、家電量販店が独自に顧客の責任による故障にも修理等で対応する長期保証を付すような場合は、サービスを提供する保証であると判断されることが考えられる。

　顧客にサービスを提供する保証である場合、当該保証を履行義務として識別し、取引価格を財またはサービスおよび当該保証サービスにそれぞれ

の独立販売価格の比率で配分することになる（収益認識適用指針35項）。保証サービスについては、財またはサービスを提供するまでは契約負債として認識し、一定の期間（保証期間）にわたって、または財またはサービスを提供した時に契約負債から収益に振り替えることになる。

(3)　品質保証型とサービスを提供する保証の区別

　このような追加的な保証サービスを含むかどうかを判断するにあたっては、例えば、次の①から③の要因を考慮するものとされている（収益認識適用指針37項）。

追加的な保証サービスを含むかどうかを判断するにあたって考慮する3要因

①　財またはサービスに対する保証が法律で要求されているかどうか 　　財またはサービスに対する保証が法律で要求されている場合には、財またはサービスが合意された仕様に従って機能することの保証であることが考えられる。当該法律は、通常、欠陥のある財またはサービスを購入するリスクから顧客を保護するために存在するものであるため、当該保証は履行義務でないことを示している。
②　財またはサービスに対する保証の対象となる期間の長さ 　　財またはサービスに存在していた潜在的な瑕疵が明らかになるのは、財またはサービスを提供してから比較的短期間である場合が多いと考えられる。財またはサービスに対する保証の対象となる期間が長いほど、財またはサービスが合意された仕様に従っているという保証に加えて保証サービスを顧客に提供している場合が多く、この場合には、当該保証サービスは履行義務と考えられる。
③　企業が履行を約束している作業の内容 　　財またはサービスが合意された仕様に従っているという保証を提供するために、欠陥のある商品または製品に係る返品の配送サービス等、特定の作業を行う必要がある場合には、当該作業は、通常、別個の履行義務とはみない。財またはサービスの引渡し時に存在していた潜在的な瑕疵に対応するための作業であると考えられるからである。

　上記の要因を考慮しつつ、実態に基づいた判断が必要であると考えられる。

⑷　税務上の取扱い

　法人税法上、品質保証型は別個の履行義務として取り扱わないとされて
おり（法基通2-1-1の３）、会計と同様である。ただし、製品保証引当金に
ついては、従来どおり申告調整の対象になる。また、サービスを提供する
保証についても、会計と同様に、別個の履行義務として取り扱うことが考
えられる。この内容は、事項である「5　収益の計上単位に係る法人税法
上の取扱い」の箇所で詳説する。

　また、消費税法上の取扱いに留意が必要である。消費税法上、サービス
を提供する保証について、資産の譲渡等の対価として収受されたまたは収
受されるべき金額を課税標準として取り扱うことになると考えられる。取
引価格を財またはサービスの対価と保証サービスの対価に配分するという
考え方はない。いったん売上を計上し仮受消費税等を認識し、修正仕訳に
より売上から契約負債に振り替えるような実務上の工夫が必要になると考
えられる。

　ただし、メーカー保証とは別に家電量販店が行う保証サービスの場合の
ように、保証料の対価の額が財またはサービスの対価の額と明確に区分し
て授受されるような場合は、区分して取り扱うことは問題ないと考えられ
る。

5　収益の計上単位に係る法人税法上の取扱い

⑴　収益の計上単位の取扱い

　資産の販売もしくは譲渡または役務の提供（収益認識に関する会計基準
の適用対象となる取引に限る。以下、「資産の販売等」という）に係る収
益の額は、原則として個々の契約ごとに計上する。ただし、次に掲げる場
合に該当する場合には、それぞれ次に定めるところにより区分した単位ご
とにその収益の額を計上することができるものとされている（法基通2-1-1）。

　この通達の取扱いが適用されるのは、収益認識会計基準の適用対象とな
る取引に限られるとされている点に留意する必要がある。

収益の額を計上する単位

①　同一の相手方およびこれとの間に支配関係その他これに準ずる関係のある者と同時期に締結した複数の契約について、当該複数の契約において約束した資産の販売等を組み合わせて初めて単一の履行義務となる場合	当該複数の契約による資産の販売等の組合せ
②　一の契約の中に複数の履行義務が含まれている場合	それぞれの履行義務に係る資産の販売等

　また、同一の相手方およびこれとの間に支配関係その他これに準ずる関係のある者と同時期に締結した複数の契約について、次のいずれかに該当する場合には、当該複数の契約を結合したものを一の契約とみなして上記の②を適用する。

契約の結合の要件

　・当該複数の契約が同一の商業目的を有するものとして交渉されたこと

　・一の契約において支払を受ける対価の額が、他の契約の価格または履行により影響を受けること

　上記の①の契約が複数に分かれていても、履行義務としてみた場合に1つである場合に、契約を結合した単位が収益認識の単位となる取扱い、上記の②の1つの契約の中に複数の履行義務が含まれている場合に、それぞれの履行義務を収益認識の単位とする取扱いがいずれも、法人税法上認められる点が明らかにされている。

　また、同一の顧客との間で、同時またはほぼ同時に締結された複数の契約で、一定の要件を満たすものについて複数の契約を結合する取扱いについても、法人税法上認められる。収益の計上の単位について、会計と法人税との間で差異は生じないと考えられる。

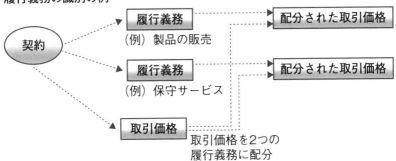

上記の内容から、収益認識会計基準を適用した場合、契約の結合や履行義務の識別により区分した実質的な取引の単位を収益計上の単位とする会計上の取扱いが、法人税法上も認められることになる。

(2)　保証の取扱い

　財またはサービスに対する保証が合意された仕様に従って機能することの保証である場合、企業会計原則注解（注18）に定める引当金（製品保証引当金等）として処理し、また、顧客にサービスを提供する保証である場合、当該保証を履行義務として識別する取扱いについては、次の通達が公表されている。すなわち、法人が資産の販売等に伴いその販売もしくは譲渡する資産または提供する役務に対する保証を行った場合において、当該保証がその資産または役務が合意された仕様に従っているという保証のみであるときは、当該保証は当該資産の販売等とは別の取引の単位として収

益の額を計上することにはならない（法基通2-1-1の３）。

　要するに、合意された仕様に従って機能することの保証であるときは、会計上、独立した履行義務とはせず、製品保証引当金等の対象とするが、税務上も独立した履行義務とはしない。ただし、製品保証引当金等は、税務上認められないため、製品保証引当金の繰入・戻入については、従来どおり申告調整を行うことになる。

　一方、顧客にサービスを提供する保証である場合の当該保証を履行義務として識別する取扱いについては、税務上も履行義務として識別し、会計と同様に、履行義務が充足される時または充足されるに応じて収益を認識することになると考えられる。

取引価格の算定

　契約において約束された対価に変動性のある金額を含んでいる場合には、企業は対価の金額を期待値または最頻値のうちのいずれかの適切な方法を用いて見積もらなければならない。

　取引価格は、財またはサービスの顧客への移転と交換に企業が権利を得ると見込む対価の額である。ただし、第三者のために回収する額（消費税、代理人取引における本人のための代金回収など）を除く。

　消費税等は、第三者に支払うために顧客から回収する金額に過ぎないため、取引価格には含まれない。消費税の税込方式による会計処理は認められない。また、酒税、たばこ税や揮発油税については、企業や業種によって実態が異なると考えられ、第三者のために回収する額であるかどうかを個別に判断することになると考えられる。第三者のために回収する額であるときは、売上に含めてはいけない[5]。

　また、代理人取引と判断される場合は、本人のために回収される額を売上に含めてはいけない。手数料部分だけ純額で収益を計上することとなる。本人取引か代理人取引かの判定については、「第4章　個別論点」の「Ⅳ　本人取引か代理人取引か」で詳説する。

　取引価格を算定する際には、次の1から4のすべての影響を考慮する必要がある。

取引価格を算定する際に考慮すべき事項

1　変動対価
2　契約における重要な金融要素
3　現金以外の対価（当該対価を時価により測定）
4　顧客に支払われる対価

　以下、それぞれについて解説する。

1　変動対価

(1)　変動対価の識別

　顧客と約束した対価のうち変動する可能性のある部分を「変動対価」という。契約において、顧客と約束した対価に変動対価が含まれる場合、財またはサービスの顧客への移転と交換に企業が権利を得ることとなる対価の額を見積もる（収益認識会計基準50項）。

　値引き、リベート、返金、インセンティブ、業績に基づく割増金、ペナルティー、仮価格による取引、返品権付取引など、取引の対価に変動性のある金額が含まれる場合、その変動部分の額を見積もる。

5　企業の財またはサービスの提供に関連して、第三者に支払を行う場合（特に国や地方公共団体へ税金を納付する場合）が影響を受けると考えられる。「第三者に代わって回収する金額」と判断される場合には、税相当額を売上高に含めないことになり、売上高の金額が従来と異なることになるが、「第三者に代わって回収する金額」と判断されない場合には、従来の実務と異ならないと考えられる。

　見積もった変動対価は、各決算日に見直しを行う（収益認識会計基準55項）。決算日時点で入手可能な新たな情報によって、取引価格の見積りの結果が変動する可能性があるからである。

　また、変動対価は、契約条件に明示される場合に加えて、次のいずれかの状況が存在する場合も含まれる（収益認識適用指針24項）。

・企業の取引慣行や公表した方針等に基づき、契約の価格よりも価格が引き下げられるとの期待を顧客が有していること
・顧客との契約締結時に、価格を引き下げるという企業の意図が存在していること

　例えば、企業と顧客との過去の取引慣行から、契約価格よりも価格が引き下げられるとの合理的な期待を顧客が有している場合であるとか、企業が公表した方針等から、企業が顧客に対してリベートを支払うことが顧客により合理的に期待されているような場合は、変動対価として取り扱うことが考えられる。

　変動対価の額に関する不確実性が事後的に解消される際に、解消される時点までに計上された収益の著しい減額が発生しない可能性が非常に高い部分に限り、取引価格に含める（収益認識会計基準54項）。収益の過大計上を防止する趣旨である。

　判定するにあたっては、収益が減額される確率および減額の程度の両方を考慮する。例えば、次の要因が存在する場合には、収益が減額される確率または減額の程度を増大させる可能性があるとされている（収益認識適用指針25項）。

・市場の変動性または第三者の判断もしくは行動等、対価の額が企業の影響力の及ばない要因の影響を非常に受けやすいこと
・対価の額に関する不確実性が長期間にわたり解消しないと見込まれること

・類似した種類の契約についての企業の経験が限定的であるか、または当該経験から予測することが困難であること

・類似の状況における同様の契約において、幅広く価格を引き下げる慣行または支払条件を変更する慣行があること

・発生し得ると考えられる対価の額が多く存在し、かつ、その考えられる金額の幅が広いこと

　企業会計における保守主義の原則から、適度に保守的な見積りを行うことは許容されると考えられるが、過度に保守的な見積りを行うことについては問題があると考えられる。

(2)　変動対価の見積りの方法

　変動対価については、適切な方法を用いて見積もるとされている。

　すなわち、契約において約束された対価に変動性のある金額を含んでいる場合には、企業は対価の金額を次の2つの方法のうち、企業が権利を得ることとなる対価の額をより適切に予測できる方法を用いて見積もらなければならない（収益認識会計基準51項）。

変動対価の見積方法

期待値	発生し得ると考えられる対価の額を確率で加重平均した金額の合計額
最頻値	発生し得ると考えられる対価の額における最も可能性の高い単一の金額（契約で生じる結果が2つしかない場合（業績ボーナスを達成するか否か）には適切な見積方法である）

　例えば、契約に業績に基づく割増金に係る内容が含まれており、業績の状況いかんにより取引金額が変動する内容になっていたとする。取引金額が100となる確率が過去の実績等から30％と見積もられ、取引金額が120となる確率が過去の実績等から50％と見積もられ、取引金額が140となる確率が過去の実績等から20％と見積もられた場合、期待値と最頻値はそれぞ

れ次のように計算される。

・期待値

　　$100 \times 30\% + 120 \times 50\% + 140 \times 20\% = 118$

・最頻値

　　最も発生確率の高い単一の金額である120

　期待値または最頻値は、いずれかを自由に選択できるという意味ではない。契約で生じる結果が2つしかない場合、例えば業績ボーナスを達成するかしないかというケースにおいては、最頻値が適切な方法であると考えられる。一般的には発生可能性が偏っているほど最頻値が適切であると判断され、発生可能性が均一に近いほど期待値が適切であると判断される傾向が生じる。また、発生し得ると考えられる対価の数が少ないほど最頻値が適切であると判断され、発生し得ると考えられる対価の数が多いほど期待値が適切であると判断される傾向が生じると考えられる。

　収益認識適用指針の設例10では、建物の建設の請負の例で、建物の完成が一定の期日より1日遅れるごとに対価が10,000千円減額され、期日より1日早まるごとに対価が10,000千円増額されるという変動対価の要素と、建物の完成時に、第三者による検査で、契約で定められた方法に基づく評点が付けられ、建物に所定の評点が付いた場合には、建設を請け負った企業は一定金額の報奨金を受け取る権利を得るという変動対価の要素が示されているが、前者については期待値を用い、後者については最頻値を用いて見積もる内容が示されている。前者については発生し得ると考えられる対価の数（バリエーション）が多いと考えられるため期待値がより適切な方法であると考えられるし、後者については、所定の評点が付くか否かというように契約で生じる結果が2つしかないため最頻値がより適切な方法であると考えられるためである。

変動対価の取引の例

　企業が顧客に製品を単価10で販売するが、1年間で100個以上販売された場合は単価を9に下げる契約を締結した。

・第1四半期での販売実績は20個であったため、値引きの発生の可能性は低いと判断し、200（20個×10）の売上を計上した。

・第2四半期において、顧客に当初予想できなかった特別な需要が発生し、追加的に50個販売したため、年間で100個以上に達すると判断し、430（50個×9－20個（販売済個数）×1）を売上に計上した。

このように、変動対価の見積りは、各会計期間末日に見直す必要がある。

（第1四半期）

売掛金　200　　／　　売上　　　　200

（第2四半期）

売掛金　500　　／　　売上　　　　430

　　　　　　　　　　　　返金負債　　70

（注）　第2四半期における売上高　50個×@9＝450

　　　第1四半期で販売した製品に対する売上高の減額についての取引価格の変動　1×20個＝20

　　　　　　　　450－20＝430

　本設例は、最頻値を用いて見積もっている。年間の取引数量が100個以上に達するか否かというように契約で生じる結果が2つしかないためである。

　また、第2四半期において、会計上の見積りの変更が行われているが、変更による影響額（第1四半期に販売済の20個に係る単価1円の修正）は、見積りの変更を行った第2四半期の収益計上時に反映することになる。

⑶　変動対価に係る法人税法上の取扱い

　内国法人の各事業年度の資産の販売もしくは譲渡または役務の提供（以下、「資産の販売等」という）に係る収益の額として当該事業年度の所得の金額の計算上益金の額に算入する金額は、別段の定めがあるものを除き、その販売もしくは譲渡をした資産の引渡しの時における価額またはその提供をした役務につき通常得べき対価の額に相当する金額とする（法法22条

の２第４項）。ここでいう「その販売もしくは譲渡をした資産の引渡しの時における価額またはその提供をした役務につき通常得べき対価の額」とは、第三者間で通常付される価額、いわゆる時価をいう。

　また、法人税法上、値引き、値増しまたは割戻し等についても、一定の要件を満たしている場合、客観的に見積もられた金額を収益の額から減額または増額することが認められる。会計上の変動対価の見積りについて、一定の要件を満たしている場合に、認容されるという意味である。それは、譲渡資産等の時価をより正確に反映させるための調整と位置づけることができるからである。

　すなわち、資産の販売等に係る契約の対価について、値引き、値増し、割戻しその他の事実（以下、「値引き等の事実」という）により変動する可能性がある部分の金額（以下、「変動対価」という）がある場合、一定の要件を満たす場合に、引渡し等事業年度[6]の確定した決算において、収益の額を減額し、または増額して経理した金額は、引渡し時の価額等の算定に反映するものとする（貸倒れ、買戻しは除く）。ここで変動対価を引渡し時の価額等の算定に反映することが認められるためには、下記の①から③のすべての要件を満たすことが必要である（法基通2-1-1の11）。

変動対価の見積りが認められるための要件

> ①　値引き等の事実の内容および当該値引き等の事実が生ずることにより契約の対価の額から減額または増額する可能性のある金額またはその金額の算定基準（客観的なものに限る）が、当該契約もしくは法人の取引慣行もしくは公表した方針等により相手方に明らかにされていることまたは当該事業年度終了の日において内部的に決定

6　引渡し等事業年度とは、法人税法22条の２第１項または第２項に規定する事業年度であり、その資産の販売等に係る目的物の引渡し等の日または一般に公正妥当と認められる会計処理の基準に従って契約の効力が生ずる日その他の引渡し等の日に近接する日の属する事業年度である。

　されていること
②　過去における実績を基礎とする等合理的な方法のうち法人が継続
　して適用している方法により減額もしくは増額の可能性または算定
　基準の基礎数値が見積もられ、その見積りに基づき変動対価が算定
　されていること
③　①を明らかにする書類および②の算定の根拠となる書類が保存さ
　れていること

　変動対価の見積りについては、税務上、その見積りに恣意性が入る可能
性を排除する必要性があるため、無条件に認められるものではない。上記
の3つの要件をすべて満たすものに限り、所得への反映を認める。

　第1に、取引対価の額から減額または増額する可能性のある金額または
その金額の算定基準（客観的なものに限る）が、契約、取引慣行、公表し
た方針等のいずれかによって相手方に明らかにされている、または事業年
度終了の日において内部的に決定されていることが必要である。値引き、
割戻し、リベート等においては、取引の相手方に対してその金額の算定基
準等が明らかにされている場合があると考えられる（例えば一定期間の取
引数量が所定の数量を超えたときに単価をいくら値引く、一定期間の取引
数量に応じてリベートの金額が算定される等）。また、仮価格による取引
についても、確定価格がどのような方法により決定されるのかが相手方に
明らかにされている場合はあると考えられる（例えば一定の日における為
替相場に基づく等）。相手方に明らかにされていない場合には、要件を満
たすために、事業年度終了の日までに内部的に決定することも考えられる。
この場合の内部的に決定した事実は、③のそれを明らかにする書類の保存
要件によって、その証拠性は担保されると考えられる。

　第2に、過去の実績を基礎とする等合理的な方法により見積もられてい
ることが必要であり、その方法については継続適用が求められる。過去の
実績を集計管理できるように、管理体制の見直しの要否の検討も必要にな

ると考えられる。いくら一定の算定基準に基づくといっても、継続性が確保されていなければ恣意性が入るため、継続性が求められるという趣旨であると考えられる。基本的には、過去の実績等を基礎とし、期待値または最頻値のうちいずれか適切な方法を用いて合理的に見積もることが考えられる。

　第3に、①および②のそれぞれについて、一定の書類の保存が求められるものである。

　なお、引渡しの時における価額または通常得べき対価の額は、貸倒れまたは買戻しの可能性がある場合においては、その可能性がないものとした場合の価額とする（法人税法22条の2第5項）。ここでいう貸倒れは、収益認識適用指針の設例2の処理、すなわち回収可能性に問題があるときに収益を減額して計上する処理であり、レアケースである。また、買戻しは、設例11の返品権付きの販売の処理、すなわち返品の可能性を見積もり、取引対価の一部について返金負債を計上し、その額だけ収益を減額する処理である。法人税法上これらを認めないのは、譲渡資産等の時価とは関係ない要素であると考えられるためである。

　なお、変動対価に係る法人税法上の取扱いのより詳しい内容については、「第9章　法人税法上の取扱い」の「Ⅰ　法人税法上の益金に算入すべき額」を参照されたい。

2　契約における重要な金融要素

(1)　取引対価に重要な金融要素が含まれている場合の会計処理

　契約の当事者が明示的または黙示的に合意した支払時期により、財またはサービスの顧客への移転に係る信用供与についての重要な便益が顧客または企業に提供される場合には、顧客との契約は重要な金融要素を含むものとする（収益認識会計基準56項）。

　顧客との契約に重要な金融要素が含まれる場合、取引価格の算定にあたっては、約束した対価の額に含まれる金利相当分の影響を調整する。収益は、約束した財またはサービスが顧客に移転した時点で（または移転す

るにつれて）、当該財またはサービスに対して顧客が支払うと見込まれる現金販売価格を反映する金額で認識する（収益認識会計基準57項）。

　対価に重要な金融要素が含まれている場合で、かつ、顧客が企業に後払いをする（財またはサービスを提供する時よりも対価を後に支払う）場合は、企業は金融要素の部分を受取利息として決済期日まで配分する。また、対価に重要な金融要素が含まれている場合で、かつ、顧客が企業に先払いをする（財またはサービスを提供する時よりも対価を先に支払う）場合は、企業は金融要素の部分を支払利息として財またはサービスを提供する時まで配分する。

　なお、約束した財またはサービスを顧客に移転する時点と顧客が支払を行う時点の間が1年以内と見込まれる場合には、重要な金融要素の影響について約束した対価の額を調整しないことができる（収益認識会計基準58項）。

(2)　重要性の判断

　金融要素が重要かどうかの判断は、契約単位で行う。そのため、金融要素の影響が個々の契約単位で重要性に乏しい場合には、当該影響を集計した場合に重要性があるとしても、金融要素の影響について約束した対価の額を調整しない（収益認識適用指針128項）。

　「重要な金融要素」が存在する場合であるため、重要性の判断を行った結果、重要な金融要素が含まれていると判断される場合に、上記の処理が強制される。金融要素が契約に含まれるかどうかおよび金融要素が契約にとって重要であるかどうかを判断するにあたっては、次の①および②を含む、関連するすべての事実および状況を考慮する（収益認識適用指針27項）。

金融要素について考慮すべき事項

> ①　約束した対価の額と財またはサービスの現金販売価格との差額
> ②　約束した財またはサービスを顧客に移転する時点と顧客が支払を行う時点との間の予想される期間の長さおよび関連する市場金利の金融要素に対する影響

　一般的に、割賦販売における取引価格には金融要素が含まれると考えられるが、現在の低金利下において、約束した対価の額と財またはサービスの現金販売価格との差額に重要性が生じない場合もあり得ると考えられる。ただし、割賦販売において、対価の額と現金販売価格との差額が一定程度あり、かつ、回収期日が長期間に及ぶと判断されるものについては、取引対価に重要な金融要素が含まれていると判断される可能性がある点に十分留意する必要がある。

⑶　重要な金融要素が存在する取引の例

前提条件

　財の移転日から２年後に決済する取引の対価が1,040,400円であったとする。財の移転日に現金決済した場合は、1,000,000円が支払額となるとする。財を顧客に引き渡した時点で、財に対する支配が顧客に移転するものとする。なお、金融要素が契約にとって重要であると判断されるとする。

解　答

　現金決済した場合の金額と、取引の対価の額の現在価値が等しくなる実効利子率を求めると、次のように２％である。

$$1,000,000円 = 1,040,400円 \div (1 + 2\%)^2$$

　この２％を用いて利息計算を行い、受取利息を決済期日までの期間で配分する。

（移転日）

| 売掛金 | 1,000,000 | ／ | 売上 | 1,000,000 |

（1年後）

売掛金　　　20,000　　　／　　受取利息　　　20,000

（2年後）

売掛金　　　20,400　　　／　　受取利息　　　20,400

現預金　1,040,400　　　／　　売掛金　　1,040,400

⑷　**取引対価に重要な金融要素が含まれている場合の法人税法上の取扱い**

　法人が資産の販売等を行った場合において、次の①に掲げる額および次の②に掲げる事実ならびにその他のこれらに関連するすべての事実および状況を総合的に勘案して、当該資産の販売等に係る契約に金銭の貸付けに準じた取引が含まれていると認められるときは、継続適用を条件として、当該取引に係る利息相当額を当該資産の販売等に係る収益の額に含めないことができる（法基通2-1-1の8）。

> ①　資産の販売等に係る契約の対価の額と現金販売価格（資産の販売等と同時にその対価の全額の支払を受ける場合の価格をいう）との差額
> ②　資産の販売等に係る目的物の引渡しまたは役務の提供をしてから相手方が当該資産の販売等に係る対価の支払を行うまでの予想される期間および市場金利の影響

　①および②を含む、関連するすべての事実および状況を総合的に勘案して重要性を判断する取扱いは、収益認識適用指針27項と実質同様であるため、重要であると判断されるものについて金利の調整を行う処理を継続適用することで、継続適用の条件を満たすことになるため、会計処理と法人税の処理は一致するものと考えられる。重要であると判断されるものについて、対価の額に含まれる金利相当分の影響を調整する処理を継続適用する限り、法人税法上認容されると考えられる。

3 現金以外の対価（当該対価を時価により測定）

(1) 現金以外の対価に係る会計処理

　契約における対価が現金以外の場合に取引価格を算定するにあたっては、当該対価を時価により算定する。収益認識会計基準では、収益の額は、財またはサービスの顧客への移転と交換に企業が権利を得ると見込む対価の額（取引価格）で算定する取扱いである。

　なお、現金以外の対価の時価を合理的に見積もることができない場合には、当該対価と交換に顧客に約束した財またはサービスの独立販売価格を基礎として当該対価を算定する（収益認識会計基準59項、60項）。

(2) 現金以外の対価に係る法人税法上の処理

　法人税法上、益金の額に算入する金額は、別段の定めがあるものを除き、その販売もしくは譲渡をした資産の引渡しの時における価額またはその提供をした役務につき通常得べき対価の額に相当する金額と規定されている（法人税法22条の2第4項）。この「資産の引渡しの時における価額またはその提供をした役務につき通常得べき対価の額」とは、第三者間で通常付される価額（いわゆる時価）をいう。

　法人税法上、資産の販売等に係る収益の額は、資産の販売等により受け取る対価の額ではなく、販売等をした資産の価額（時価）をもって認識すべきというのが基本的な考え方であり、資産の無償譲渡に係る収益の額が益金の額となるとされていることや、寄附金の損金不算入制度において寄附金の額を譲渡資産の譲渡の時の価額で算定するとされていることにその考え方が表れているといえる。

　したがって、法人税法上の取扱いは、収益認識会計基準の取扱いとは異なっている。法人税法上は、販売等をした資産の時価を益金の額とするものであり、取引対価の時価ではない。したがって、販売等をした資産の時価と取引対価の時価に差異があるときは、その差異を寄附金または受贈益として認識することになる。この点は、対価が現金であるときも同様である。

4　顧客に支払われる対価

(1)　顧客に支払われる対価に係る会計処理

　キャッシュ・バック、リベート等に代表される顧客に支払われる対価は、企業が顧客（あるいは顧客から企業の財またはサービスを購入する他の当事者）に対して支払うまたは支払うと見込まれる現金の額や、顧客が企業（あるいは顧客から企業の財またはサービスを購入する他の当事者＝顧客の顧客）に対する債務額に充当できるもの（例えば、クーポン）の額を含む。

　顧客に支払われる対価は、顧客から受領する別個の財またはサービスと交換に支払われるものである場合を除き、取引価格から減額する[7]。顧客に支払われる対価に変動対価が含まれる場合には、取引価格の見積りを、変動対価のルール（収益認識会計基準50項から54項）に従って行う（収益認識会計基準63項）。

　「別個の財またはサービスと交換に支払われるもの」とは、例えば顧客からチラシやマネキンなどの財が提供され、それに対して支払われるようなケースが想定され、その場合は、原則として仕入または販管費として処理することが考えられる。そのような別個の財またはサービスの対価として支払われるものを除いて、収益の減額として処理することが明確化された。従来販管費として処理している場合は、会計処理の見直しの検討が必要になる。

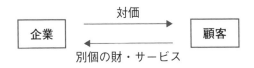

　上記の場合、企業は仕入先からの購入と同様の方法で処理する。

7　顧客に支払われる対価が顧客から受領する別個の財またはサービスと交換に支払われるものである場合には、当該財またはサービスを仕入先からの購入と同様の方法で処理する（収益認識適用指針30項）。

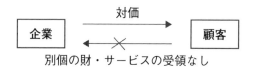
別個の財・サービスの受領なし

　上記の場合、企業は収益の減額として処理する。

　なお、メーカーが直接の販売先である卸売業者ではなく、卸売業者の販売先である小売業者（顧客の顧客）にリベートを支払う場合、飛び越しリベートというが、同様に処理するとされている（会計基準63項かっこ書）。

(2)　収益から減額する時点

　顧客に支払われる対価を取引価格から減額する場合には、次の①または②のいずれか遅い方が発生した時点で（または発生するにつれて）、収益を減額する（収益認識会計基準64項）。

取引価格から減額する時点（いずれか遅い時点で減額）

①　関連する財またはサービスの移転に対する収益を認識する時

②　企業が対価を支払うかまたは支払を約束する時（当該支払が将来の事象を条件とする場合も含む。また、支払の約束は、取引慣行に基づくものも含む）

　リベートについてみると、リベートを支払う約束は、製品の販売前にされている場合が多いと考えられる。その場合は、②よりも①が遅い時になると考えられる。製品の販売に係る収益を認識する時に収益を減額する場合、リベートの額が確定金額になっていないケースも少なくない。確定金額になっていない場合には、変動対価として見積もった金額を収益から減額することが考えられる。過去の実績等に基づいて、期待値または最頻値のいずれか適切な方法を用いて見積もり、見積もった取引価格を各決算日に見直す必要があると考えられる（収益認識会計基準55項）。

以下、設例により会計処理を示す。

設例 リベートに係る会計処理

前提条件

　健康サプリメントを製造するＡ社は、小売業者Ｂ社に商品を販売する際に、販売数量に応じたリベートを支払うことをあらかじめ約束している。当期のＡ社からＢ社への販売金額は700万円であるが、Ｂ社の一定期間の販売実績を３ヵ月後に集計して、その実績に応じたリベートを支払う契約になっている。したがって、このリベートは、Ａ社にとって変動対価に該当する。Ａ社は、過去の実績に基づいて、当期の販売金額に対して生じる将来のリベートを30万円と合理的に見積もった。

　将来においてＢ社に対して支払うと見積もられるリベートを収益の減額として認識することを前提として、Ａ社の当期のＢ社に対する販売に係る会計処理を示しなさい。なお、消費税率を８％（軽減税率適用）とする。

解答

（単位：万円）

売掛金　756	売上	670
	返金負債	30
	仮受消費税等	56

　消費税法上は、変動対価という考え方はなく、資産の譲渡等の対価として収受される700万円に対して８％を乗じた56万円を仮受消費税等として計上することが考えられる。また、将来においてリベートを支払ったときは、従来どおり、売上に係る対価の返還等として処理することが考えられる（消法38条１項）。

(3)　顧客に支払われる対価が顧客から受領する別個の財またはサービスの時価を超える場合

　顧客に支払われる対価が顧客から受領する別個の財またはサービスの時

価を超える場合は、その超過分は企業の財またはサービスに関連して顧客に支払われるものと考えられるため、収益の額から減額する。

上記において、100マイナス80イコール20について、企業の収益から減額する。

なお、顧客から受領する財またはサービスの時価を合理的に見積もることができない場合には、顧客から別個の財またはサービスを受領したとは判断せず、顧客に支払われる対価の全額を取引価格から減額する（収益認識適用指針30項）。

⑷　顧客に支払われる対価に係る法人税法上の処理

資産の販売等に係る契約において、いわゆるキャッシュ・バックのように相手方に対価が支払われることが条件となっている場合には、次に掲げる日のうちいずれか遅い日の属する事業年度においてその対価の額に相当する金額を当該事業年度の収益の額から減額する（法基通2-1-1の16）。

取引価格から減額する時点（いずれか遅い時点で減額）

①　その支払う対価に関連する資産の販売等に係る法第22条の２第１項に規定する日または同条第２項に規定する近接する日
②　その対価を支払う日またはその支払を約する日

顧客に支払われる対価の額を収益の額から減額する処理は、収益認識会計基準の取扱いと実質同様である。また、減額する時点についても、①または②の日のうちいずれか遅い時点を基準とする点で、同じである。

取引価格の契約における履行義務への配分

従来の実務と異なる処理となる場合

　1つの契約に複数の履行義務が含まれている場合、取引価格を各履行義務に独立販売価格の比率で配分する。従来の実務と収益計上額が異なることもあり得る。

　また、独立販売価格を直接観察できない場合には独立販売価格を見積もらなければならない。

1　取引価格の各履行義務への配分

(1)　独立販売価格の比率で配分

　契約が複数の履行義務に分割される場合は、それぞれの履行義務単位で収益が認識されるので、取引価格全体を各履行義務に配分し、履行義務が充足された時点で収益を計上する。もちろん契約に単一の履行義務しかない場合には、この配分は不要である。

　それぞれの履行義務に対する取引価格の配分は、独立販売価格の比率に基づき、財またはサービスの顧客への移転と交換に、企業が権利を得ると見込む対価の額を的確に反映するように行う（収益認識会計基準65項、66項）。

　契約に定められている取引価格が、無条件に独立販売価格と推定されるわけではない。契約に記載された対価が独立販売価格と乖離している場合には、契約に記載された対価の額で収益計上すると、実態を反映しない結果になってしまう。取引価格を独立販売価格の比率に基づいて配分することで、企業が権利を得ると見込む対価の額が的確に反映した額で収益計上されることになる。

履行義務の識別と取引価格の配分の例

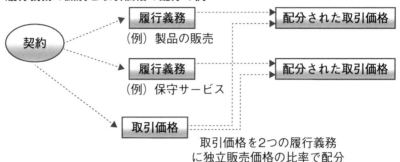

　独立販売価格とは、財またはサービスを独立して（単独で）企業が顧客に販売する場合の価格である（収益認識会計基準９項）。すなわち、他の財またはサービスと合わせて提供されず、単独で提供される場合の価格である。独立販売価格として最善のものは、企業が財またはサービスを同様の状況において、同様の顧客に独立して販売する場合の観察可能な価格（市場価格等）である。

⑵　独立販売価格の見積りの方法

　独立販売価格が常に観察可能とは限らない。独立販売価格を直接観察できない場合には独立販売価格を見積もらなければならない。見積もる際には、企業が合理的に入手できるすべての情報（市場の状況、企業固有の要因、顧客に関する情報等）を考慮する（収益認識会計基準68項）[8]。

　見積もる方法には、次の方法がある（収益認識適用指針31項）。

独立販売価格の見積方法

調整した市場評価アプローチ	財またはサービスが販売される市場を評価して、顧客が支払うと見込まれる価格を見積もる方法

8　独立販売価格の最善の見積りは、企業が同様の状況において独立して類似の顧客に財またはサービスを販売する場合における当該財またはサービスの観察可能な価格である。財またはサービスの契約上の価格や定価は、当該財またはサービスの独立販売価格となる場合があるが、そのように推定されるわけではない（収益認識会計基準146項）。

予想コストに利益相当額を加算するアプローチ	履行義務を充足するために発生するコストを見積もり、当該財またはサービスの適切な利益相当額を加算する方法
残余アプローチ	契約における取引価格の総額から契約において約束した他の財またはサービスについて観察可能な独立販売価格の合計額を控除して見積もる方法 この方法は、①同一の財またはサービスを異なる顧客に同時またはほぼ同時に幅広い価格帯で販売していること、②当該財またはサービスの価格を企業が未だ決定しておらず、当該財またはサービスを独立して販売したことがないこと、以上のいずれかに該当する場合に限り、使用できる。

　上記の内容を補足すると、調整した市場評価アプローチとは、同業他社が同様の財またはサービスを独立して販売している場合の取引価格を参考とする方法である。また、予想コストに利益相当額を加算するアプローチは、企業内の情報に基づいて、履行義務を充足するために発生するコストを労務費、経費など項目ごとに積み上げ（見積書を作成するようなイメージ）、それに適切な利益相当額を加算する方法である。残余アプローチは、契約における取引価格の総額から他の財またはサービスに係る観察可能な独立販売価格の合計額を引き算して、差額で求める方法である。ただし、残余アプローチは適用できる場面が限られている点に留意する必要がある。

　なお、値引きは、一部のみに関するものであることが明確である場合を除いて、契約の中のすべての履行義務に比例的に配分しなければならない。比例的に配分とは、各履行義務の独立販売価格の比率に基づいて配分するという意味である。

2　影響を受ける可能性がある取引

(1)　機械の販売と保守サービスの提供が別個の履行義務と判断され、かつ、保守サービスを単独で販売していないケース等のように機械の販売代金と保守サービス料の独立販売価格が直接的に観察可能でない場合には、独立販売価格を見積もることが必要となる。独立販売価格の見積方法と

しては、企業の提供する保守サービスが一般的なものであるときには、例えば、他企業が同様の保守サービスを提供している場合の価格等に基づくことが考えられる。

(2)　顧客に付与されたポイントが独立した履行義務であると判断された場合には、取引価格を販売した商品とポイント部分に独立販売価格の比率に基づいて配分する。この場合、ポイントの独立販売価格については、ポイントの利用方法に応じた見積りが必要となる。すなわち、顧客が当該ポイントを企業から購入する商品の値引きとして使用するケースでは、当該値引額等を参照して独立販売価格を見積もることが考えられ、また、顧客が一定量のポイントと商品を交換するケースでは、当該交換される商品の価格等を参照して、独立販売価格を見積もることが考えられる。

なお、ポイントの会計処理については、「第4章　個別論点」の「Ⅰ　ポイント制度」で詳しく解説する。

3　法人税法上の取扱い

税務上、実質的な取引の単位を収益計上の単位とし、かつ、益金の額に算入する金額は、別段の定めがあるものを除き、その販売もしくは譲渡をした資産の引渡しの時における価額またはその提供をした役務につき通常得べき対価の額に相当する金額とされることから、会計上適正に見積もられたものについては、独立販売価格により各履行義務に配分された金額を益金算入額とすることが、原則として、認められると考えられる。

履行義務の充足時における収益の認識

従来の実務と異なる処理となる場合

一定の期間にわたり履行義務が充足されると判断されるための要件

が明確化されているため、従来の実務において一定の期間にわたり収益を認識しているものであっても、一時点で収益を認識しなければならなくなるもの、あるいはその逆になるものがあり得る。

1　履行義務の充足

　企業は約束した財またはサービス（顧客との契約の対象となる財またはサービスについて、以下「資産」と記載することもある）を顧客に移転することにより履行義務を充足した時にまたは充足するにつれて、収益を認識する。資産が移転するのは、顧客が当該資産に対する支配を獲得した時または獲得するにつれてである（収益認識会計基準35項）。

　後で説明するルールに基づいて、識別された履行義務のそれぞれが、一定の期間にわたり充足されるものかまたは一時点で充足されるものかを判定する（収益認識会計基準36項）。一定の期間にわたり充足される履行義務であるときは、進捗度を合理的に見積もることができる場合に、一定の期間にわたり収益を認識する。一時点で充足される履行義務であるときは、履行義務が充足される一時点で収益を認識する。

一定の期間にわたり充足される履行義務と一時点で充足される履行義務

一定の期間にわたり充足される履行義務	──▶	一定の期間にわたり収益を認識
一時点で充足される履行義務	──▶	一時点で収益を認識

2　支配の概念

　履行義務の充足と同時に顧客は資産に対する支配を獲得する。資産に対する支配とは、当該資産の使用を指図し、当該資産からの残りの便益のほとんどすべてを享受する能力である（収益認識会計基準37項）。

　資産に対する支配がいつ移転するかをどのように判断するのかについては、後で詳説する。

3　一定の期間にわたり充足される履行義務

　次の(1)から(3)のいずれかに該当する場合には、資産に対する支配が顧客に一定の期間にわたり移転することにより、一定の期間にわたり履行義務を充足し収益を認識することが要求される（収益認識会計基準38項）。

一定の期間にわたり充足される履行義務かどうかの判断要件

(1)　企業が顧客との契約における義務を履行するにつれて、顧客が便益を享受すること[9]（主に期間極めの役務提供取引。例えば清掃サービス、輸送サービス、経理処理等の請負サービス等）

(2)　企業が顧客との契約における義務を履行することにより、資産が生じるまたは資産の価値が増加し、当該資産が生じるまたは当該資産の価値が増加するにつれて、顧客が当該資産を支配すること（例えば顧客が所有する土地で行われる建物建築工事）

(3)　次の要件のいずれも満たすこと（例えばコンサルティングサービス、ソフトウエアの制作、建物建築工事）

　①　企業が顧客との契約における義務を履行することにより、別の用途に転用することができない資産が生じること

　②　企業が顧客との契約における義務の履行を完了した部分について、対価を収受する強制力のある権利を有していること

9　仮に他の企業が顧客に対する残存履行義務を充足する場合に、企業が現在までに完了した作業を他の企業が大幅にやり直す必要がないときは、企業が顧客との契約における義務を履行するにつれて、顧客が便益を享受するものとする。

一定の期間にわたり充足される履行義務か一時点で充足される履行義務かの判定要件

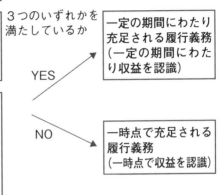

⑴　企業が顧客との契約における義務を履行するにつれて、顧客が便益を享受すること

　日常的または反復的なサービス契約では、サービスから生じる資産を顧客が受け取るのと同時に消費しており、企業の履行により生じた資産は瞬時にしか存在しない。これは、当該サービス契約において、企業が顧客との契約における義務を履行するにつれて、顧客が便益を享受することを意味し（収益認識会計基準134項）、上記の⑴の要件を満たすと考えられる。例えば、清掃サービス、警備サービス等の場合、仮に他の企業が顧客に対する残存履行義務を充足する場合に、企業が現在までに完了した作業を他の企業が大幅にやり直す必要はない。企業が顧客との契約における義務を履行するにつれて、顧客が便益を享受すると考えられる。また、企業が顧客の経理業務を提供する期間極めのサービス契約において、仮に他の企業が顧客に対する残存履行義務を充足する場合に、企業が現在までに完了した作業を他の企業が大幅にやり直す必要はなく、企業が顧客との契約にお

ける義務を履行するにつれて、顧客が便益を享受すると考えられ、上記の(1)の要件を満たすと考えられる。一定の期間にわたって履行義務が充足される場合に該当し、企業は一定の期間にわたって収益を計上する。

(2)　**企業が顧客との契約における義務を履行することにより、資産が生じるまたは資産の価値が増加し、当該資産が生じるまたは当該資産の価値が増加するにつれて、顧客が当該資産を支配すること**

　(2)の要件を満たすかどうかを判定するにあたっては、収益認識会計基準37項の定め[10]を考慮する。企業が顧客との契約における義務を履行することにより生じる資産または価値が増加する資産は、有形または無形のいずれの場合もある。例えば、顧客の土地の上に建設を行う工事契約の場合には、通常、顧客は企業の履行から生じる仕掛品を（物理的に占有していることから）支配すると考えられる（収益認識会計基準136項）。

　同様に、顧客が所有する建物内で行われるシステムの開発についても、企業が義務を履行することにより生じる未完成のシステム（仕掛品）を顧客が支配すると考えられる。

(3)　**企業が顧客との契約における義務を履行することにより、別の用途に転用することができない資産が生じること、かつ、企業が顧客との契約における義務の履行を完了した部分について、対価を収受する強制力のある権利を有していること**

　一部の財またはサービスについては、上記の(1)または(2)の要件を満たすことが困難な場合があるため、(3)の要件が定められている（収益認識会計基準137項）。

　上記(3)の要件において、企業が顧客との契約における義務を履行するこ

10　収益認識会計基準37項は、「資産に対する支配とは、当該資産の使用を指図し、当該資産からの残りの便益のほとんどすべてを享受する能力（他の企業が資産の使用を指図して資産から便益を享受することを妨げる能力を含む）をいう。」との定めである。

とにより、別の用途に転用することができない資産が生じることのみでは、顧客が資産を支配していると判断するのに十分ではないため、企業が顧客との契約における義務の履行を完了した部分について、対価を収受する強制力のある権利を有していることも要件として追加されている。これは、一般的な交換取引に係る契約において、財またはサービスに対する支配を顧客が獲得した場合にのみ、顧客が支払義務を負うことと整合している（収益認識会計基準138項）。

①　別の用途に転用することができない資産が生じること等の場合

　資産を別の用途に転用することができない場合とは、仕掛中の資産を別の用途に容易に使用することが契約上制限されている場合、あるいは完成した資産を別の用途に容易に使用することが実務上制約されている場合である（収益認識適用指針10項）。契約上制限されている場合と実務上制約されている場合に分けて、それぞれ次のようにポイントを整理することができる。

　第1に、資産を別の用途に容易に使用することが契約上制限されている場合とは、当該契約上の制限が実質的な場合である。企業が資産を別の用途に使用する場合に、顧客が約束された資産に対する権利を強制できるときには、当該契約上の制限は実質的である（収益認識適用指針117項）。

　資産を大幅に顧客仕様のものとする場合には、当該資産を別の顧客に販売するために多額のコストが生じる（または著しく値下げしなければ当該資産を販売できない）ことが見込まれるため、当該資産を別の用途に転用できないことが多い。ただし、汎用性のある資産であっても、契約が締結されることで、当該資産を別の顧客に移転することが実質的に契約上制限される場合もあるため、顧客仕様の程度は、資産を別の用途に転用できるかどうかを判定する際の有用な要因ではあるが、決定的な要因ではない（収益認識適用指針118項）。

　資産を別の用途に容易に使用することが実務上制約されている場合と

は、当該資産を別の用途に使用するために重要な経済的損失が生じる場合である。重要な経済的損失は、企業が当該資産に手を加えるために重要なコストが生じることまたは重要な損失が生じる売却しかできないことのいずれかの理由により生じる可能性がある。例えば、顧客仕様の資産または遠隔地にある資産を別の用途に使用することは、実務上制約されている可能性がある（収益認識適用指針119項）。

　資産を別の用途に容易に使用することが実務上制約されているかどうかを判定するにあたっては、資産を別の用途に転用できない期間ではなく、最終的に移転される資産を重要なコストを生じさせることなく別の用途に転用できるかどうかが要因となるため、最終的に顧客に移転される資産の性質を考慮する。例えば、製品の基本設計は汎用的であるものの、大幅に顧客仕様のものとなる最終製品を製造する契約においては、最終製品を別の用途に転用するにあたって、大幅な手直しが必要となるかどうかを検討する（収益認識適用指針120項）。

②　義務の履行を完了した部分について対価を収受する強制力のある権利を有していること

　履行を完了した部分について対価を収受する強制力のある権利を有しているかどうかの判定は、契約条件および当該契約に関連する法律や判例等を考慮して行う。履行を完了した部分について対価を収受する強制力のある権利を有している場合とは、契約期間にわたり、企業が履行しなかったこと以外の理由で契約が解約される際に、少なくとも履行を完了した部分についての補償を受ける権利を有している場合をいう（収益認識適用指針11項）。当該権利について、契約上明記されていない場合であっても、法令や判例等により確認されるかどうかなども考慮して判断することになる（収益認識適用指針13項）。

　履行を完了した部分についての補償額は、現在までに移転した財またはサービスの販売価格相当額（合理的な利益相当額を含む）である。合理的

な利益相当額とは、次のいずれかである（収益認識適用指針12項）。

・契約に基づき履行を完了した部分について合理的に見積った利益相当額の一定割合
・対象となる契約における利益相当額が、同様の契約から通常予想される利益相当額より多額の場合には、当該同様の契約から予想される合理的な利益相当額

　例えばコンサルティングサービスに関する収益認識適用指針の設例7は、次のような例を示している。前提条件としては、コンサルティングサービスを提供する契約を企業は顧客と締結し、当該契約に基づき、企業は、顧客に固有の事実および状況に関する専門的意見を提供する。企業が約束どおりに契約を履行できなかったこと以外の理由で、顧客が契約を解約する場合には、企業に生じた費用に15％の利益相当額を加算した金額を顧客が補償することが契約で定められている。この15％の利益相当額は、企業が類似の契約から得る利益相当額に近似するものである。
　企業が契約における義務を履行するにつれて、顧客が便益を享受するかどうかについて、仮に企業が義務を履行できず、顧客が他のコンサルティング企業と新たに契約する場合には、当該他のコンサルティング企業は企業が履行した仕掛中の業務の便益を享受しないため、企業が現在までに完了していた作業を大幅にやり直すことが必要となるとし、先の(1)の要件を満たさないと判断している。要するに、専門的意見の性質として、顧客は専門的意見を受け取った時にしか企業の履行の便益を享受できないと判断している。
　一方、専門的意見は顧客に固有の事実および状況に関するものであるため、当該専門的意見の形成は、企業が別の用途に転用できる資産を生じさせず、企業が当該資産を別の顧客に容易に使用することは実務上制約されている。また、企業は、現在までに履行を完了した部分について、費用に合理的な利益相当額（他の契約における利益相当額に近似する額）を加え

た対価を収受する強制力のある権利を有している。したがって、先の(3)の要件を満たし、一定の期間にわたり充足される履行義務であると判断している。

設例　工事契約が一定の期間にわたり充足される履行義務に該当するかどうかの判定

前提条件

　建設会社A社は、B社の敷地内に新本社ビルを建築する請負契約を締結した。工期は2年、請負金額は20億円である。合理的に見積もった工事原価総額は15億円であり、当期末までに発生した工事原価は9億円であった。

　A社の当期末の会計処理はどのように行うべきか。

解　答

　一定の期間にわたり充足される履行義務に該当するかどうかを判定するための3つのいずれかの要件に該当するかどうかを検討する。(1)の要件については、企業の提供する建設資材や工事建設サービスの提供が未完成の建物の一部（仕掛品）として形成されていくが、未完成の建物を顧客が消費することはできず、顧客は便益を享受しないと考えられる。(1)の要件を満たさないことが考えられる。

　(2)の要件については、工事が進行するにつれて未完成の建物（仕掛品）が増大していく。顧客が所有する土地で行われる建物建築工事契約の場合、一般的に、顧客は企業の履行から生じる仕掛品（物理的に占有していることから）を支配すると考えられるため、この要件に該当すると考えられる（収益認識会計基準136項）。

　(3)の要件については、まず①の要件については、顧客の土地の上に建設した顧客仕様の建物の仕掛品を、別の用途に転用して便益を受けることは困難である。また、②の要件については、企業が現在までに履行を完了した部分の補償を受ける権利があるかどうかがポイントである。企業に当該権利があるかどうかについて、契約条件および当該契約に関連する法律や

判例等を考慮して行うことになる。その点、実務上、契約書に顧客からの契約解除の場合の支払条件（補償の条項）を明確にしておくことも考えられる。

いずれにしても、(2)の要件を満たしていることは明らかであるため、一定の期間にわたって充足される履行義務に該当し、進捗度に基づいて一定の期間にわたり収益を認識することになる（工事進行基準を適用する）。

原価比例法により、発生した工事原価の見積もった工事原価総額に占める割合を算出し、その進捗度に基づいて収益を計上する。次のように、進捗度を60％と算出し、売上を12億円計上した。

　工事未収入金　12　　／　　売上　12

(注)　20億円×9億円÷15億円＝12億円

なお、ソフトウエアの開発についても、同様に3つの要件のいずれかに該当するかどうかによって判断する。顧客仕様のソフトウエアについては開発途上のものを他に転用できないのが通常と考えられ、また、企業が履行しなかったこと以外の理由で契約が途中で解約された場合でも、通常各フェーズまでの対価受取の権利は発生するため、一定期間にわたって収益を認識することの要件を満たす可能性が高いと考えられる。

なお、工事契約について、契約における取引開始日から完全に履行義務を充足すると見込まれる期間がごく短い場合には、一定の期間にわたり収益を認識せず、完全に履行義務を充足した時点で収益を認識することができるとする代替的な取扱いが定められている（収益認識気適用指針95項）。

受注制作のソフトウエアについても、同様である（収益認識適用指針96項）。

4　役務提供取引で3つのいずれの要件にも該当しない例

役務提供取引であっても、一定の期間にわたり充足される履行義務に該当するとは限らない。先の(1)から(3)のいずれにも該当しない例として、例えば機械装置の故障の修理を請け負った場合、修理が完了したことをもっ

て、履行義務が一時点で充足されるため、その履行義務の充足時に一時点で収益を認識することになると考えられる。

　先の(1)の要件に照らすと、企業が顧客との契約における義務を履行するにつれて、顧客が便益を享受することはない（修理が未完了の段階では顧客には便益は生じない）。また、(2)の要件を満たさないことも明白である。さらに、(3)の「企業が顧客との契約における義務を履行することにより、別の用途に転用することができない資産が生じること、かつ、企業が顧客との契約における義務の履行を完了した部分について、対価を収受する強制力のある権利を有していること」に該当しないことも明らかである。

5　進捗度の見積方法

　一定の期間にわたり充足される履行義務については、履行義務の充足に係る進捗度を見積もり、当該進捗度に基づき収益を一定の期間にわたり認識する（収益認識会計基準41項）。進捗度を合理的に見積もることができる場合にのみ、一定の期間にわたり充足される履行義務について収益を認識する（収益認識会計基準44項）。

　一定の期間にわたり充足される履行義務については、履行義務ごとに単一の方法で進捗度を見積もり、類似の履行義務および状況ごとに首尾一貫した方法を適用する必要がある（収益認識会計基準42項）。

　また、履行義務の充足に係る進捗度は、各決算日に見直し、当該進捗度の見積りを変更する場合は、会計上の見積りの変更として処理する。したがって、遡及処理する必要はなく、見積りの変更を行った会計期間以降に影響を反映させることになる。

　履行義務の充足に係る進捗度の適切な見積りの方法には、アウトプット法とインプット法があり、財またはサービスの性質を考慮して見積方法を決定する必要がある（収益認識適用指針15項）。

⑴　アウトプット法

　アウトプット法は、現在までに移転した財またはサービスの顧客にとっての価値を直接的に見積もるものであり、現在までに移転した財またはサービスと契約において約束した残りの財またはサービスとの比率に基づき、収益を認識するものである。

　アウトプット法に使用される指標には、現在までに履行を完了した部分の調査、達成した成果の評価、達成したマイルストーン、経過期間、生産単位数、引渡単位数等がある。

　アウトプット法の欠点は、履行義務の充足に係る進捗度を見積もるために使用されるアウトプットが直接的に観察できない場合があり、過大なコストを掛けないとアウトプット法の適用に必要な情報が利用できない場合があることである（収益認識適用指針123項）。

⑵　インプット法

　インプット法は、履行義務の充足に使用されたインプットと契約における取引開始日から履行義務を完全に充足するまでに予想されるインプットの比率に基づき、収益を認識するものである。

　インプット法に使用される指標には、消費した資源、発生した労働時間、発生したコスト、経過期間、機械使用時間等がある。企業のインプットが履行期間を通じて均等に費消される場合には、収益を定額で認識することが適切となることがある。

　工事契約や受注制作のソフトウエアについて工事進行基準を適用する場合に一般的に用いられる原価比例法は、インプット法のうち、発生したコストを指標として使用する方法である。

　インプット法の欠点は、インプットと財またはサービスに対する支配の顧客への移転との間に直接的な関係がない場合があることである。例えば、履行義務を充足するために生じた想定外の金額の材料費、労務費または他の資源の仕損のコストは、契約の価格に反映されていない著しく非効

率な企業の履行に起因して発生したコストであるため、当該コストに対応する収益は認識しないものとされる（収益認識適用指針125項）。

　コストに基づくインプット法を使用するにあたっては、次の①または②のケースにおいて、履行義務の充足に係る進捗度の見積りを修正するかどうかを判断する必要がある（収益認識適用指針22項）。

①　発生したコストが、履行義務の充足に係る進捗度に寄与しない場合

　例えば、契約の価格に反映されていない著しく非効率な履行に起因して発生したコストに対応する収益は認識しない。

②　発生したコストが、履行義務の充足に係る進捗度に比例しない場合

　インプット法を修正して、発生したコストの額で収益を認識するかどうかを判断する。例えば、契約における取引開始日に次の(a)から(d)の要件のすべてが満たされると見込まれる場合には、企業の履行を忠実に表すために、インプット法に使用される財のコストの額で収益を認識することが適切となる場合がある。

(a)　当該財が別個のものではないこと

(b)　顧客が当該財に関連するサービスを受領するより相当程度前に、顧客が当該財に対する支配を獲得することが見込まれること

(c)　移転する財のコストの額について、履行義務を完全に充足するために見込まれるコストの総額に占める割合が重要であること

(d)　企業が当該財を第三者から調達し、当該財の設計および製造に対する重要な関与を行っていないこと

　上記の②については、収益認識適用指針の設例９の例がわかりやすい。すなわち、３階建ての建物を改装して新しいエレベーターを設置する契約を5,000千円の対価で顧客と締結した例において、エレベーターの調達原価1,500千円を進捗度の見積りに含めると、自らの履行の程度を過大に表示することになると判断し、進捗度の見積りにおいて、エレベーターの調

達原価1,500千円を発生したコストおよび取引価格から除外して進捗度を見積もっている。要するに、エレベーターを調達するために発生したコストが、履行義務の充足に係る進捗度に比例していないと判断したものである。

6　進捗度の見積方法の合理性

　進捗度の見積方法については、従来からの実務で用いられてきた方法に一定の合理性が認められるものであれば、実務に大きな変更は生じないと考えられる。例えば工事契約や受注制作のソフトウエアについては、従来どおり原価比例法を用いる場面が多くなると想定されるし、期間極めの清掃サービス、警備サービス、保守サービスであって、企業のインプットが履行期間を通じて均等に費消される場合には、収益を定額で認識することが考えられる。ただし、採用している進捗度の見積方法が、企業の履行義務の充足の程度を適切に表しているものかどうかについて、改めて検討することが必要である。

7　進捗度の合理的な見積りができない場合の取扱い（原価回収基準）

　履行義務の充足に係る進捗度を合理的に見積もることができる場合にのみ、一定の期間にわたり充足される履行義務について収益を認識することになる。ただし、履行義務の充足に係る進捗度を合理的に見積もることができないが、当該履行義務を充足する際に発生する費用を回収することが見込まれる場合には、履行義務の充足に係る進捗度を合理的に見積ることができる時まで、一定の期間にわたり充足される履行義務について原価回収基準により処理する（収益認識会計基準44項、45項）。工事契約や受注制作のソフトウエアに限るものではなく、一定の期間にわたり充足される履行義務について、履行義務の充足に係る進捗度を合理的に見積もることができないが、当該履行義務を充足する際に発生する費用を回収することが見込まれる場合に適用することになる。

　「原価回収基準」とは、履行義務を充足する際に発生する費用のうち、

回収することが見込まれる費用の金額で収益を認識する方法をいう（収益認識会計基準15項）。

　原価回収基準は、内容の合理性に一定の疑義があるとされ、「工事契約に関する会計基準」でも採用されなかった経緯があり、また、収益認識会計基準の開発段階においても、完成工事総利益率等の財務指標を歪めるおそれがあり、期間比較を困難にするおそれがあるとの意見や、実行予算がない段階で発生したコストについて最終的に回収金額を見込むことになり合理性がないという指摘もみられたところである。

　これらの指摘に対しては、履行義務を充足する際に発生する費用を回収することができると見込んでいる場合には、履行義務の充足が進捗しているという事実を反映するために一定の額の収益を認識すべきとのIFRS第15号における論拠を否定するまでには至らないと考えられ、IFRS第15号における会計処理を取り入れることとしたと説明されている（収益認識会計基準153項）。私見ではあるが、内容の合理性に一定の疑念はぬぐえないと思われる。

8　一時点で充足される履行義務

　先の(1)から(3)の要件のいずれも満たさず、履行義務が一定の期間にわたり充足されるものではない場合には、一時点で充足される履行義務として、資産に対する支配を顧客に移転することにより当該履行義務が充足される時に、収益を認識する（収益認識会計基準39項）。

　支配の移転を検討する際には、例えば、次の(1)から(5)の指標を考慮する（収益認識会計基準40項）。

支配の移転を検討する際に考慮すべき指標

(1)　企業が顧客に提供した資産に関する対価を収受する現在の権利を有していること

(2)　顧客が資産に対する法的所有権を有していること
(3)　企業が資産の物理的占有を移転したこと
(4)　顧客が資産の所有に伴う重大なリスクを負い、経済価値を享受していること
(5)　顧客が資産を検収したこと

　顧客による財またはサービスの検収は、顧客が当該財またはサービスの支配を獲得したことを示す可能性がある。契約において合意された仕様に従っていることにより財またはサービスに対する支配が顧客に移転されたことを客観的に判断できる場合には、顧客の検収は、形式的なものであり、顧客による財またはサービスに対する支配の時点に関する判断に影響を与えない。例えば、顧客の検収が、所定の大きさや重量を確認するものである場合には、それらの大きさや重量は顧客の検収前に企業が判断できる（収益認識適用指針80項）。

　また、顧客の検収前に収益が認識される場合には、他の残存履行義務があるかどうかを判定する（収益認識適用指針81項）。

　一定の期間にわたって継続的にサービスを提供する契約や、一定の期間で製品を製造する契約が影響を受ける可能性があると考えられる。ソフトウエア開発やビル建設等の長期の個別受注取引等、幅広い業務が影響を受ける可能性があると考えられる。

　従来の実務では、工事契約については「工事契約に関する会計基準」が適用されており、受注制作のソフトウエアについては「ソフトウエア取引の収益の会計処理に関する実務上の取扱い」が適用されているが、収益認識会計基準適用以後は、この2つの個別基準は廃止となり、それらに代わって収益認識会計基準のルールに従わなければならない。

　なお、工事契約については、「第5章　工事契約」を参照されたい。

9　代替的な取扱い

⑴　契約における取引開始日から完全に履行義務を充足すると見込まれる時点までの期間がごく短い場合の取扱い

　工事契約について一定の期間にわたり充足される履行義務であると判断される場合であっても、契約における取引開始日から完全に履行義務を充足すると見込まれる時点までの期間がごく短い場合には、一定の期間にわたり収益を認識せず、完全に履行義務を充足した時点で収益を認識することができる。受注制作のソフトウエアについても、同様に取り扱われる（収益認識適用指針95項、96項）。要するに、工事完成基準によることが認められる。

　「ごく短い」については、定量的な定めは設けられていない。この点については、代替的な取扱いが定められた理由が、工期がごく短いものは、通常、金額的な重要性が乏しいと想定されることであることから、損益を始めとする財務諸表項目の数値に与える重要性を考慮することが考えられる。

　ただし、企業の状況等によって判断されるべき問題であるため、一律に重要性の基準を設定することは適切でないと考えられたため定量的な定めが置かれなかったものと考えられる。例えば、その企業（または企業グループ）にとってのその取引の重要性、損益に与える重要性、財務諸表項目に与える重要性などを考慮することが考えられるが、四半期財務諸表を開示しているかどうかも判断の要素になると考えられる。私見であるが、四半期財務諸表を開示している場合、仮に６ヵ月をごく短いと判断したときに、四半期財務諸表上の損益に重要な影響を与える可能性が高いと思われる。３ヵ月程度が１つの目安になってくるのではないかと思われる。

⑵　一定の期間にわたり収益を認識する船舶による運送サービスの取扱い

　一定の期間にわたり収益を認識する船舶による運送サービスについて、一航海の船舶が発港地を出発してから帰港地に到着するまでの期間が通常

の期間（運送サービスの履行に伴う空船廻航期間[11]を含み、運送サービスの履行を目的としない船舶の移動または待機期間を除く）である場合には、複数の顧客の貨物を積載する船舶の一航海を単一の履行義務としたうえで、当該期間にわたり収益を認識することができる（収益認識適用指針97項）。

　従来の実務では、不定期船事業においては、航海単位（空船廻航期間を含む）で収支計算を行うことが実務上定着していた。収益認識会計基準の原則的な取扱いに従うと、複数の顧客の貨物を取り扱う船舶による輸送の場合、複数の顧客に係る複数の契約の結合を行うことが認められないため、顧客ごとの契約単位で履行義務の識別を行うことになる。航海単位から顧客との契約単位への収益認識の変更に伴う実務上の負担が増大するとの意見や、空船廻航期間の取扱いについて実務慣行から大きく離れる可能性がある旨の指摘がされていた。

　このような意見に配慮し、一定の期間にわたり収益を認識する船舶による運送サービスについて、一航海の船舶が発港地を出発してから帰港地に到着するまでの期間が通常の期間（運送サービスの履行に伴う空船廻航期間を含み、運送サービスの履行を目的としない船舶の移動または待機期間を除く）である場合には、複数の顧客の貨物を積載する船舶の一航海を単一の履行義務としたうえで、当該期間にわたり収益を認識することができるとする代替的な取扱いが定められた（収益認識適用指針97項）。

(3)　契約の初期段階の取扱い

　一定の期間にわたり充足される履行義務について、契約の初期段階において、履行義務の充足に係る進捗度を合理的に見積もることができない場合には、原価回収基準を適用しないで、当該契約の初期段階に収益を認識せず、進捗度を合理的に見積もることができる時から収益を認識すること

11　貨物の輸送の為に貨物を積載しない状態で航海する期間をいう。

ができるとする代替的な取扱いが定められている（収益認識適用指針99
項）。なお、原価回収基準については、「第５章　工事契約」で詳説する。

　工事契約や受注制作のソフトウエアに当てはまりやすい内容である。契
約の初期段階においては、詳細な積上げによる実行予算の作成がされてお
らず、工事原価総額等の合理的な見積りができないことも考えられる。こ
の点について、詳細な予算が編成される前等、契約の初期段階において
は、その段階で発生した費用の額に重要性が乏しいと考えられ、当該契約
の初期段階に回収することが見込まれる費用の額で収益を認識しないとし
ても、財務諸表間の比較可能性を大きく損なうものではないと考えられる
ため、代替的な取扱いを定めていると説明されている（収益認識適用指針
172項）。実行予算の作成にどの程度の期間を要しているのかについて実態
調査を行い、その期間が契約の初期段階中と判断できるのかどうか、仮に
契約の初期段階中と判断できない場合は実行予算の作成に係る体制の整備
による作成の早期化などについて、検討が必要であると考えられる。

　以上の代替的な取扱いまで含めると、収益の認識時点のパターンを次の
ようにまとめることができる。

収益の認識時点のパターン

	進捗度の合理的な見積り可	進捗度に基づき収益を一定の期間にわたり認識	
一定の期間にわたり充足される履行義務	進捗度の合理的な見積り不可	履行義務を充足する際に発生する費用を回収することが見込まれる	進捗度を合理的に見積もることができる時まで原価回収基準で処理（ただし、契約の初期段階については例外あり）
		履行義務を充足する際に発生する費用を回収することが見込まれない	進捗度を合理的に見積もることができる時または費用を回収することが見込まれる時まで収益を計上しない。

一時点で充足される履行義務	履行義務が充足される一時点で収益を認識

(4)　国内の販売における出荷基準等の取扱い

　国内の販売において、出荷時から当該商品または製品の支配が顧客に移転される時までの期間が通常の期間である場合、出荷時や着荷時等に収益を認識することができるとする代替的な取扱いが定められている（収益認識適用指針98項）。

　出荷時から当該商品または製品の支配が顧客に移転される時までの期間が通常の期間である場合とは、当該期間が国内における出荷および配送に要する日数に照らして取引慣行ごとに合理的と考えられる日数である場合をいう（収益認識適用指針98項後段）。国内における配送においては、数日間程度の取引が多いものと考えられる（収益認識適用指針171項なお書）。

　代替的な取扱いが定められた理由として、商品または製品の国内における販売を前提として、商品または製品の出荷時から当該商品または製品の支配が顧客に移転される時までの期間が通常の期間である場合には、出荷時に収益を認識しても、商品または製品の支配が顧客に移転される時に収益を認識することとの差異が、通常、金額的な重要性に乏しいと想定され、財務諸表間の比較可能性を大きく損なうものではないと考えられるためであると説明されている（収益認識適用指針171項）。

　商品または製品の支配が顧客に移転される時が、検収の日であったと仮定すると、次のように出荷日から検収日までの期間が、合理的な日数であった場合は、出荷日または着荷日等に収益を認識することが認められる。ただし、継続性の原則があるため、いったん採用した会計処理基準は、正当な理由がある場合を除いて、変更することは認められない。正当な理由としては、変更理由の合理性だけでなく、変更の適時性も求められると考えられる。

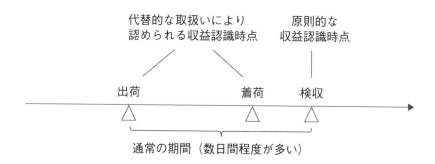

　なお、割賦販売における割賦基準に基づく収益認識は認められない。これについては、代替的な取扱いも置かれていない。顧客に支配が移転する時は、財またはサービスが顧客に引渡しまたは提供される時であり、回収期日や入金日とは大きく乖離するためである。

10　履行義務の充足時における収益の認識に係る法人税法上の取扱い

(1)　収益の計上時期に係る法人税法上の取扱い

　資産の販売もしくは譲渡または役務の提供（以下「資産の販売等」という）に係る収益の額は、別段の定め[12]があるものを除き、その資産の販売等に係る目的物の引渡しまたは役務の提供の日の属する事業年度の所得の金額の計算上、益金の額に算入する（法法22条の２第１項）。

　また、資産の販売等に係る収益の額につき一般に公正妥当と認められる会計処理の基準に従って当該資産の販売等に係る契約の効力が生ずる日その他の第１項に規定する日に近接する日の属する事業年度の確定決算において収益として経理した場合には、別段の定めがあるものを除き[13]、当該

12　「別段の定め」は、具体的には、法人税法第61条（短期売買商品の譲渡損益及び時価評価損益）、第61条の２（有価証券の譲渡益又は譲渡損の益金又は損金算入）、第62条の５第２項（現物分配による資産の譲渡）、第63条（リース譲渡に係る収益及び費用の帰属事業年度）および第64条（工事の請負に係る収益及び費用の帰属事業年度）ならびに所得税法等の一部を改正する法律（平成30年法律第７号）附則第28条の規定によりなおその効力を有するものとされる同法第２条の規定による改正前の法人税法第63条（長期割賦販売等に係る収益及び費用の帰属事業年度）等が該当する。

13　ここでいう別段の定めの具体的範囲は、法人税法22条の２第１項における別段の定め（脚注12）と同様である。

事業年度の所得の金額の計算上、益金の額に算入する（同条２項）。

　法人税法22条の２第１項は、従来からの法人税法上の実現主義または権利確定主義の考え方を明確化したものと考えられる。法人税法上、「収益は、その実現があった時、すなわち、その収入すべき権利が確定したときの属する年度の益金に計上すべきものと考えられる」（最高裁平成５年11月25日第一小法廷判決）との判例がある。この「実現」や「権利の確定」については、原則として、資産の販売または譲渡についてはその資産の引渡しによると考えられ、また、請負については役務の提供の完了によるものと考えられる。

　ただし、これと異なる時点であっても一般に公正妥当と認められる会計処理の基準に従った処理の範囲内であればその時点で収益を認識することも認められると考えられる。そこで、法人税法22条の２第２項では、資産の販売等に係る収益の額につき一般に公正妥当と認められる会計処理の基準に従って当該資産の販売等に係る契約の効力が生ずる日その他の第１項に規定する日に近接する日の属する事業年度の確定決算において収益として経理した場合には、当該事業年度の所得の金額の計算上、益金の額に算入するものと規定されている。ここでいう「一般に公正妥当と認められる会計処理の基準」には、収益認識会計基準だけでなく、企業会計原則、個別の会計基準、税務基準、判例等が広く包含されていると考えられる。

　資産の販売等に係る収益の認識時期について、従前からも、引渡しの日または役務の提供の日以外の日において収益を認識する会計原則・会計慣行があり、そのような会計原則・会計慣行（一般に公正妥当と認められる会計処理の基準に該当するものに限る）に従って収益経理していた場合には法人税法の益金の額の認識時期についてもその経理に従うこととされていた。この従前の取扱いを維持するため、この規定が設けられたものである。

(2) 収益認識会計基準との関係

　前項で説明した法人税法の規定から、収益認識会計基準に基づく原則的な処理（検収日、作業結了日等）は、認容される。また、適用指針の代替的な取扱いを適用して、例えば出荷日基準や着荷日基準等を適用した場合も、認められると考えられる。

　また、同条2項の規定から、公正処理基準に従って、引渡し等の日に近接する日の属する事業年度の確定決算で収益経理することも認められるため、例えば契約効力発生日基準、仕切精算書到達日基準、検針日基準なども、原則として、認められると考えられる（法基通2-1-2から2-1-4）。

　ここでいう公正処理基準には、収益認識会計基準だけでなく、企業会計原則、個別の会計基準、税務基準、判例等が広く包含されていると考えられるため、収益認識会計基準を適用する企業には認められない処理も、ここには含まれる点に留意する必要がある。例えば、中小企業にとっての公正処理基準には、税務基準も含まれる。中小企業が従来どおりの税務基準で会計処理を行う場合も、原則として認められる。

　引渡しの日には複数の収益計上時期があり得るところ、引渡しの日の中で法人が選択した収益計上時期の基準は継続して処理することが求められると考えられる[14]。

(3) 進捗度に応じた収益の計上

　一定の期間にわたり充足される履行義務について、進捗度（進捗度の見積方法としてインプット法またはアウトプット法）を合理的に見積もることができる場合に、進捗度に応じて収益計上する処理は、認められる（法基通2-1-21の5、2-1-21の6）。

　詳しくは、「第9章　法人税法上の取扱い」の「Ⅱ　法人税法上の益金

14　「一般に公正妥当と認められる会計処理の基準」は、継続性の原則を含むものと考えられるため、例えば同じ種類の取引について、期中の取引を引渡しの日に収益計上している法人が期末の取引のみを引渡しの日に近接する日に収益計上することは認められないものと考えられる。

の算入の時期」の「2　進捗度に応じた収益の計上」の箇所を参照されたい。

(4)　長期割賦販売等に係る延払基準の廃止と経過措置

　会計上、割賦販売における割賦基準に基づく収益認識は認められないこととされ、法人税法上も、割賦販売における回収日は、先の第2項の近接する日に該当しないということになるため、認められない。平成30年度税制改正により、一定の経過措置が講じられたうえで廃止が決定された[15]。

　すなわち、平成30年4月1日前に長期割賦販売等に該当する資産の販売等を行った法人について[16]、令和5年3月31日までに開始する各事業年度について延払基準により収益の額および費用の額を計算することができることとするとともに、平成30年4月1日以後に終了する事業年度において延払基準の適用をやめた場合の繰延割賦利益額を10年均等で収益計上する等の経過措置を講ずるとされた（改正法附則28条1項、2項）[17]。

　平成30年4月1日以後に終了するいずれの事業年度で延払基準の適用をやめるかは任意であるが、収益認識会計基準を強制適用どおり適用する企業の場合は、令和3年4月1日以後に最初に開始する事業年度でやめることとなる。いつの事業年度でやめた場合でも、そのやめた時点で残っている繰延割賦利益額を10年均等で収益計上することになる。ただし、収益認識会計基準を適用する企業の場合は、損益に影響させてはいけないため、申告調整により所得の金額に反映することになる点に留意が必要である。

15　対象となる資産の販売等がリース譲渡（法法64条の2第3項に規定するリース資産の引渡し）に限定された（法法63条、法令124条から128条、旧法令127条）。これにより、リース譲渡を除き、原則として、長期割賦販売等に該当する資産の販売等をした場合は、その資産の販売等に係る目的物の引渡しまたは役務の提供の日の属する事業年度において、その資産の販売等に係る収益の額および費用の額を益金の額および損金の額に算入する。

16　平成30年4月1日前に1度でも長期割賦販売等に該当する特定資産の販売等を行っていれば、その資産の販売等につき延払基準の適用を受けたかどうかにかかわらず、その法人は経過措置の対象となる。

17　10年均等で計上するのは、未計上収益額がその資産に係る未計上費用額を超えるときである。「未計上収益額」および「未計上費用額」とは、その長期割賦販売等に該当する特定資産の販売等に係る収益の額および費用の額から、延払基準による経理をしなかった事業年度開始の日前に開始した各事業年度の所得の金額の計算上益金の額および損金の額に算入されるものを除いたものをいう。

以下の図表は、3月決算会社の例である。

```
              R3/4/1   R4/4/1   R5/4/1   R6/4/1   R7/4/1   R8/4/1
         ┬────────┬────────┬────────┬────────┬────────┬──────────────►
未計上収益額 1/10取崩 1/10取崩 1/10取崩 1/10取崩 1/10取崩 ──────────►

未計上費用額 1/10取崩 1/10取崩 1/10取崩 1/10取崩 1/10取崩 ──────────►
  R3/3/31時点                                            以下1/10
  における未計                                            ずつ取崩
  上額
```

設例　長期割賦販売等に係る延払基準の廃止に伴う経過措置と申告調整

前提条件

当社（3月決算）は、平成30年4月1日前に長期割賦販売等に該当する資産の販売等を行った法人である。収益認識会計基準を令和3年4月1日以後に最初に開始する事業年度の期首から適用するため、当該事業年度から割賦基準の適用を取りやめる。また、収益認識会計基準を過去の事業年度に遡及適用する。

前事業年度に次の内容の割賦販売を行っており、前事業年度において、前事業年度までに回収期日が到来した賦払金2,000,000円についてすでに売上に計上している。

この割賦販売について、法人税法上の経過措置の適用を受ける。他に割賦基準の適用を受けているものがないものとし、適用初年度の法人税申告書の調整を行いなさい。

・割賦販売額　　　　　　　　　10,000,000円

・回収条件　　　　　　　　　　5年で均等（毎期2,000,000ずつ回収）

・割賦販売した商品の原価　　　7,200,000円

・前事業年度までの益金算入額　2,000,000円

・前事業年度までの損金算入額　1,440,000円

・未計上収益　　　　　　　　　8,000,000円（10,000,000円−2,000,000円）

・未計上費用額　　　　　　　　5,760,000円（7,200,000円−1,440,000円）

　なお、割賦基準については、対照勘定法[18]の会計処理によっていたもの
とする。

　繰延税金資産の回収可能性はあるものとし、法定実効税率を30％とす
る。

解　答

　まず、収益認識会計基準を過去の事業年度に遡及適用するため、適用初
年度の期首の日付で次の仕訳が起きる。

（期首）

割賦仮売上	8,000,000	棚卸資産	5,760,000	
		繰越利益剰余金	2,240,000	

　前期末の繰延割賦利益額は2,240,000円であり、会計上は収益認識会計基
準を遡及適用するため、期首の利益剰余金が2,240,000円増加することにな
る。

　ただし、税効果会計を適用する場合、上記の割賦仮売上と棚卸資産につ
いて、会計上の帳簿価額と税務上の帳簿価額に差異が生じ、この一時差異
は、翌事業年度以降の別表４の加減算により解消が予定されるものである。

　上記の割賦仮売上8,000,000円は将来加算一時差異に、上記の棚卸資産
5,760,000円は将来減算一時差異に該当すると考えられる。これらの一時差
異は、別表４の加減算により、10年間にわたって、段階的に解消していく。

　税効果会計を織り込んだ仕訳は、次のとおりである。なお、法定実効税
率を30％としている。

割賦仮売上	8,000,000	棚卸資産	5,760,000
繰延税金資産	1,728,000	繰延税金負債	2,400,000
		繰越利益剰余金	1,568,000

18　対照勘定法とは、次の内容の処理である。すなわち、商品を引き渡した時点で、以下の対
　照勘定を商品の売価で起こし、備忘記録のみを行う。
　　割賦売掛金　ＸＸＸ　／　割賦仮売上　ＸＸＸ
　　以後、割賦金を回収するごとに、上記の対照勘定の反対仕訳を起こすとともに、割賦売上
　を計上し、収益計上を行う。

別表四　所得の金額の計算に関する明細書

区　　分		総　　額	処　　分		
			留　保	社外流出	
		①	②	③	
当期利益又は当期欠損の額				配　当	
				その他	
加算	未計上収益額取崩 （経過措置）	800,000	800,000		
減算	未計上費用取崩 （経過措置）	576,000	576,000		
	法人税等調整額	67,200	67,200		

別表五㈠　利益積立金額及び資本金等の額の計算に関する明細書

Ⅰ　利益積立金額の計算に関する明細書				
区　　分	期首現在 利益積立金額	当期の増減		差引翌期首現在 利益積立金額 ①-②+③
		減	増	
	①	②	③	④
利益準備金				
積立金				
割賦仮売上	△8,000,000		800,000	△7,200,000
棚卸資産	5,760,000		△576,000	5,184,000
繰延税金資産	△1,728,000		172,800	△1,555,200
繰延税金負債	2,400,000		△240,000	2,160,000
繰越損益金	1,568,000 ＸＸＸ	ＸＸＸ	ＸＸＸ	ＸＸＸ

（注）　繰越損益金の期首現在利益積立金額の箇所のＸＸＸは、前事業年度の別表5(1)
　　　の差引翌期首現在利益積立金額の数字である。

　法人税申告書の別表5(1)の期首現在利益積立金額の箇所に、先の仕訳を
反映する。ただし、期首現在利益積立金額のトータル金額は、前事業年度

の別表5⑴の差引翌期首現在利益積立金額と同額であり、変わりない。

　期首現在利益積立金額の箇所の割賦仮売上の8,000,000円は税効果会計における将来加算一時差異に該当し、棚卸資産の5,760,000円は将来減算一時差異に該当すると考えられる。繰延税金資産および繰延税金負債は、一時差異の解消に対応する金額が一部取り崩されているため、別表5⑴で増減が入る。

　なお、会計上、繰延割賦利益の戻入益を計上しておらず、期首の利益剰余金の増加で処理しているため、別表4に繰延割賦利益の戻入益に対応する減算調整を入れてはいけない。

第4章

個別論点

　第3章では、ステップ1からステップ5までの各ステップの詳しい解説をしている。本章では、個別論点として、ポイント制度、返品権付取引、商品券等、本人取引か代理人取引か、有償支給取引、請求済未出荷契約および買戻契約を取り上げる。

　それぞれの項目ごとに、できる限り設例を織り込み、具体的な仕訳を示している。

　また、法人税法上、平成30年度税制改正による法令および法人税基本通達により一定の対応がされているが、法人税法の取扱い（消費税の取扱いも含む）を解説する。

従来の実務と異なる処理となる場合

　ポイント制度、返品権付取引、商品券等で、従来と異なる会計処理が求められる。法人税法上は、一定の要件を満たす場合に認められるものと、返品権付取引のように認められないものがある。

　また、本人取引か代理人取引かで、収益を総額計上か手数料部分のみの純額計上かの相違が生じるが、商社の手配する取引や小売業の消化仕入等は、一般的に、代理人取引として手数料部分を純額で収益計上することになる場合が多いと考えられる。

ポイント制度

1　自社ポイントの付与

⑴　自社ポイントに係る会計処理

①　会計処理の内容

　小売業やサービス業において、顧客の囲い込みや販売促進を目的として、顧客にポイントを付与する場合がある。企業が商品やサービスを顧客に販売するときに、自社のポイントを顧客に付与し、ポイントの付与を受けた顧客は、そのポイントを将来企業から商品を購入するときの値引きに使えたり、一定量のポイントと交換に企業から商品の提供を受けることができる。従来の実務では、ポイントについては、将来のポイントとの交換に要すると見込まれる額を引当金として計上されることが多い。

　収益認識会計基準では、商品やサービスの提供に付随して付与されるポイントや値引券は、追加的な財またはサービスを無料または割引価格で取得できる顧客のオプションとして取り扱われるものとされる。

　顧客との契約において、既存の契約に加えて追加の財またはサービスを取得するオプションを顧客に付与する場合には、当該オプションが当該契約を締結しなければ顧客が受け取れない重要な権利を顧客に提供するときにのみ、当該オプションから履行義務が生じる。この場合には、将来の財またはサービスが移転する時、あるいは当該オプションが消滅する時に収益を認識する（収益認識適用指針48項）。

　ポイント制度等において、当該ポイントが重要な権利を顧客に提供すると判断される場合、当該ポイント部分について別個の履行義務として識別し、収益の計上が繰り延べられる。この場合、顧客に付与するポイントについての引当処理は認められないことになる。

　なお、重要な権利を顧客に提供する場合とは、例えば、追加の財またはサービスを取得するオプションにより、顧客が属する地域や市場における

通常の値引きの範囲を超える値引きを顧客に提供する場合をいう（収益認
識適用指針48項）。

履行義務の識別の例

当該ポイントが重要な権利を顧客に提供
すると判断される場合、取引価格を商品
の販売とポイントに配分

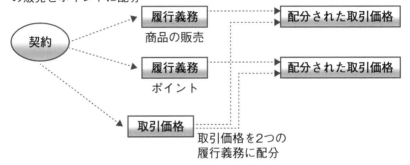

②　商品の販売とポイント部分に取引価格を配分

　ポイントは、商品の販売とは別個の履行義務になると考えられ、取引価
格を当初販売した商品の販売とポイントにそれぞれの独立販売価格の比率
に基づき配分する。当初の財またはサービスの取引価格の中にオプション
の対価が含まれているという考え方に基づいて、取引価格を商品の販売と
ポイントという2つの履行義務に配分するという処理になる。

　また、それぞれの履行義務を充足した時点、すなわち、商品については
販売された時点、また、ポイントについては利用された時点で、収益を認
識することになる。ポイントは付与した時点では、履行義務を充足してい
ないため契約負債として認識し、ポイントが利用されるに応じて、契約負
債から収益に振り替える処理になる。

　多種類のポイント制度を導入している企業の場合、それぞれのポイントごと
の独立販売価格を算出することに一定の実務負担等が生じることも考えられる。

　引当金を計上する従来の実務と比較して、収益の計上額が異なることと
なる点に留意する必要がある。

③　自社ポイントの会計処理の設例

　以下、ポイントの会計処理の設例を示すものとする。消費税も考慮した内容としているが、会計処理、法人税と消費税の処理が異なることになる点に留意する必要がある。なお、消費税の詳しい取扱いについては、後で詳説する。

設例 **自社ポイントの会計処理**

前提条件

　顧客に対して税込みの販売額に対して５％のポイントを付与し、次の買い物から１ポイント１円で利用できる制度を当期から導入した。当社は、当該ポイントを顧客に付与する重要な権利であると認識している。

　当期の売上高は110,000,000円（税込み）、当期末までに付与したポイントは5,500,000ポイントであるが、翌期以降に利用される見込みのポイントは、未使用率10％と判断され、4,950,000ポイントと見積もられた。当該商品の独立販売価格は100,000,000円、ポイントの独立販売価格は4,950,000円と見積もられた。

　また、翌期の売上高は125,400,000円（現金売上121,000,000円（税込み）＋ポイント使用分4,400,000円）であった。すなわち、翌期に利用されたポイントは4,400,000ポイントであった。翌期の商品の独立販売価格は110,000,000円、翌期に付与したポイントは6,050,000ポイント（121,000,000×５％）であるがその独立販売価格は5,445,000円と見積もられた。当期と翌期の会計処理を消費税の処理を併せて示しなさい。なお、消費税率を10％とする。

解　答

(1)　現行の日本実務

（当期）

現預金	110,000,000	売上	100,000,000
		仮受消費税等	10,000,000

| 販管費 | 4,950,000 | / | ポイント引当金 | 4,950,000 |

（翌期）

現預金	121,000,000	/	売上	110,000,000
			仮受消費税等	11,000,000
販管費	5,445,000	/	ポイント引当金	5,445,000
ポイント引当金	4,400,000	/	売上	4,400,000

(2) 収益認識会計基準ベース

（当期）

現預金	110,000,000	/	売上	95,283,468[注1]
			契約負債	4,716,532[注2]
			仮受消費税等	10,000,000

（注1） $100,000,000 \times 100,000,000 / 104,950,000 = 95,283,468$
（注2） $100,000,000 \times 4,950,000 / 104,950,000 = 4,716,532$

（翌期）

現預金	121,000,000	/	売上	104,811,815[注3]
			契約負債	5,188,185[注4]
			仮受消費税等	11,000,000

（注3） $110,000,000 \times 110,000,000 / 115,445,000 = 104,811,815$
（注4） $110,000,000 \times 5,445,000 / 115,445,000 = 5,188,185$

また、ポイントの使用に係る仕訳は、次のとおりである。

| 契約負債 | 4,192,473 | / | 売上 | 4,192,473[注5] |

（注5） $4,716,532 \times 4,400,000 / 4,950,000 = 4,192,473$

ポイントを商品の販売と別個の履行義務とみるため、ポイントに配分される金額分だけ、商品の販売に係る売上が従来に比べて減少することになる。

なお、消費税法上は、課税資産の譲渡等の対価の額として収受された金額または収受されるべき金額を課税標準とする取扱いは従来どおりであり、何ら変わるものではない。仮受消費税等の計上額は、売上高に消費税

率を乗じた金額にならない。また、ポイントの使用部分については、消費税法上、値引きと考えるため、課税売上げの対価と売上に係る対価の返還等の両建て処理になると考えられる。この詳しい内容は、後の「(3)自社ポイントに係る消費税の取扱い」を参照されたい。

なお、この問題に対してどのように対応したらよいかについては、「第10章　消費税の処理に係る実務上の対応（会計、法人税との乖離の問題）」に詳説している。

④　会計上の見積りの変更

先の設例でみたように、自社ポイントの付与に係る契約負債の計上については、いったん計上した契約負債について、翌期以降において実際に使用されたポイントに対応する額について、契約負債の取崩および売上の計上が行われる。

この場合、使用されると見込むポイント総数は、会計期間ごとに見直されるため、付与した会計期間の翌期以降の各会計期間においては、当初負債計上額に期末までに使用されたポイントの累計数を乗じた額をその期末時点で使用されると見込むポイント総数で除した額から、前期までに収益認識した額を控除した額について、契約負債から売上に振り替えることになる。

各会計期間において、契約負債から売上に振り替える額は、次のように算出される。

$$各期に契約負債から売上に振り替える額 = 当初負債計上額 \times \frac{期末までに使用されたポイントの累計額}{その期末において使用されると見込むポイント総数} - すでに収益計上した額$$

使用されると見込むポイント総数の見直しに係る会計処理については、次の設例を参照されたい。

設例 自社ポイントの会計処理（使用されると見込むポイント総数の見直し）

前提条件

⑴　A社は、自社の商品を顧客が10円分（税込み）購入するごとに1ポイントを顧客に付与するポイント制度を採用している。顧客は商品を将来購入する際に1ポイント当たり1円の値引きを受けることができる。

⑵　X1年度中に、A社は顧客に商品300,000円を現金で販売し、将来の商品購入に利用できる30,000ポイント（=300,000円÷10×1ポイント）を付与した。

・顧客が購入した商品の独立販売価格は300,000円であった。

・A社は商品の販売時点で、将来27,000ポイントが使用されると見込んだ。A社は、顧客により使用される可能性を考慮して、1ポイント当たりの独立販売価格を0.9円（合計額は27,000円（=0.9円×30,000ポイント））と見積もった。

・A社はX2年度末において、使用されるポイント総数の見積りを28,000ポイントに更新した。

　各年度に使用されたポイント、決算日までに使用されたポイント累計および使用されると見込むポイント総数は次のとおりである。

	X1年度	X2年度
各年度に使用されたポイント数	12,000	10,000
決算日までに使用されたポイントの累計数	12,000	22,000
使用されると見込むポイント総数	27,000	28,000

　当該ポイントは、契約を締結しなければ顧客が受け取れない重要な権利を顧客に提供するものであり、A社は、顧客に付与したポイントの付与は、商品の販売とは別個の履行義務であると判断されたものとする。

　なお、消費税率を10%とする。

解　答

(1)　商品の販売時

現預金	330,000	売上	275,229
		契約負債	24,771
		仮受消費税等	30,000

(注)　300,000×300,000／327,000＝275,229
　　　300,000×27,000／327,000＝24,771

(2)　X1年度

契約負債	11,009	売上	11,009

(注)　24,771×12,000／27,000＝11,009

(3)　X2年度

契約負債	8,454	売上	8,454

(注)　$24,771 \times \dfrac{\text{X2年度までに使用されたポイントの累計数22,000}}{\text{X2年度末に使用されると見込むポイント総数28,000}} - \text{X1年度に収益計上した額11,009} = 8,454$

(2)　自社ポイントに係る法人税の取扱い

①　法人税法上認容されるための要件

　法人税法上は、重要な権利を付与するものとして次の(ⅰ)から(ⅳ)のすべての要件を満たすものについて、継続適用を条件として、認容される（法基通2-1-1の7）。

(ⅰ)　その付与したポイントが当初資産の販売等の契約を締結しなければ相手方が受け取れない重要な権利を与えるものであること

(ⅱ)　その付与したポイントが発行年度ごとに区分して管理されていること

(ⅲ)　法人が付与したポイントに関する権利につきその有効期限が経過したこと、規約その他の契約で定める違反事項に相手方が抵触したことその他の当該法人の責に帰さないやむを得ない事情があること

> 以外の理由により一方的に失わせることができないことが規約その
> 他の契約において明らかにされていること
>
> (iv) 次のいずれかの要件を満たすこと
>
> (イ) その付与したポイントの呈示があった場合に値引き等をする金
> 額が明らかにされており、かつ、将来の資産の販売等に際して、
> たとえ1ポイントまたは1枚のクーポンの呈示があっても値引き
> 等をすることとされていること[19]
>
> (ロ) その付与したポイントが当該法人以外の者が運営するポイント
> または自ら運営する他のポイントで、(イ)に該当するものと所定の
> 交換比率により交換できることとされていること

　上記のような要件が付されているのは、法人税法上、債務確定基準との
関係から、一定の債務性が確保されていることを条件にせざるを得ないた
めである。ただし、要件としては、比較的ハードルが低い内容であると思
われる。

② 各要件の内容

　上記の(i)の要件は、会計上、ポイントを独立した履行義務として識別す
るための要件であり、収益認識会計基準における自社ポイントの会計処理
を適用する上での要件であるため、問題ないと考えられる。会計上も、商
品やサービスの提供に付随して付与されるものであり（当初資産の販売等
の契約を締結しなければ相手方が受け取れないものであり）、かつ、重要
な権利を顧客に提供すると判断される場合に、ポイント部分が別個の履行
義務として識別される。

　(ii)の発行年度ごとの区分管理は、通常行われている場合が多いと考えら

19　一定単位数等に達しないと値引き等の対象にならないもの、割引券（将来の資産の販売等
　の対価の額の一定割合を割り引くことを約する証票をいう）およびいわゆるスタンプカード
　のようなものは(イ)の要件を満たす自己発行ポイント等には該当しない（法基通2-1-1の7(4)イ
　の（注））。

れる。また、法人税法上、未行使のポイントについて、商品券の取扱いに
準じた取扱いが適用されることとなり（法基通2-1-39の３）。原則として、
発行の日から10年が経過した日の属する事業年度において、未行使部分に
係る対価の額のうち益金の額に算入されていない残額を一括して益金算入
するものとされた。従来の足掛け５年基準から、10年経過日基準に見直さ
れたものである。したがって、この発行年度ごとの区分管理の要件を満た
さないわけにいかないものと考えられる。

　(ⅲ)のポイントに関する権利につきその有効期限が経過したこと、規約そ
の他の契約で定める違反事項に相手方が抵触したことその他の当該法人の
責に帰さないやむを得ない事情があること以外の理由により一方的に失わ
せることができないことが規約その他の契約において明らかにされている
ことについても、ポイントの失効について、有効期限の経過等の法人の責
に帰さないやむを得ない事情があることに限定されていることが規約等か
ら明らかであれば、問題ないと考えられる。すなわち、ポイントの規約に
おいてポイントの没収条項が定められているのが通常であるが、没収条項
が有効期限の経過、顧客の違反事項への抵触のような法人の責に帰さない
やむを得ない事情に限定されていれば問題ないし、もし没収条項がそのよ
うになっておらず、要件を満たさない内容であった場合は、規約の改正を
行い、要件を満たすようにする対応も考えられる。

　上記の(ⅳ)の要件を満たせるのかどうかが重要なポイントになると考えら
れる。ポイント制度が(イ)の要件である「１ポイントまたは１枚のクーポン
の呈示があっても値引き等をすることとされていること」になっていない
ケースも少なくないと思われるが、この要件を満たすためにそのような制
度内容に規約を改正するのかどうかが、検討課題になると思われる。ただ
し、そのポイント制度がたとえ(イ)の要件を満たしていなくても、そのポイ
ント制度が１ポイントまたは１枚のクーポンの呈示があっても値引き等を
する他社ポイントまたは自社の他のポイントと所定の交換比率により交換
できることとされていれば(ロ)の要件を満たすため、これによって結果的に

(iv)の要件を満たすことも考えられる。そのようなポイント制度も決して少なくないと考えられる。これについては、1枚の呈示があっても使用できる商品券と所定の交換比率で交換されるポイント制度も要件を満たすことになる。商品券は(イ)でいうクーポンに該当するからである。

③ 未行使のポイントの取扱い（10年経過日事業年度における益金算入）

すでに説明したように、未行使のポイントについては、商品券の取扱いに準じた取扱いが適用される（法基通2-1-39の3）。すなわち、原則として、10年経過日の属する事業年度において、未行使部分に係る対価の額のうち益金の額に算入されていない残額を一括して益金算入する。これについては、収益認識会計基準にそのような取扱いは直接ないため、申告調整（別表4に加算・留保の調整）により対応することが考えられる。

(3) 自社ポイントに係る消費税の取扱い

消費税は取引に対して課せられるものであり、課税資産の譲渡等の対価として収受された金額、または収受されるべき金額を課税標準として計算される。いわば実際の取引額に基づいて計算されるわけである。

消費税法上、売手における課税売上げに係る消費税額とそれに対応する買手（仕入側）における課税仕入れに係る消費税額を一致させる必要性から、従来どおり実際の取引額に基づいて課税標準を計算する取扱いは何ら変わるものではない。結果として、収益認識会計基準の適用に伴い会計処理および法人税の処理が変更された場合であっても、消費税の処理は従来どおりとされるものがいくつも生じることになる。ポイントはその一例である。

先の設例の場合、当期における消費税法上の課税資産の譲渡等の対価の額は、あくまでも100,000,000円であり、その100,000,000円に対して10％を乗じた10,000,000円が課税売上げに係る消費税等の額になる。仮受消費税等の額は売上高に消費税率を乗じた額にならない。この問題に対してどの

ように対応したらよいかについては、「第10章　消費税の処理に係る実務上の対応（会計、法人税との乖離の問題）」に詳説している。

また、ポイントの使用部分の取扱いであるが、先の設例におけるポイントの使用に係る仕訳は、次のとおりであった。

　契約負債　　　　4,192,473　／　売上　　　　　　　4,192,473^(注)

（注）　4,716,532×4,400,000／4,950,000＝4,192,473

これは、翌期に4,400,000円分のポイントが使用されたことに伴い、契約負債から売上に振り替える仕訳を行ったものであるが、消費税法上、ポイントの使用については値引き、すなわち売上に係る対価の返還等として取り扱うため、課税売上げの対価4,400,000円（消費税等の額400,000円）、売上に係る対価の返還等の額4,400,000円（消費税等の額400,000円）の両建て処理になると考えられる。

2　他社ポイントの付与

(1)　他社ポイントの付与に係る会計処理

これまで説明した内容は、自社ポイントの付与であり、そのポイントが重要な権利を顧客に提供すると判断される場合の取扱いであった。これに対して、他社が運営するポイントプログラムに参加している企業が、他社ポイントの付与を行う場合の処理は異なる。

自社の商品の販売に伴い、他社のポイントが付与され、そのポイントの付与について他社に代金を支払う取引が行われる場合がある。この場合は、他社ポイントの付与は、他社が運営するポイントを購入した上で、そのポイントを自社の顧客に付与するという実態になる。

また、他社ポイントを付与した場合は、他社に支払うポイント相当額は、「第三者のために回収する額」として、収益に含めてはいけないと考えられる。契約負債を認識する自社ポイントの会計処理ではなく、他社に対する未払金を計上し、未払金を計上した額だけ収益が減額される会計処理になる。次の設例を参照されたい。

設例 他社ポイントの付与

1. 前提条件

(1) 小売業を営むＡ社は、第三者であるＢ社が運営するポイントプログラムに参加している。プログラムの下では、Ａ社は、Ａ社の店舗で商品を購入した顧客に対し、購入時に当該ポイントプログラムのメンバーであることが表明された場合には、購入額100円につきＢ社ポイントが１ポイント付与される旨を伝達する。同時に、Ａ社は、Ｂ社に対してその旨を連絡し、Ｂ社はＡ社の顧客に対してＢ社ポイントを付与する。その後、Ａ社はＢ社に対し、１ポイントにつき１円を支払う。

　　Ａ社の顧客に対して付与されたＢ社ポイントは、Ａ社に限らず、Ｂ社が運営するポイントプログラムに参加する企業において利用できる。また、それらの企業における商品の購入で獲得されたＢ社ポイントも、Ａ社で利用できる。

　　Ａ社とＢ社との間に、上記以外の権利及び義務は発生しない。

(2) Ａ社は、Ａ社の観点からは、Ｂ社ポイントの付与は顧客に重要な権利（本適用指針第48項参照）を提供していないと判断した。Ａ社は、Ｂ社ポイントが顧客に対して付与される旨をＢ社に連絡し、同時にＢ社ポイントに相当する代金をＢ社に対して支払う義務を有するのみであり、Ａ社はＢ社ポイントを支配していないと結論付けた。

2. 会計処理

(1) 商品の販売時（Ｂ社ポイントの付与時）

　　Ａ社は、自社の店舗で商品を顧客に現金100円で販売するとともに、顧客に対してＢ社ポイントが１ポイント付与される旨を伝達した。同時に、Ａ社はＢ社に対してポイント付与の旨を連絡した。

（単位：円）

（借）現金預金	100	（貸）売上高[＊1]	99
		未払金[＊2]	1

（＊1）　Ａ社は、顧客に対する商品販売の履行義務に係る取引価格の算定において、第三者であるＢ社のために回収した金額（すなわち、100円のうち１円）を除外する（会計基準第47項）。なお、商品の売上原価への振替の仕訳は省略する。

（＊2）　B社に対する未払金を認識する。

(2)　A社からB社に対するポイント相当額の支払時

（単位：円）

（借）未払金	1	（貸）現金預金	1

（出典：収益認識適用指針の設例より）

　なお、ポイントを発行する他社が他社ポイントを付与する企業と同一の連結グループ内の企業である場合、連結上は自社ポイントの発行と同様になる。連結修正仕訳で、自社ポイントの会計処理に修正する必要があると考えられる。

(2)　他社ポイントの付与に係る法人税の取扱い

　他社ポイントを付与した場合、他社に対する支払義務を負うことになる。この支払義務については、顧客が付与されたポイントを使用しなかった場合でも免れるわけではない。したがって、法人税法上、債務確定基準に照らして、損金算入が認められると考えられる。損金経理要件が課されるものではないため、先の会計処理のように、売上を減額する処理をした場合であっても、法人税法上そのまま認容されると考えられる。

(3)　他社ポイントの付与に係る消費税の取扱い

　消費税法上、課税資産の譲渡等の対価の額として収受された金額または収受されるべき金額を課税標準とする。自社の商品を販売するにあたって他社ポイントを付与した場合であっても、他社ポイントの部分を区分するような考え方はなく、取引対価の額の全額が課税資産の譲渡等の対価の額として収受された金額ということになる。先の設例の場合は、取引対価100円に対して消費税率を乗じた額を仮受消費税等に計上することになると考えられる。

　なお、他社に対する他社ポイント相当額の支払は、課税対象外であると考えられる。ただし、実務では、運営主体である他社が課税取引としてポ

イントの購入会社に請求し、購入会社がその請求に基づいて仕入税額控除をしている例もあるようであり[20]、必ずしも処理が統一されていないようである。

3 商品の販売やサービスの提供に付随して付与されるものでない場合

　新規会員加入時や来店時にポイントが付与されるケースもある。このようなポイントの場合は、既存の契約に加えて追加の財またはサービスを取得するオプションを付与する場合（そのポイントが商品の販売サービスの提供に付随して付与する場合）には該当しない。ポイント部分について契約負債を計上する処理ではなく、会計上は、企業会計原則注解（注18）の定める引当金の計上要件を満たすことがあると考えられる。会計上引当金を計上する場合は、当該引当金は税務上はもちろん認められない。

返品権付取引

1 返品権付取引の会計処理

　従来の実務では、返品が見込まれる場合、過去の返品実績等に基づき返品調整引当金が計上され、その引当金の繰入額については売上総利益の調整として表示される場合がある。

　収益認識会計基準においては、企業が収益を認識すべき取引価格は財またはサービスの移転と交換に権利を得ると見込む対価の額としており（収益認識会計基準47項）、顧客と約束した対価に変動対価が含まれる場合、財またはサービスの顧客への移転と交換に企業が権利を得ることとなる対価の額を見積もることになる（収益認識会計基準50項）。

　返品権付取引は、返品がされる部分について対価が変動すると考えられ

20　成松洋一「収益認識における会計・法人税・消費税の異同点」税務研究会出版局、P51。

るため、変動対価として取り扱うことになる。企業が権利を得ると見込む
対価の額を算定するにあたって、返品が見込まれる金額を見積もり、その
金額を返金負債に計上する。顧客から受け取ったまたは受け取る対価の一
部あるいは全部を顧客に返金すると見込む部分については収益を認識せ
ず、返金負債を認識し、その額は、各決算日に見直す（収益認識会計基準
53項）[21]。

　具体的には返品権付の商品または製品（および返金条件付で提供される
一部のサービス）を販売したときは、次の処理を行う（収益認識適用指針
85項）。

返品権付取引に係る会計処理

(1)　企業が権利を得ると見込む対価の額（返品されると見込まれる商
　品または製品の対価を除く）で収益を計上する。
(2)　返品されると見込まれる商品または製品については、収益を認識
　せず、当該商品または製品について受け取ったまたは受け取る額で
　返金負債を認識する。
(3)　返金負債の決済時に顧客から商品または製品を回収する権利につ
　いて資産を認識する。

　引当金（返品調整引当金）の計上については、代替的な取扱いが定めら
れなかったため、一切認められない点に留意する必要がある。

　なお、資産を正常に利用することができないという理由（例えば製品の
欠陥、故障等）なしには返品ができない場合は、財またはサービスに対す
る保証として取り扱うことになる。

　出版業、出版に係る取次業、医薬品、農薬、化粧品、既製服等の製造業・

21　ここでいう返品権付取引には、企業が、返品に際して顧客に、顧客が支払った対価の全額
　または一部の返金を受ける権利を与える場合もあるが、顧客が企業に対して負うまたは負う
　予定の金額に適用できる値引きや別の商品または製品への交換を受ける権利を与えるものも
　含まれる。

卸売業、通信販売等が影響を受ける可能性がある。また、これらの業態でなくても、商品を販売した後、未使用であることを条件として一定日数経過までの返品に応じ、代金を返金するような取引にも、同様に適用される。

設例 返品権付取引に係る会計処理

前提条件

　製品80個を800,000円（@10,000）で顧客に販売した。その原価は@6,000である。取引慣行として、顧客が未使用の製品を14日以内に返品する場合、全額返金に応じることとしているとする。企業は、取引価格に変動対価が含まれていると判断し、対価の額をより適切に予測できる方法として期待値による方法を用い、製品76個が返品されないと見積もった。

　企業は、返品は自らの影響力の及ばない要因の影響を受けるが、顧客からの返品数量の見積りに関する十分な情報を有していると判断した。また、返品数量に関する不確実性は短期間で解消されるため、企業は、変動対価の額に関する不確実性が事後的に解消される時点までに、計上された収益の額760,000円（@10,000×返品されないと見込む製品76個）の著しい減額が発生しない可能性が非常に高いと合理的に判断した。

　結果として、製品4個（40,000円）が返金負債として見積もられ、対応する原価24,000円が返品資産として見積もられた。なお、消費税率を10％とする。

売掛金	880,000	売上	760,000
		返金負債	40,000
		仮受消費税等	80,000
売上原価	456,000	棚卸資産	480,000
返品資産	24,000		

返品資産は、返金負債の決済時に顧客から製品を回収する権利を表している。

　上記の処理は、法人税法上認められない（法法22条の2第5項）。別表

4 に、40,000円の加算（留保）、24,000円の減算（留保）が入り、別表5(1)に調整が残るが、税効果会計における一時差異に該当する点に留意が必要である。法人税および消費税の取扱いについては、次項以降で詳説する。

2　返品権付取引に係る法人税の取扱い

引渡しの時における価額または通常得べき対価の額は、貸倒れまたは買戻しの可能性がある場合においては、その可能性がないものとした場合の価額とすると規定された（法人税法22条の2第5項）。ここでいう「貸倒れ」は収益認識適用指針の設例2の処理、すなわち回収可能性に懸念のある金銭債権について取引価額を減額して収益計上する処理であり、レアケースである。また、「買戻し」は、本項で説明している返品権付取引を意味している。これらは、譲渡資産等の時価とは関係ない要素であると考えられるため、法人税法上は認められないと規定された。会計上は返品権付取引を変動対価として取り扱うが、法人税法上は変動対価としては取り扱わず、返金負債の額も含めて益金算入する必要がある。また、会計上の売上原価ではなく、返品資産の額も含めた金額が損金算入される。

申告調整が必要になるが、申告調整の方法については、先の設例を前提とし次のように行うことが考えられる。

別表四　所得の金額の計算に関する明細書

区　分		総　額	処　分		
			留　保	社外流出	
		①	②	③	
当期利益又は当期欠損の額				配　当	
				その他	
加算	売上計上もれ（返金負債加算）	40,000	40,000		
減算	売上原価計上もれ（返品資産減算）	24,000	24,000		

別表五㈠ 利益積立金額及び資本金等の額の計算に関する明細書

I 利益積立金額の計算に関する明細書				
区　　分	期首現在利益積立金額	当期の増減		差引翌期首現在利益積立金額 ①－②＋③
		減	増	
	①	②	③	④
利益準備金				
積立金				
返金負債			40,000	40,000
返品資産			△24,000	△24,000

　別表5(1)の返金負債および返品資産の調整は、会計上の帳簿価額がそれぞれ40,000円および24,000円であるのに対して、税務上の帳簿価額はそれぞれゼロであるため、会計上の帳簿価額を打ち消している（自己否認している）ことを意味する。返金負債は税効果会計における将来減算一時差異、返品資産は将来加算一時差異に該当し、税効果会計の対象になる。返金負債に係る将来減算一時差異については、繰延税金資産の回収可能性があると判断されるときは繰延税金資産を計上し、返品資産に係る将来加算一時差異については、繰延税金負債を計上することになると考えられる。

　なお、実際に返品があった場合は、返金負債を借方に落として現預金が貸方にくる。また、返品なしに返品期限が到来した場合には、返金負債から売上に振り替えることになると考えられる。法人税法上は、当初40,000円も含めて800,000円の全額で益金算入しているため、いずれの場合でも別表4に減算（留保）を入れることで差異は解消する[22]。そのとき、返品

22　実際に返品があったときは、会計上は損益に影響しないが、法人税法上は当初800,000円の全額を益金算入しているため、40,000円について別表4で減算する必要がある。また、返品なしに返品期限が到来した場合、法人税法上は、当初40,000円も含めて800,000円の全額で益金算入しているため、返金負債から売上に振り替えた額について別表4で減算を入れないと、40,000円について益金算入が重複してしまう。いずれにしても、別表4の減算が必要である。

資産についても、別表4に加算（留保）を入れることで差異が解消する。

　なお、消費税法上は、従来どおり、売上げに係る対価の返還等があった場合の調整で対応することになる。返品があった課税期間において、売上げに係る対価の返還等に係る消費税額を（売手においては）課税標準に対する消費税額から控除することになる。

3　返品調整引当金の廃止と経過措置

(1)　返品調整引当金の廃止と経過措置の内容

　平成30年度税制改正により、返品調整引当金は廃止された[23]。廃止に伴い、一定の経過措置が設けられている。すなわち、平成30年4月1日において返品調整引当金制度の対象事業を営む法人について、令和3年3月31日までに開始する各事業年度については従来どおりの損金算入限度額による引当てを認めるとともに、令和3年4月1日から令和12年3月31日までの間に開始する各事業年度については改正前の法令による損金算入限度額に対して1年ごとに10分の1ずつ縮小した額の引当てを認める等の経過措置を講ずるとした[24]。

各事業年度の損金算入限度額

事業年度	改正前の法令による損金算入限度額に対する繰入割合
令和3年4月1日から令和4年3月31日までの間に開始する事業年度	9／10

23　法人税法上、返品調整引当金の対象事業とされていたのは、①出版業、②出版に係る取次業、③医薬品（医薬部外品を含む）、農薬、化粧品、既製服、蓄音機用レコード、磁気音声再生機用レコードまたはデジタル式の音声再生機用レコードの製造業、④③の物品の卸売業である（旧法令99条）。

24　令和3年4月1日以後に最初に開始する事業年度については改正前の法令による損金算入限度額に対して10分の9を乗じて得た額の引当てが認められ、令和4年4月1日以後に最初に開始する事業年度については改正前の法令による損金算入限度額に対して10分の8を乗じて得た額の引当てが認められ、令和5年4月1日以後に最初に開始する事業年度については改正前の法令による損金算入限度額に対して10分の7を乗じて得た額の引当てが認められる（以下同様）。

令和4年4月1日から令和5年3月31日までの間に開始する事業年度	8／10
令和5年4月1日から令和6年3月31日までの間に開始する事業年度	7／10
令和6年4月1日から令和7年3月31日までの間に開始する事業年度	6／10
令和7年4月1日から令和8年3月31日までの間に開始する事業年度	5／10
令和8年4月1日から令和9年3月31日までの間に開始する事業年度	4／10
令和9年4月1日から令和10年3月31日までの間に開始する事業年度	3／10
令和10年4月1日から令和11年3月31日までの間に開始する事業年度	2／10
令和11年4月1日から令和12年3月31日までの間に開始する事業年度	1／10

　なお、この経過措置の適用により法人の令和12年4月1日以後最初に開始する事業年度の前事業年度の所得の金額の計算上損金の額に算入された返品調整引当金勘定の金額は、その最初に開始する事業年度において益金の額に算入することと規定された（改正法附則25条2項）。最後の繰入に対応する戻入れとなるため、ここで一連の処理が完結する。

(2)　収益認識会計基準を適用する企業の取扱い

　収益認識会計基準を適用する企業が、強制適用どおり適用した場合、令和3年4月1日以後に開始する事業年度以後の各事業年度において返品調整引当金を繰り入れる損金経理ができなくなるが、その場合に経過措置の適用が可能であるかどうかが論点になる。すなわち、損金経理要件を満たすのかという問題である。

　この点については、経過措置期間中は会計における返金負債の金額から返品資産の金額を控除した金額に相当する金額が、損金経理により返品調整引当金に繰り入れられたものとして取り扱われる（平成30年改正法附則

25条、平成30年改正法令附則9条3項)。したがって、収益認識会計基準を適用する企業においても、経過措置のメリットを享受することができる。

　以下、次の設例により、申告調整を示すものとする。

設例　返品調整引当金の経過措置に係る申告調整

前提条件

　当社(3月決算)は、平成30年4月1日において返品調整引当金制度の対象事業を営む法人である。令和3年4月1日以後に最初に開始する事業年度から、収益認識会計基準を適用する。前期末の返品調整引当金の残高は、20,000,000円である。この返品調整引当金について、当社は法人税法上認められる業種に属しており、認められてきた。

　当期から収益認識会計基準を適用するため、適用初年度の期首の日付で返品調整引当金を取り崩し、返金負債と返品資産を計上した。当期の期首の返金負債は85,000,000円、返品資産は65,000,000円であった。この返金負債については当期に返品があり、現金決済が行われている。

　また、当期に販売した商品について新たに計上した返金負債は78,000,000円、返品資産は59,000,000円であり、返金負債は売り上げの減額として、返品資産は売上原価の減額として処理している。返金負債の金額から返品資産の金額を控除した金額に相当する金額は19,000,000円である。また、従前の返品調整引当金の繰入限度額も同額であったとする。

　適用初年度の期首の日付の仕訳と、経過措置の適用に係る申告調整を含めた当期の別表の記載を示しなさい。

解　答

　適用初年度の期首の日付で次の仕訳が入る。返品調整引当金は法人税法上認められてきたが、返金負債および返品資産については法人税法上認められず、なかったものとして取り扱われるため、税効果会計における一時差異に該当すると考えられる。返金負債は将来減算一時差異、返品資産は将来加算一時差異に該当すると考えられる。法定実効税率は30%とする。

（期首）

返品調整引当金	20,000,000		返金負債	85,000,000
返品資産	65,000,000		繰延税金負債	19,500,000
繰延税金資産	25,500,000		繰越利益剰余金	6,000,000

別表四　所得の金額の計算に関する明細書

区　分		総　額	処　分	
			留　保	社外流出
		①	②	③
当期利益又は当期欠損の額				配　当
				その他
加算	返金負債加算	78,000,000	78,000,000	
	返品調整引当金取崩	20,000,000	20,000,000	
	法人税等調整額	5,430,000	5,430,000	
減算	返品資産減算	59,000,000	59,000,000	
	返品調整引当金繰入（経過措置）	17,100,000(注)	17,100,000	

（注）　（78,000,000円－59,000,000円）×9／10＝17,100,000円

別表五㈠　利益積立金額及び資本金等の額の計算に関する明細書

I　利益積立金額の計算に関する明細書				
区　分	期首現在利益積立金額	当期の増減		差引翌期首現在利益積立金額 ①－②＋③
		減	増	
	①	②	③	④
利益準備金				
積立金				
返品調整引当金	△20,000,000(注5)		20,000,000(注5)	0
返品調整引当金（経過措置）			△17,100,000	△17,100,000

返金負債	85,000,000	85,000,000	78,000,000	78,000,000
返品資産	△65,000,000	△65,000,000	△59,000,000	△59,000,000
繰延税金資産	△25,500,000	△25,500,000	△23,400,000^(注1)	△23,400,000
繰延税金負債	19,500,000	19,500,000	17,700,000^(注2) 5,130,000^(注3)	22,230,000
繰越損益金	6,000,000 ×××	×××	△1,900,000^(注4) ×××	×××

(注1)　78,000,000円×30％＝23,400,000円
(注2)　59,000,000円×30％＝17,700,000円
(注3)　17,100,000円×30％＝5,130,000円
(注4)　(78,000,000円－59,000,000円)×1／10＝1,900,000円
　　　　この1,900,000円がなぜ繰越損益金の増加欄に反映されるかであるが、会計上は返金負債78,000,000円が売上の減額、返品資産59,000,000円が売上原価の減額となり、損益に19,000,000円のマイナスの影響を及ぼしているが、税務上は経過措置により17,100,000円が損金算入され、利益積立金額に同額マイナスの影響を及ぼしているため、その差額が調整として入る。
(注5)　返品調整引当金は法人税法上認められていたため、前事業年度に損金算入された20,000,000円について、洗替えにより当期に益金算入がされる。それに対応して調整が消える。

　上記の返品調整引当金繰入（経過措置）は、法人税法上の経過措置により損金算入が認められる内容を表している。別表5(1)の返金負債および返品資産の差額と返品調整引当金（経過措置）の金額が一致していないのは、令和3年4月1日以後に最初に開始する事業年度であるため、返金負債の金額から返品資産の金額を控除した金額に相当する金額の10分の9相当額が損金算入されるため、その10分の1相当額の差異が生じることを表している。

　また、返品調整引当金（経過措置）は、翌事業年度以降に返品があった場合、または、返品なしに返品期限が到来した場合に、益金算入される。したがって、別表4の加算（留保）によって解消が予定されている差異であるため、税効果会計における将来加算一時差異に該当する。繰延税金負債の増加欄に記載されている5,130,000円（17,100,000円×30％）がそれに係る繰延税金負債を表している。

(3)　返品債権特別勘定の維持

　収益認識会計基準を適用した場合についても、従前の返品債権特別勘定と同様の取扱いが維持された。すなわち、平成30年度改正後の法人税基本通達は、次のように定められた。

　出版業を営む法人のうち、常時、その販売する出版業に係る棚卸資産の大部分につき、一定の特約を結んでいるものが、雑誌（週刊誌、旬刊誌、月刊誌等の定期刊行物をいう。以下同じ）の販売に関し、その取次業者または販売業者（以下、「販売業者」という）との間に、次の①および②に掲げる事項を内容とする特約を結んでいる場合には、その販売した事業年度において法人税基本通達9-6-5に定める繰入限度額以下の金額を損金経理により返品債権特別勘定に繰り入れることができる（法基通9-6-4）。

> ①　各事業年度終了の時においてその販売業者がまだ販売していない雑誌（当該事業年度終了の時の直前の発行日に係るものを除く。以下「店頭売れ残り品」という）に係る売掛金に対応する債務を当該時において免除すること
> ②　店頭売れ残り品を当該事業年度終了の時において自己に帰属させること
> (注)1　一定の特約とは、次に掲げる事項を内容とする特約とする。
> 　　・販売先からの求めに応じ、その販売した棚卸資産を当初の販売価額によって無条件に買い戻すこと
> 　　・販売先において、当該法人から棚卸資産の送付を受けた場合にその注文によるものかどうかを問わずこれを購入すること
> (注)2　法人が当該事業年度において、店頭売れ残り品に係る返金負債勘定または返品資産勘定を設けている場合には、その返金負債勘定の金額から返品資産勘定の金額を控除した金額については、損金経理により返品債権特別勘定に繰り入れたものとみなす。

　返品債権特別勘定の繰入限度額は、次に掲げるいずれかの金額とする（法基通9-6-5）。

(ⅰ)　当該事業年度終了の時における雑誌の販売に係る売掛金（当該事業年度終了の時の直前の発行日に係るものを除く）の帳簿価額の合計額に当該雑誌の返品率を乗じて計算した金額から店頭売れ残り品の当該事業年度終了の時における価額に相当する金額を控除した金額

(ⅱ)　当該事業年度終了の日以前2月間における雑誌の販売の対価の額（当該事業年度終了の時の直前の発行日に係るものを除く）の合計額に当該雑誌の返品率を乗じて計算した金額から店頭売れ残り品の当該事業年度終了の時における価額に相当する金額を控除した金額

(注)　上記(ⅰ)または(ⅱ)の返品率とは、買戻事業年度（当該事業年度および当該事業年度開始の前1年以内に開始した各事業年度をいう）における次の(a)に掲げる金額のうちに次の(b)に掲げる金額の占める割合をいう。
(a)　当該雑誌の販売対価の額の合計額
(b)　法人税基本通達9-6-4 (注)1に規定する特約に基づく当該雑誌の買戻しに係る対価の額の合計額

　返品債権特別勘定の金額は、その繰り入れた事業年度の翌事業年度の益金の額に算入する（法基通9-6-6）。洗替えである。

　返品債権特別勘定への繰入れを行う場合には、その繰入れを行う事業年度の確定申告書に返品債権特別勘定の繰入額の計算に関する明細を記載した書類を添付しなければならない（法基通9-6-7）。

4　返品権付取引に係る消費税の取扱い

　消費税法上も、法人税法と同様に、買戻しの可能性は考慮しない。課税資産の譲渡等の対価として収受された金額または収受されるべき金額を課税標準とする。課税売上げの対価は、法人税と同様に、返金負債を減額しない額とする。

　また、返品があった場合、消費税法上、売上げに係る対価の返還等があった場合の処理になる。返品があった課税期間において、売上げに係る対価

の返還等に係る消費税額を（売手においては）課税標準に対する消費税額から控除することになる。

　一方、返品をした顧客サイドにおいては、仕入れに係る対価の返還等があったものとして、課税仕入れに係る消費税額から仕入れに係る対価の返還等に対応する消費税額を控除することになると考えられる。

 # 商品券等

1　商品券等に係る会計処理

①　商品券等の発行および使用時の会計処理

　従来の実務においても、商品券等を発行した段階では、「財貨の移転の完了」という要件を満たさないため、収益計上は認められないと考えられる。

　収益認識会計基準では、次のように整理される。将来において財またはサービスを移転する履行義務については、顧客から支払を受けた時に、支払を受けた金額で契約負債を認識する。財またはサービスを移転し、履行義務を充足した時に、当該契約負債の消滅を認識し、収益を認識する（収益認識適用指針52項）。

　ここでいう商品券等としては、商品券、ギフトカード、返金不能のチケットなどが挙げられる。これらについては、顧客が権利のすべてを行使せず（または権利行使せずに権利が消滅）、非行使部分が生じるのが一般的である。非行使部分の処理については、次項で解説する。

②　非行使部分の会計処理

　顧客が権利行使しないと見込まれる部分（非行使部分）の処理が問題になる。収益認識会計基準では、契約負債における非行使部分について、企業が将来において権利を得ると見込む場合には、当該非行使部分の金額について、顧客による権利行使のパターンと比例的に収益を認識する。「権

利行使のパターンと比例的に収益を認識する」とは、非行使部分の金額に権利行使割合を乗じた額について収益を認識するという意味である。また、契約負債における非行使部分について、企業が将来において権利を得ると見込まない場合には、当該非行使部分の金額について、顧客が残りの権利を行使する可能性が非常に低くなった時に収益を認識する（収益認識適用指針54項）。

非行使部分に係る会計処理

企業が将来において権利を得ると見込む場合	非行使部分の金額について、顧客による権利行使のパターンと比例的に収益を認識する。
企業が将来において権利を得ると見込まない場合	非行使部分の金額について、顧客が残りの権利を行使する可能性が非常に低くなった時に収益を認識する。

　過去の実績等に基づき権利行使割合を見積もることができ、非行使部分の金額を算出することができる場合は、企業が将来において権利を得ると見込む場合に該当すると考えられるため、非行使部分の金額について権利行使割合を乗じた金額について、会計期間ごとに収益を認識する。一方、過去の実績等が明らかでなく、権利行使割合を見積もることができない場合は、顧客が残りの権利を行使する可能性が非常に低くなった時に収益を認識する。

　将来において権利を得ると見込む場合は、将来において権利を得ると見込まない場合に比べて、収益認識のタイミングが早くなるため、非行使部分について権利行使のパターンと比例的に収益を認識しても、不確実性が事後的に解消される際に、解消される時点までに計上された収益の著しい減額が発生しない可能性が高いと判断される部分に限り認められる取扱いであると考えられる（収益認識会計基準54項、収益認識適用指針55項）。

設例　商品券等の会計処理

前提条件

　X1期に商品券等を1,000,000円発行した。過去の実績等に基づき、非行使部分を10％と見積もり、この非行使部分について企業は将来において権利を得ると見込んだ。X2期に、1,000,000円のうち400,000円（税別）相当の商品と引き換えられ、消費税を含めて行使がされた。このとき、消費税率を10％とし、非行使部分の金額について権利行使のパターンと比例的に収益を認識する場合の会計処理を示しなさい。

　なお、X1期の発行と、それに対するX2期の権利行使に係る会計処理に限定した部分に限り示すものとし、他の事業年度の発行分およびそれに対する権利行使部分については捨象するものとする。

解　答

１．X1期

　商品券を発行しただけでは収益の認識はできない。契約負債を認識し、収益の計上を繰り延べる。

現預金	1,000,000	／	商品券	1,000,000

　消費税法上は、不課税取引である。

２．X2期

　権利行使されたのは400,000円であり、契約負債を減額し売上に振り替える。このとき消費税相当額も契約負債から減額される。また、非行使部分については、非行使部分に係る対価の額100,000円（1,000,000円×10％）に権利行使割合48.9％（440,000円÷900,000円）を乗じて得た額48,900円を収益に計上する。

商品券	488,900	／	売上	400,000
			仮受消費税等	40,000
			雑収入	48,900

　商品と引き換えられた400,000円については消費税の課税取引となる。一方、非行使部分の収益計上については、消費税法上の資産の譲渡等がな

いため、不課税取引になると考えられる。消費税の取扱いの詳しい内容については、「3　商品券等に係る消費税の取扱い」を参照されたい。

　なお、上記の設例は、自社で発行した商品券について自社の商品と交換された場合の取扱いを示している。全国百貨店共通商品券の場合、自社で発行した商品券が他の百貨店で使用されるケースがある。その場合は、商品券を発行した時の処理は、上記と同様に、負債に計上されるが、他の百貨店で使用されたときは、全国百貨店協会が管理する精算センターで精算されるため、貸方は売上ではなく、現預金（消費税込みの金額）になる。ただし、非行使部分の会計処理は、上記と同様に、雑収入に計上される。

商品券	488,900	現預金	440,000
		雑収入	48,900

2　商品券等に係る法人税の取扱い

(1)　商品券等の発行に係る収益の帰属の時期

　法人が商品券等を発行するとともにその対価の支払を受ける場合、その商品の引渡しまたは役務の提供（以下、「商品の引渡し等」という）に応じてその商品の引渡し等のあった日の属する事業年度の益金の額に算入する。商品券等の発行の対価の額は、商品の引渡しに応じて、その商品の引渡しのあった事業年度において益金算入する点は、収益認識会計基準の取扱いと同様である。なお、商品の引渡しに応じて益金算入する場合は、従来、所轄税務署長の確認が必要であったが、確認は不要と改められた。

　また、その商品引換券等の発行の日から10年が経過した日の属する事業年度終了の時において商品の引渡し等を完了していない商品引換券等がある場合には、当該商品引換券等に係る対価の額を当該事業年度の益金の額に算入するとされている（法基通2-1-39の前段）。

　平成30年法人税基本通達の改正により、発行の日から10年を経過した日の属する事業年度終了の時において未引換えの商品券等については、一括益金算入するものとされたものである。ただし、後で説明する非行使部分

について、権利行使のパターンと比例的に収益計上した部分については、すでに収益を計上済であるため、一括益金算入額から除かなければならない。

なお、その商品引換券等の発行の日から10年が経過した日前に次に掲げる事実が生じた場合には、その生じた日の属する事業年度の益金の額に算入する（同通達の後段）。

10年経過日前に発生した場合に益金算入すべき事実

① 法人が発行した商品引換券等をその発行に係る事業年度ごとに区分して管理しないことまたは管理しなくなったこと
② その商品引換券等の有効期限が到来すること[25]
③ 法人が継続して収益計上を行うこととしている基準に達したこと
(注) 例えば、発行日から一定年数が経過したこと、商品引換券等の発行総数に占める未引換券の数の割合が一定割合になったことその他の合理的に定められた基準のうち法人が予め定めたもの（会計処理方針その他のものによって明らかとなっているものに限る）がこれに該当する。

(2) 非行使部分に係る収益の帰属の時期

非行使部分の金額について、顧客による権利行使のパターンと比例的に収益を認識する会計処理が、法人税法上認められるのかどうかが重要なポイントである。この点については、一定の要件を満たす場合に、認められるとされた。非行使部分に係る収益認識会計基準ベースの会計処理が、法人税法上、原則として認められる。

すなわち、法人が商品引換券等を発行するとともにその対価の支払を受ける場合において、その商品引換券等に係る権利のうち相手方が行使しないと見込まれる部分の金額（非行使部分）があるときは、その商品引換券

25　百貨店やスーパーが発行する商品券には、有効期限がないのが通常である。

等の発行の日から10年経過日等の属する事業年度までの各事業年度におい
ては、当該非行使部分に係る対価の額に権利行使割合（相手方が行使する
と見込まれる部分の金額のうちに実際に行使された金額の占める割合をい
う）を乗じて得た金額からすでにこの取扱いに基づき益金の額に算入され
た金額を控除する方法その他のこれに準じた合理的な方法に基づき計算さ
れた金額を益金の額に算入することができる（法基通2-1-39の２本文）。

　非行使部分の見積りを行う場合には、過去における権利の不行使の実績
を基礎とする等合理的な方法により見積もられたものであることおよびそ
の算定の根拠となる書類を保存していることを要する（同通達の（注）１）。

　10年経過日等の属する事業年度において、非行使部分に係る対価の額の
うち本文により益金の額に算入されていない残額を益金の額に算入するこ
ととなることに留意する（同通達の（注）２）。

　過去の不行使実績等合理的な方法により見積もられていることと、その
算定の根拠となる書類の保存が要件である。

　先の設例の会計処理は、法人税法上、原則として認められる。

3　商品券等に係る消費税の取扱い

　商品券等の発行は、消費税法上の資産の譲渡等には該当せず、不課税取
引である（消基通6-4-5）。商品券等の発行段階で、仮受消費税等を計上す
ることはない。

　一方、商品券等が商品と引き換えられた場合に、それは課税取引となる。
先の設例でいえば、商品と引き換えられた400,000円については消費税の
課税取引となり、10％を乗じた40,000円が課税売上げに係る消費税等の額
となる。

　なお、非行使部分の収益計上については、消費税法上の資産の譲渡等が
ないため、不課税取引になると考えられる。非行使部分の収益計上につい
て、消費税法上、課税対象外の取引として処理すれば問題ないと考えられる。

本人取引か代理人取引か

1　総額表示か純額表示か

　従来の日本基準では、ソフトウエア取引を除き、収益に関して売上と仕入を総額で表示するか純額で表示するかに関する一般的な定めはなかった。

　収益認識会計基準では、他の当事者が顧客への財またはサービスの提供に関与している場合には、企業は、企業の役割が自ら特定された財またはサービスを提供することなのか（企業が本人か）、それとも、当該財またはサービスが他の当事者によって提供されるように手配することなのか（企業が代理人か）を判断するとされている。

　顧客との約束がその財またはサービスを企業が自ら提供する履行義務であると判断され、企業が本人に該当するときは、財またはサービスの提供と交換に企業が権利を得ると見込む対価の総額を収益として認識する。

　一方、顧客との約束が財またはサービスを他の当事者によって提供されるように手配する履行義務であると判断され、企業が代理人に該当するときは、手数料部分を純額で収益に計上するとされている（収益認識適用指針39項、40項）。企業は、自らが本人であるのか代理人であるのかを、顧客に約束した特定された財またはサービスのそれぞれについて判断する（収益認識適用指針41項）。

2　判断の手順

　企業の役割を上記のように判断するために、企業は次の(1)および(2)の手順に従って判断する（収益認識適用指針42項）。

企業の役割を判断する手順

(1) 顧客に提供する財またはサービスを識別すること（例えば、顧客に提供する財またはサービスは、他の当事者が提供する財またはサービスに対する権利である可能性がある。）
(2) 財またはサービスのそれぞれが顧客に提供される前に、当該財またはサービスを企業が支配しているかどうかを判断すること

　財またはサービスが顧客に移転される前に、当該財またはサービスを企業が支配しているかどうかを評価する。顧客に移転する前に企業が支配している場合には、企業は本人であるとされる。

　しかし、財の法的所有権が顧客に移転される前に、企業が当該財の法的所有権を瞬間的にしか獲得していない場合には、企業は必ずしも当該財を支配していないと考えられる。財に対する法的所有権が顧客に移転される前に、当該法的所有権を企業が一時的にのみ有している場合には、法的所有権を有したとしても、企業は必ずしも当該財を支配していることにはならない（収益認識適用指針45項）。例えば、小売業における消化仕入の取引（売上が計上されると同時に仕入を計上する取引）は、一般的に、代理人取引であると判断される場合が多いと考えられる。また、商社が商品の販売を手配する取引で、メーカーの倉庫から顧客に商品が直送される取引については、商社は当該商品の法的所有権を瞬間的にしか獲得しておらず、また、顧客に当該商品が提供される前に、商社が在庫リスクを負っていないのであれば、商社は当該商品を支配しておらず、代理人取引と判断されることが考えられる。

企業が財またはサービスを支配しているか

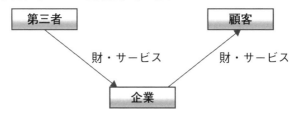

財・サービスが顧客に移転される前に企業が支配し
ているかどうかを判断
法的所有権を瞬間的にしか獲得していない場合は、
必ずしも支配していない

　企業が財またはサービスを顧客に提供する前に支配しているかどうかを
判定するにあたっては、例えば、次の(1)から(3)の指標を考慮する（収益認
識適用指針47項）。

顧客に提供する前に支配しているかどうかを判定するにあたって考慮すべき指標

(1)　企業が当該財またはサービスを提供するという約束の履行に対し
　　　て主たる責任を有していること
(2)　当該財またはサービスが顧客に提供される前、あるいは当該財ま
　　　たはサービスに対する支配が顧客に移転した後（例えば、顧客が返
　　　品権を有している場合）において、企業が在庫リスクを有している
　　　こと
(3)　当該財またはサービスの価格の設定において企業が裁量権を有し
　　　ていること（ただし、代理人が価格の設定における裁量権を有して
　　　いる場合もある）

⑴　企業が当該財またはサービスを提供するという約束の履行に対して主たる責任を有していること

　顧客に提供した製品が合意した仕様どおりに機能しなかったときに、当該製品の交換などの是正措置を行う責任を負っている、製品の瑕疵に対する担保責任を負っているような場合は、企業が主たる責任を負っていると判断される可能性が高いと考えられる。このような良品提供義務を負っているということは、財またはサービスを提供するという約束の履行に対して主たる責任を負っていることを示していることになるからである。

⑵　当該財またはサービスが顧客に提供される前において、企業が在庫リスクを有していること

　売れ残り、陳腐化、物理的損傷などの在庫リスクを企業が有しているときは、企業が財またはサービスを支配していることを示している可能性がある。企業が財またはサービスを提供するという約束の履行に対して主たる責任を有しているにもかかわらず、企業に在庫リスクがない場合は、財の特性によるものなのか、特殊な契約条件によるものなのか、合理的な反証が必要になると考えられる。

⑶　当該財またはサービスの価格の設定において企業が裁量権を有していること

　財、サービスの販売価格を設定する権限や値引きを行う権限を有する場合、企業は当該財またはサービスを支配している可能性を示している。ただし、代理人が利益（手数料部分の利鞘）を生み出すために、代理人に価格の設定の裁量権が与えられているケースもあるため、例外があるという前提でこの指標を参考にする必要がある。

　これらの指標は無関係に列挙されているわけではないと考えられる。財またはサービスが顧客に提供される前に、企業がその財またはサービスを支配しているのであれば、それを顧客に提供するという約束の履行に対し

て主たる責任を有しているのが通常であるし、顧客に提供される前において企業が在庫リスクを有していることが通常は考えられる。仮に在庫リスクがないというのであれば、それが財の性質に基因しているからなのか、その理由を十分に究明すべきであると考えられる。(3)の価格の設定に係る裁量については、代理人が利鞘を確保する必要性から、代理人に裁量が与えられるケースがあるため、その点も考慮して判断する必要がある。

また、上記の3つの指標は、特定の財またはサービスの性質および契約条件により、財またはサービスに対する支配への関連度合いが異なり、契約によっては、説得力のある根拠を提供する指標が異なる可能性がある点に留意する必要がある（収益認識適用指針136項）。

財またはサービスを手配するだけの商社の取引や百貨店の消化仕入の取引（売上が計上されると同時に仕入を計上する取引）は、一般的には、代理人としての取引であると判断されるケースが多いと考えられる。そのほか、電子商取引サイトの運営、製品の生産受託、サービスの提供における代理業務など、幅広い業務が影響を受ける可能性がある。また、旅行代理業を営む企業において、旅行事業を行う企業と顧客とのマッチングをしている場合は、他の企業（旅行事業を行う企業）が顧客にサービスを提供することを手配している役割の場合には、代理人であると判断されると考えられる。

3 個別財務諸表と連結財務諸表上の取扱い

個別財務諸表上は、たとえ相手先が連結会社であっても、別人格として、収益認識会計基準に準拠して本人取引であるか代理人取引であるかの判断を行うべきであると考えられる。総額表示か純額表示かで、収益の額に重要な差異が生じることが考えられ、個別財務諸表間の比較可能性を確保する上で、選択肢を認めるべきでないと考えられる。

一方、連結財務諸表上、財またはサービスの提供元と財またはサービスの提供を手配している企業が同じ連結グループに属している場合、連結グ

ループを一体とみるため、連結グループと顧客との間の一対一の取引という実態になる。また、連結会社間の取引は内部取引として相殺消去されるため、財またはサービスの提供元と財またはサービスの提供を手配している企業との間で代金の授受がされる場合でも、連結財務諸表上は相殺消去される。

　なお、連結財務諸表上の相殺消去に関しては、代理人取引であっても、いったん総額表示に振り戻した上で、相殺消去を行うなど、実務上の工夫が必要になると考えられる。

4　法人税の取扱い

　総額表示か純額表示かで、法人税法上の課税所得は変わらない。また、本人であっても代理人であっても、履行義務の充足のタイミングも変わらないと考えられる。したがって、法人税法上、会計処理がそのまま認容されることになり、申告調整は必要ないと考えられる。

　ただし、法人税法上、売上金額が基準とされている制度がいくつかある点に留意する必要がある。例えば、試験研究費の税額控除制度において、当期の試験研究費の当期および過去3期の売上金額の平均額に占める割合に基づいて、税額控除率および税額控除上限額の割増制度の適用を受けることができるかどうかを判断する取扱いもある。

　したがって、法人税にまったく影響がないというわけではない。この点、財またはサービスを手配しているだけの立場であり、代理人であると判断される場合は、法人税法上も、資産の譲渡ではなく、役務提供に係る収益としてとらえるという考え方は採り得ると考えられる。

5　消費税の取扱い

　消費税法上、売手における課税売上げに係る消費税額とそれに対応する買手（仕入側）における課税仕入れに係る消費税額を一致させる必要性から、従来どおり実際の取引額に基づいて課税標準を計算する取扱いは何ら

変わるものではない。すなわち、消費税は取引に対して課されるものであり、課税資産の譲渡等の対価として収受された金額、または収受されるべき金額を課税標準として計算される。結果として、収益認識会計基準の適用に伴い会計処理が変更された場合であっても、消費税の処理は従来どおりとされる。

　例えば、商社が顧客との間で製品の販売に係る契約を締結したとする。ただし、商社は代理人の立場であり、メーカーから顧客に製品を提供するように手配しているだけの立場であり、製品自体もメーカーの倉庫から直送されるものとする。顧客との契約は商社との間で行われており、販売代金の授受も商社と顧客との間で行われており、また、商社とメーカーとの間で（商社にとっての）仕入代金の授受が行われているとする。この場合、商社にとっては、顧客に販売した対価が課税売上げとなり、一方でメーカーからの仕入れの対価が課税仕入れになると考えられる。したがって、仮払消費税等と仮受消費税等を両建てで認識することになると考えられる。

　次の設例を参照されたい。

設例 消化仕入れに係る会計、法人税および消費税の処理

前提条件

　スーパー甲社は、乙社との間で消化仕入契約を締結し、取引を行っている。甲社は、店舗への商品の納入時に検収を行わず、店舗にある商品の法的所有権は乙社が有している。また、商品に関する保管管理責任および商品に関するリスクも乙社が有している。甲社は、店舗に並べる商品の種類や価格帯等のマーチャンダイジングについて一定の関与を行うが、個々の消化仕入商品の品揃えや販売価格の決定権は乙社にある。

　甲社は乙社との間の消化仕入契約に基づき、商品100,000円（仕入値90,000円）を顧客に販売した。甲社は、顧客との間で販売代金の授受、乙社との間で仕入代金の授受を行っている。

　甲社は、この消化仕入取引の自社の役割を自ら代理人と判断している。

消費税率を10％とし、会計処理、法人税および消費税の処理を示しなさい。

解　答

1．会計処理

　次のように、手数料部分を純額で収益に計上する。消費税の処理については、「3．消費税の処理」を参照されたい。

売掛金	110,000	手数料収入	10,000
仮払消費税等	9,000	買掛金	99,000
		仮受消費税等	10,000

2．法人税の処理

　会計と同様である。手数料収入10,000円が益金の額に算入される。

3．消費税の処理

　次のように、たとえ会計上手数料部分のみを純額で収益計上したとしても、消費税法上は課税売上げに係る消費税額と課税仕入れに係る消費税額をそれぞれ認識することになると考えられる。

(1)　課税売上に係る消費税等

　　課税売上げの対価の額　　　　100,000円

　　課税売上げに係る消費税等　　10,000円

(2)　課税仕入れに係る消費税等

　　課税仕入れの対価の額　　　　90,000円

　　課税仕入れに係る消費税等　　9,000円

　総額表示の場合と比べて納税額は変わらないと考えられるが、課税売上割合に影響するので、実務上注意が必要である。なお、消費税の詳しい解説と対応策については、「第10章　消費税の処理に係る実務上の対応（会計、法人税との乖離の問題）」を参照されたい。

有償支給取引

1 有償支給取引に係る会計処理

　企業が、対価と交換に原材料等（以下、「支給品」という）を外部（以下、「支給先」という）に譲渡し、支給先における加工後、当該支給先から当該支給品（加工された製品に組み込まれている場合を含む。以下同じ）を購入する場合がある。これら一連の取引は、一般的に有償支給取引と呼ばれている。このような有償支給取引では、企業から支給先へ支給品が譲渡された後の取引や契約の形態は、さまざまであり、会計上、企業が当該支給品を買い戻す義務を有しているか否かを判断する必要がある。

　例えば、有償支給取引において、支給先によって加工された製品の全量を買い戻すことを支給品の譲渡時に約束している場合には、企業は当該支給品を買い戻す義務を負っていると考えられるが、その他の場合には、企業が支給品を買い戻す義務を負っているか否かの判断を取引の実態に応じて行う必要がある。支給品を買い戻す義務については、契約書において明示的に定めるとは限らない。取引慣行、公表した方針等により、黙示で合意がなされる場合もある。従来支給品を買い戻してきた実績があるのかどうかも含めて、取引の実態に応じて行う必要がある。

　企業が支給品を買い戻す義務を有しているか否かによって、次のように会計処理が異なる（収益認識適用指針104項、177項から181項）。

(1) 企業が支給品を買い戻す義務を負っていない場合

　有償支給取引において、企業が支給品を買い戻す義務を負っていない場合には、企業は当該支給品の消滅を認識することとなるが、支給品の譲渡に係る収益と最終製品の販売に係る収益が二重に計上されることを避けるために、当該支給品の譲渡に係る収益は認識しない（収益認識適用指針104項、179項）。

　企業が支給品を買い戻す義務を負っていない場合には、当該支給品（棚卸資産）の帳簿価額を貸方に落とすことになる。ただし、その譲渡に係る収益は認識しない。

　買い戻す義務の有無にかかわらず、支給品の譲渡段階において収益を認識しない取扱いで統一された。支給品の譲渡段階と最終製品の譲渡段階で二重に収益が計上されないようにという趣旨によるものである。

設例 有償支給取引の会計処理（買い戻す義務を負っていない場合）

前提条件

　A社（有償支給取引における支給元）は、B社（支給先）に対して支給品を販売する。契約上、加工後の製品について買い戻す義務を負っていない。支給品に係る在庫リスクはB社が負っており、B社は他社にも加工後の製品を販売している。したがって、支給品に係る支配は、A社からB社に販売した時点で、A社からB社に移転すると判断している。

　A社は、上記の契約に基づき、A社が製造した部品Y（A社における帳簿価額は800千円）をB社に1,000千円で有償支給し、加工後の製品Xを1,500千円でB社から購入した。このときのA社の会計処理を示しなさい。

　また、B社が他社に製品Xを販売し、結果的にA社が購入しなかった場合の会計処理も示しなさい。

解　答

1．B社への部品Yの支給時の会計処理

未収入金	1,000	棚卸資産	800
		有償支給取引に係る負債	200

　部品Yの有償支給により生じたB社に対する法的な債権を未収入金として認識し、部品Yの帳簿価額800千円の消滅を認識する。貸方差額である200千円について、収益を認識せず、負債を認識する。

２．加工後の製品Xの購入時の会計処理

棚卸資産	1,300	買掛金	1,500
有償支給取引に係る負債	200		

製品Xの購入代金1,500千円と負債200千円との差額を棚卸資産として認識し、営業債務の発生を買掛金として計上する。

３．B社に対する債務の支払時の会計処理

買掛金	1,500	現預金	1,500

４．部品Yの有償支給に係る債権の回収時の会計処理

現預金	1,000	未収入金	1,000

また、支給品Yを加工し、製品化されたXが他社に販売された場合は、次のように支給品の譲渡に係る収益を認識することになると考えられる。

有償支給取引に係る負債	200	支給品の譲渡に係る収益	200

(2)　企業が支給品を買い戻す義務を負っている場合

　有償支給取引において、企業が支給品を買い戻す義務を負っている場合には、支給先が当該支給品を指図する能力や当該支給品からの残りの便益のほとんどすべてを享受する能力が制限されているため、支給先は当該支給品に対する支配を獲得していないこととなる。この場合、企業は支給品の譲渡に係る収益を認識せず、当該支給品の消滅も認識しないこととなる（収益認識適用指針104項、180項）。当該支給品の消滅を認識しないということは、棚卸資産に計上したままにしておくという意味である。

　しかし、譲渡された支給品は、物理的には支給先において在庫管理が行われているため、企業による在庫管理に関して実務上の困難さがある点が指摘されており、この点を踏まえ、個別財務諸表においては、支給品の譲渡時に当該支給品の消滅を認識することができることとする代替的な取扱いが置かれている（収益認識会計基準104項、181項）。支給品自体は支給先に存在するにもかかわらず、支給元の棚卸資産に計上されたままということになると、その実在性をどのように確認するのかという問題が生じる

ため、棚卸資産の帳簿価額を落とすことが認められるとされたものである。

　なお、その場合であっても、支給品の譲渡に係る収益と最終製品の販売に係る収益が二重に計上されることを避けるために、当該支給品の譲渡に係る収益は認識しないとされている。

有償支給取引に係る会計処理

企業が支給品を買い戻す義務を負っていない場合	企業は当該支給品の消滅を認識することとなるが、当該支給品の譲渡に係る収益は認識しない。
企業が支給品を買い戻す義務を負っている場合	企業は支給品の譲渡に係る収益を認識せず、当該支給品の消滅も認識しないこととなるが、個別財務諸表においては、支給品の譲渡時に当該支給品の消滅を認識することができる。なお、その場合であっても、当該支給品の譲渡に係る収益は認識しない。

　支給品を買い戻す義務を負っている場合は、当該支給品に係る支配が支給先に移転したとは認められないため、依然として企業の棚卸資産として計上すべきである。ただし、個別財務諸表上は、在庫管理の実務上の困難さが指摘された経緯があり、例外的に消滅を認識することが認められる。

　なお、有償支給元が買い戻す義務を負っている場合において、有償支給先においては、支給品のほぼ全量を加工後に売り戻すことが予定されており、また、有償支給材料等の価格変動リスクを負っていない場合には、支給先は支給品に対する支配を獲得していないと考えられる。原則として、支給品を棚卸資産として計上しないで、加工代相当額のみを純額で収益として表示することが考えられる。

　代替的な取扱いを適用し、個別財務諸表において棚卸資産の消滅を認識した場合、棚卸資産の譲渡価額と帳簿価額との差額については収益を認識するのではなく、有償支給取引に係る負債を計上することが考えられる。この負債については、加工後の製品を買い戻した場合には借方に振り替え、買戻しされなかった場合には収益に振り替えることが考えられる。

　また、代替的な取扱いは、個別財務諸表上の取扱いであるため連結財務

諸表上、連結修正仕訳により、落とした棚卸資産を借方に計上し、棚卸資産の帳簿価額と同額の有償支給取引に係る負債を計上することが考えられる。

（連結修正仕訳）

| 棚卸資産 | ×××　／　有償支給取引に係る負債 | ××× |

設例 有償支給取引の会計処理（買い戻す義務を負っている場合）

前提条件

A社（有償支給取引における支給元）は、B社（支給先）と製品Xの購入契約を締結している。A社は、当該契約に基づき、A社が製造した部品YをB社に有償支給し、加工後の製品XをB社から購入する。A社には、B社に対して部品Yを有償支給した時点で、法的な債権が生じ、また、同時にB社には法的な債務が生じる。

A社は、B社が加工した製品Xの買戻義務を負っている。また、B社は、当該部品Yの使用を指図する能力や当該部品Yから残りの便益のほとんどすべてを享受する能力が制限されていることから、部品Yに対する支配を獲得していないと判断した。

A社は、上記の契約に基づき、A社が製造した部品Y（A社における帳簿価額は2,500千円）をB社に3,000千円で有償支給し、加工後の製品Xを3,600千円でB社から購入した。このときのA社の会計処理を示しなさい。

解　答

1．B社への部品Yの支給時の会計処理

| 未収入金 | 3,000　／　有償支給取引に係る負債 | 3,000 |

部品Yの有償支給により生じたB社に対する法的な債権を未収入金として認識し、加工後の製品Xに対する支払義務に含まれる部品Y相当額として有償支給取引に係る負債を認識する。部品Yの帳簿価額（2,500千円）は、部品Yに対する支配がB社に移転していないため、A社の棚卸資産として引き続き認識される。

2．加工後の製品Xの購入時の会計処理

棚卸資産	600	買掛金	3,600
有償支給取引に係る負債	3,000		

　B社の加工による増価部分600千円のみを棚卸資産として認識する。また、有償支給取引に係る負債の消滅を認識したうえで、営業債務の発生を買掛金として計上する。

3．B社に対する債務の支払時の会計処理

買掛金	3,600	現預金	3,600

4．部品Yの有償支給に係る債権の回収時の会計処理

現預金	3,000	未収入金	3,000

2　有償支給取引に係る法人税の取扱い

　会計上は、支給品に係る買戻義務の有無にかかわらず、支給品の譲渡段階での収益を認識しない取扱いで統一されたが、法人税法上どのように解するかが問題となる。

　法人法上、取引の実質に基づいて判断されるべきであり、当事者間で所有権の移転に関する実質的な合意が成立しており、支給元から支給先に所有権が移転していると認められる場合には、その時点で収益を認識すべきものと考えられる。この場合、会計上収益計上していないため、法人税申告書の別表4において加算の調整が必要となると考えられる。あくまでも取引の実質をとらえて判断することになると考えられる。

　なお、支給品を全量買い戻す義務を負っている場合には、実質的には所有権が移転していないと判断できる余地が生じると思われる。

3　有償支給取引に係る消費税の取扱い

　消費税は、課税資産の譲渡等の対価として収受された金額、または収受されるべき金額を課税標準として計算される。いわば実際の取引額に基づいて計算される。

　有償支給取引については、通達がその取扱いを次のように示している。すなわち、事業者が外注先等に対して外注加工に係る原材料等を支給する場合において、その支給に係る対価を収受することとしているときは、その原材料等の支給は、対価を得て行う資産の譲渡に該当するものとして取り扱う（消基通5-2-16）。したがって、課税取引に該当する。この場合は、会計上収益を認識するかどうかにかかわりなく、支給元において仮受消費税等を、支給先において仮払消費税等を計上することになると考えられる。なお、対価が名目的なものであり時価と異なる場合であっても、時価に引き直す必要はない（消基通10-1-1）。

　ただし、有償支給の場合であっても事業者がその支給に係る原材料等を自己の資産として管理しているときは、その原材料等の支給は、資産の譲渡に該当しないことに留意するとされている（同通達の注）。この場合の支給元においては原材料等の有償支給に係る金額を除いた金額が課税売上高に該当する。

　自己の資産として管理しているかどうかについては、支給元が経理処理等を通じて支給材の受払い、数量管理等を行い、最終的に未使用材料について返還を受けるか、またはその分の対価を授受しているような場合が該当すると判示したものがある（大分地判・平成10年12月22日、税資239号618頁）。

　また、国税不服審判所の裁決事例では、次のような項目を検討し、該当する場合は、原材料の支給が課税取引に該当するとされる可能性が高くなるとしている（平成7年6月20日裁決、裁決事例集No.49　525頁）。参考にはなり得ると思われる。

・原材料を支給した際に課税取引として会計処理しているか

・完成品の譲渡を受ける際に課税取引として会計処理しているか

・加工に際して不良品が発生した場合に、原材料、部品等の代金相当
　額を外注先が負担しているか

・決算に際して、原材料、部品等の在庫を外注先が計上しているか（支
給元は在庫計上していないか）
・加工完成品の処分権があるか
・納入した完成品の代金と支給した原材料の代金を相殺し、その差額
を支払う方法であるか（役務提供代金として支払っていないか）

　支給品に係る管理を支給元が行っているのか、支給先が行っているのか
という点に着目しているが、これは所有権が移転したのかどうかという点
を判断するための指標であると考えられる。

 ## Ⅵ　請求済未出荷契約

　請求済未出荷契約とは、企業が商品または製品について顧客に対価を請
求したが、将来において顧客に移転するまで企業が当該商品または製品の
物理的占有を保持する契約をいう（収益認識適用指針77項）。請求済未出
荷契約は、例えば、顧客に商品または製品の保管場所がない場合や、顧客
の生産スケジュールの遅延等の理由により締結されることがある（収益認
識適用指針159項）。

1　請求済未出荷契約に係る会計処理

　商品または製品を移転する履行義務をいつ充足したかを判定するにあ
たっては、顧客が当該商品または製品の支配をいつ獲得したかを考慮する
（収益認識適用指針78項）。請求済未出荷契約は、顧客への支配の移転を検
討する際の収益認識会計基準40項が定める5つの指標のうちの1つである
「企業が資産の物理的占有を移転したこと」を形式上満たしていないこと
になる。

　ただし、請求済未出荷契約については、支配の移転に関する定め（収益

認識会計基準39項および40項）を適用した上で、次の(1)から(4)の要件のすべてを満たす場合には、顧客が商品または製品の支配を獲得したものと判断する（収益認識適用指針79項）。要するに、企業は資産の物理的占有を移転していないが、実態から考えて顧客は支配を獲得していると判断することになる。企業は顧客が支配を獲得した商品または製品を単に預かっているに過ぎないとみることになるからである。

請求済未出荷契約において顧客が支配を獲得したものと判断する要件

(1)　請求済未出荷契約を締結した合理的な理由があること（例えば、顧客からの要望による当該契約の締結）

(2)　当該商品または製品が、顧客に属するものとして区分して識別されていること

(3)　当該商品または製品について、顧客に対して物理的に移転する準備が整っていること

(4)　当該商品または製品を使用する能力あるいは他の顧客に振り向ける能力を企業が有していないこと

　顧客に商品または製品の保管場所がない等の合理的な理由により、顧客からの要望により契約が締結されたこと、企業の倉庫に保管されているにしても、顧客に属するものとして区分して識別されていること、当該商品または製品について、企業の倉庫においていつでも顧客に対して出荷できるように準備が整っていること、仮に他の顧客から同一の商品または製品の発注があった場合でも、出荷ができないような措置が講じられていること、以上の要件がすべて満たされている必要がある。

　また、商品または製品の保管が、商品または製品の販売とは別個の履行義務に該当するかどうかを判断する必要がある。長期間にわたる保管サービスや冷凍を伴う保管サービスである場合、取引価格にそのサービス分が加算される可能性がある。明示的に保管料を収受していない場合であって

も、別個の履行義務であると判断される場合は、取引価格を商品または製品の販売と保管サービスという2つの履行義務に独立販売価格の比率に基づいて配分する必要が生じる。

なお、顧客が商品または製品に対する支配を獲得した後に行う出荷および配送活動については、商品または製品を移転する約束を履行するための活動として処理し、履行義務として識別しないことができる（収益認識適用指針94項）。

2　請求済未出荷契約に係る法人税の取扱い

法人税法上、請求済未出荷契約に係る明文の取扱いは置かれていない。しかし、すでに説明した実態に基づいた判断を行うという点において、法人税の考え方も異なるものではないと考えられる。収益認識会計基準40項が定める5つの指標を充足する場合は、法人税法上も、商品または製品の顧客への引渡しがあったものととらえて、企業において収益を計上することになると考えられる。

また、請求済未出荷契約において顧客が支配を獲得したものと判断する先の4つの要件（収益認識適用指針79項）を満たしているときは、たとえ「企業が資産の物理的占有を移転したこと」を形式上満たしていない場合であっても、企業が顧客の商品または製品を単に預かっているに過ぎないと考えられる実態に基づいて、法人税法上も、同様に取り扱うことが考えられる。

3　請求済未出荷契約に係る消費税の取扱い

消費税法上、請求済未出荷契約に係る明文の取扱いは置かれていない。しかし、消費税法における資産の譲渡等の時期は、法人税と基本的には同様に取り扱うため、先と同様に、実態に基づいて判断されることになると思われる。結果として、請求済未出荷契約において顧客が支配を獲得したものと判断する先の4つの要件（収益認識適用指針79項）を満たしているときは、「企業が資産の物理的占有を移転したこと」を形式上満たしてい

ない場合であっても、企業が顧客の商品または製品を単に預かっているに
過ぎないと考えられる実態に基づいて、消費税法上も、同様に取り扱うこ
とが考えられる。

　ただし、長期間にわたる保管サービスや冷凍を伴う保管サービスを伴う
場合で、取引価格にそのサービス分が加算されるときは、保管料が明示さ
れず、商品または製品の販売価格と区分しないで一体として対価の収受が
されるケースがある。この場合、会計および法人税では別個の履行義務と
して、取引価格を商品または製品の販売と保管サービスという2つの履行
義務に配分することが考えられるが、消費税法上、取引価格の配分という
考え方は適用されない点に留意する必要がある。課税資産の譲渡等の対価
として収受された金額がそのまま課税対象になると考えられる。

　もっとも保管サービスの対価が明示的に区分されて収受されているとき
は、その部分を区分して、保管期間の経過に応じて課税対象とすることが
考えられる。

買戻契約

　買戻契約とは、企業が商品または製品を販売するとともに、（同一の契
約または別の契約のいずれかにより）当該商品または製品を買い戻すこと
を約束するあるいは買い戻すオプションを有する契約をいう。買い戻す商
品または製品としては、次のようなケースがある。

・当初において顧客に販売した商品または製品
・当初において顧客に販売した商品または製品と実質的に同一のもの
・当初において販売した商品または製品を構成部分とする商品または
　製品

　従来の日本基準には一般的な定めがない。ただし、「財貨の移転の完了」

という要件を満たしていないため、従来の実務においても、収益計上は認められないと考えられる。

　買戻契約には、通常、次の3つの形態がある（収益認識適用指針69項から74項、153項）。

買戻契約の形態

(1)　企業が商品または製品を買い戻す義務（先渡取引）

(2)　企業が商品または製品を買い戻す権利（コール・オプション）

(3)　企業が顧客の要求により商品または製品を買い戻す義務（プット・オプション）

　収益認識会計基準では、先渡取引およびコール・オプションの会計処理とプット・オプションの会計処理を分けて、それぞれの取扱いが定められている。

1　先渡取引およびコール・オプションの会計処理

　先渡取引およびコール・オプションの場合、顧客は商品または製品に対する支配を獲得していないため、企業は収益を認識することはできない。商品または製品の買戻価格が当初の販売価格を下回る場合には、当該契約を企業会計基準第13号「リース取引に関する会計基準」に従ってリース取引として処理する。また、商品または製品の買戻価格が当初の販売価格以上の場合には、当該契約を金融取引として処理する（収益認識適用指針69項）。

　なお、買戻価格を販売価格と比較する際には、金利相当分の影響を考慮する。

先渡取引およびコール・オプションの会計処理

買戻価格＜販売価格	リース会計基準に従って、リース取引として処理する。
買戻価格≧販売価格	金融取引（借入契約）として処理する。

買戻契約を金融取引として処理する場合には、商品または製品を引き続き認識するとともに、顧客から受け取った対価について金融負債を認識する。顧客から受け取る対価の額と顧客に支払う対価の額との差額については、金利（あるいは加工コストまたは保管コスト等）として認識する（収益認識適用指針70項）。

オプションが未行使のまま消滅する場合には、コール・オプションに関連して認識した負債の消滅を認識し、収益を認識する。

以上の金融取引として処理する内容については、次の収益認識適用指針の設例26-1が参考になる。

設例 コール・オプションの場合（金融取引）

1．前提条件

⑴ A社は、X1年1月1日に、製品Xを1,000千円でB社（顧客）に販売する契約を締結した。契約には、X1年12月31日以前に製品Xを1,100千円で買い戻す権利をA社に与えるコール・オプションが含まれている。

⑵ X1年12月31日に、オプションは未行使のまま消滅した。

2．会計処理

⑴ X1年1月1日

（単位：千円）

（借）現金預金	1,000	（貸）借入金 (*1)	1,000

（＊1） A社が製品Xを買い戻す権利を有しているため、B社が製品Xの使用を指図する能力や製品Xからの残りの便益のほとんどすべてを享受する能力が制限されていることから、製品Xに対する支配は、X1年1月1日にB社に移転しない。また、買戻価格（1,100千円）は当初の販売価格（1,000千円）以上であるため、A社は当該取引を金融取引として処理する（本適用指針第69項参照）。A社は、本適用指針第70項に従って、製品Xの消滅を認識せず、受け取った現金を借入金として認識する。

(2)　X1年12月31日

(単位：千円)

| (借) 支払利息^(＊2) | 100 | (貸) 借入金 | 100 |

（＊2）　買戻価格と受け取った現金との差額100千円（＝1,100千円－1,000千円）について、支払利息を認識するとともに、借入金を増額する。

(3)　X1年12月31日（オプションの消滅時）

(単位：千円)

| (借) 借入金 | 1,100 | (貸) 売上高^(＊3) | 1,100 |

（＊3）　オプションは未行使のまま消滅したため、A社は、負債の消滅を認識し、1,100千円の収益を認識する。

(出典：収益認識適用指針の設例より)

2　プット・オプションの会計処理

　企業が顧客の要求により商品または製品を買い戻す義務（プット・オプション）を有している場合、顧客が売り戻す権利を行使するかどうかは自由である。顧客は、当該商品または製品を返還する義務も、また返還に備える義務も有していない。企業が顧客の要求により商品または製品を当初の販売価格を下回る金額で買い戻す義務を有しており、顧客がプット・オプションを行使する重要な経済的インセンティブを有していない場合には、企業は当該商品または製品の買戻しに備える義務を、返品権付取引として処理する（収益認識適用指針72項、156項）。

　一方、企業が顧客の要求により商品または製品を当初の販売価格を下回る金額で買い戻す義務を有しており、顧客がプット・オプションを行使する重要な経済的インセンティブを有している場合には、顧客は、プット・オプションを行使しないことにより機会損失を被る可能性が生じる。顧客は、実質的には商品または製品を返還することを余儀なくされることになる。当該商品または製品の使用を指図する能力や当該商品または製品からの残りの便益のほとんどすべてを享受する能力が実質的に制限されるため、当該商品または製品に対する支配を獲得していない。この場合、顧客

が当該プット・オプションを行使すると、実質的に当該商品または製品を
一定の期間にわたり使用する権利の対価が企業に支払われることになるた
め、当該契約をリース取引として処理することになる（収益認識適用指針
72項、157項）。

　また、商品または製品の買戻価格が当初の販売価格以上であり、かつ、
当該商品または製品の予想される時価よりも高い場合には、上記と同様の
理由から、顧客は当該商品または製品に対する支配を獲得していない。こ
の場合、企業は実質的に金利を支払うことになるため、当該契約を金融取
引として処理する（収益認識適用指針158項）。

　企業が顧客の要求により商品または製品を当初の販売価格を下回る金額
で買い戻す義務（プット・オプション）を有している場合には、買戻価格
が販売価格を下回るか、買戻価格が販売価格以上であるかによって区別す
る必要がある。

(1)　買戻価格＜販売価格の場合

　顧客がプット・オプションを行使する重要な経済的インセンティブを有
しているか否かによって、2通りの会計処理に分かれる。

顧客がプット・オプションを行使する重要な経済的インセンティブを有している場合	リース会計基準に従ってリース取引として処理する。
顧客がプット・オプションを行使する重要な経済的インセンティブを有していない場合	返品権付取引として処理する。

　契約における取引開始日に、顧客が当該プット・オプションを行使する
重要な経済的インセンティブを有しているかどうかを判定する必要があ
る。顧客が当該プット・オプションを行使する重要な経済的インセンティ
ブを有している場合には、当該契約をリース会計基準に従ってリース取引
として処理する。重要な経済的インセンティブを有していない場合には、
返品権付取引として処理する。

プット・オプションの会計処理

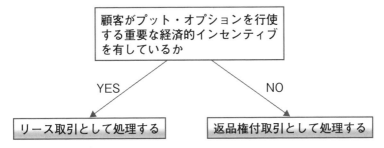

　重要な経済的インセンティブを有しているかどうかを判定するにあたっては、買戻価格と買戻日時点での商品または製品の予想される時価との関係やプット・オプションが消滅するまでの期間等を考慮する。例えば、買戻価格が商品または製品の時価を大幅に上回ると見込まれる場合には、顧客がプット・オプションを行使する重要な経済的インセンティブを有していることを示す可能性がある。なお、買戻価格を販売価格と比較する際には、金利相当分の影響を考慮する（収益認識適用指針72項）。

　プット・オプションに該当し、買戻価格が販売価格を下回り、かつ、顧客がプット・オプションを行使する重要な経済的インセンティブを有している場合に、リース取引として処理する場合の設例が、次の収益認識適用指針の設例26-2に示されている。

設例　プット・オプションの場合（リース取引）

１．前提条件

⑴　A社は、X1年１月１日に、製品Xを1,000千円でB社（顧客）に販売する契約を締結した。契約には、B社の要求により、X1年12月31日以前に製品Xを900千円で買い戻す義務をA社が負うプット・オプションが含まれている。X1年12月31日時点で予想される製品Xの市場価値は750千円であった。

⑵　A社は、契約における取引開始日に、製品Xの移転の会計処理を決定するため、B社がプット・オプションを行使する重要な経済的インセン

ティブを有しているかどうかを判定する（本適用指針第72項及び第73項
参照）。

⑶　A社は、買戻価格（900千円）が買戻日時点での製品Xの予想市場価
　値（750千円）を大幅に上回るため、B社がプット・オプションを行使
　する重要な経済的インセンティブを有していると結論付けた。また、A
　社は、B社がプット・オプションを行使する重要な経済的インセンティ
　ブを有しているかどうかを判定する際に検討すべき他の関連する要因は
　ないと判断した。

⑷　したがって、A社は、B社が製品Xの使用を指図する能力や製品Xか
　らの残りの便益のほとんどすべてを享受する能力が制限されていること
　から、製品Xに対する支配はB社に移転しないと結論付けた。

２．会計処理

　A社は、本適用指針第72項に基づき、当該取引をリース会計基準に従っ
てリース取引として処理する。

（出典：収益認識適用指針の設例より）

　具体的な仕訳例が示されていないが、次のような会計処理となることが
考えられる。すなわち、製品Xに対する支配がA社からB社に移転しない
と判断されるため、販売価格はいったん契約負債に計上されると考えら
れる。販売価格1,000千円と買戻価格900千円との差額100千円については、
リース期間に係る役務提供の対価と同様の性格を有するものと認められる
ことから、プット・オプションの行使期限であるX1年12月31日にわたり
受取リース料として計上することが考えられる。

　リース期間の中途において解約できないリース取引またはこれに準ずる
リース取引であると考えられるが、顧客はリース物件である商品の使用に
伴って生じるコストの負担が実質的にないと考えられることから、オペ
レーティング・リース取引に該当すると考えられる。したがって、リース
資産およびリース債務を計上することはなく、受取リース料を期間配分す
ると考えられる。

　なお、オプションが未行使のまま消滅する場合には、契約負債の消滅を認識し、収益を認識することになる。

（商品の販売時）

現預金	1,000	/	契約負債	900
			前受リース料	100

（受取リース料の計上）

前受リース料	100	/	受取リース料	100

　権利行使されるか、権利行使されないかによって、次のように2通りの会計処理が考えられる。

（権利行使された場合）

契約負債	900	/	現預金	900

（権利行使されなかった場合）

契約負債	900	/	売上	900

(2)　買戻価格≧販売価格の場合

　商品または製品の買戻価格が当初の販売価格以上である場合は、当該商品または製品の予想される時価よりも高いか否かによって、次の2通りの会計処理に分かれる（収益認識適用指針73項）。

買戻価格が予想される時価よりも高い場合	金融取引（借入契約）として処理する。 借入契約として会計処理する（顧客から受け取った対価について金融負債を認識し、顧客から受け取る対価の額と顧客に支払う対価の額との差額は金利として認識する）。
買戻価格≦予想される時価、かつ、顧客が権利行使する重要なインセンティブを有していない場合	返品権付取引として処理する。

　買戻価格が販売価格以上であり、かつ、予想される時価よりも高い場合、借入契約として会計処理する。先の設例で示した処理と同じである。すなわち、顧客から受け取った対価について金融負債を認識し、顧客から

受け取る対価の額と顧客に支払う対価の額との差額は金利として認識することになる。

　また、商品または製品の買戻価格が当初の販売価格以上で、当該商品または製品の予想される時価以下であり、かつ、顧客がプット・オプションを行使する重要な経済的インセンティブを有していない場合には、当該契約を返品権付取引として処理する。

　なお、買戻価格を販売価格と比較する際には、金利相当分の影響を考慮する（収益認識適用指針73項）。

　オプションが未行使のまま消滅する場合には、プット・オプションに関連して認識した負債の消滅を認識し、収益を認識する（収益認識適用指針74項）。

　以上を総合すると、次のようにまとめることができる。

買戻契約に係る会計処理

先渡取引、コール・オプション	買戻価格＜販売価格	リース会計基準に従ってリース取引として処理する。	
	買戻価格≧販売価格	金融取引（借入契約）として処理する。	
プット・オプション	買戻価格＜販売価格	顧客がプット・オプションを行使する重要な経済的インセンティブを有している場合	リース会計基準に従ってリース取引として処理する。
		顧客がプット・オプションを行使する重要な経済的インセンティブを有していない場合	返品権付取引として処理する。
	買戻価格≧販売価格	買戻価格が予想される時価よりも高い場合	金融取引（借入契約）として処理する。
		買戻価格≦予想される時価、かつ、顧客が権利行使する重要なインセンティブを有していない場合	返品権付取引として処理する。

3　買戻契約に係る法人税の取扱い

　有償支給取引は買戻契約の一形態である。有償支給取引の箇所で説明した内容が参考になる。法人税法上、契約の形式にかかわらず、取引の実質に基づいて判断されるべきであると思われる。会計と同様に、顧客が商品または製品に対する支配を獲得し、当該商品または製品の使用を指図する能力や当該商品または製品からの残りの便益のほとんどすべてを享受する能力が実質的に制限されていないと判断される場合は、原則として、その時点で収益を認識すべきものと考えられる。実質的に所有権が移転したと判断できるかどうかについて、取引の実質をとらえて判断することになると考えられる。

　一方、プット・オプションの場合で、企業が顧客の要求により商品または製品を当初の販売価格を下回る金額で買い戻す義務を有していて、かつ、顧客がプット・オプションを行使する重要な経済的インセンティブを有している場合のように、買戻しが行われる蓋然性が高い場合は、最初から譲渡がなかったものとして、実質的には所有権が移転していないと判断できる余地が生じると思われる。

　なお、買戻契約について、返品権付取引の処理を適用するケースにおいて、法人税法上、引渡しの時における価額は、買戻しの可能性がないものとした場合の価額とする必要があるため（法法22条の2第5項）、返金負債を控除する前の売上を益金算入する必要があることはいうまでもない。

4　買戻契約に係る消費税の取扱い

　有償支給取引は買戻契約の一形態である。有償支給取引の箇所で説明した内容が参考になる。消費税は、課税資産の譲渡等の対価として収受された金額、または収受されるべき金額を課税標準として計算される。いわば実際の取引額に基づいて計算される。

　有償支給取引について、通達がその取扱いを次のように示している。すなわち、事業者が外注先等に対して外注加工に係る原材料等を支給する場

合において、その支給に係る対価を収受することとしているときは、その原材料等の支給は、対価を得て行う資産の譲渡に該当するものとして取り扱う（消基通5-2-16）。したがって、課税取引に該当する。この場合は、会計上収益を認識するかどうかにかかわりなく、支給元において仮受消費税等を、支給先において仮払消費税等を計上することになると考えられる。なお、対価が名目的なものであり時価と異なる場合であっても、時価に引き直す必要はない（消基通10-1-1）。

　買戻契約についても、商品または製品の販売をした段階で、課税資産の譲渡等の対価を収受しているのかどうかが判断のポイントになると考えられる。仮に商品または製品の販売について課税資産の譲渡等の対価の収受が行われている場合、いったん課税売上げに係る消費税額を認識し、仮にその後買戻しが行われ、買戻しに係る対価の授受がされたときは、対価の返還等として取り扱うことが考えられる。

　ただし、有償支給の場合であっても事業者がその支給に係る原材料等を自己の資産として管理しているときは、その原材料等の支給は、資産の譲渡に該当しないことに留意するとされている（同通達の注）。

　自己の資産として管理しているかどうかについては、支給元が経理処理等を通じて支給材の受払い、数量管理等を行い、最終的に未使用材料について返還を受けるか、またはその分の対価を授受しているような場合が該当すると判示したものがある（大分地判・平成10年12月22日、税資239号618頁）。

　商品または製品に係る管理を支給元が行っているのか、支給先が行っているのかという点に着目しているが、これは所有権が移転したのかどうかという点を判断するための指標であると考えられる。

　また、次の取扱いも参考になる。法人税基本通達2-1-18の取扱いの適用を受けているときは、消費税もその取扱いの例によるとされている（消基通5-2-11）。

法基通2-1-18（固定資産を譲渡担保に供した場合）

　法人が債務の弁済の担保としてその有する固定資産を譲渡した場合において、その契約書に次のすべての事項を明らかにし、自己の固定資産として経理しているときは、その譲渡はなかったものとして取り扱う。この場合において、その後その要件のいずれかを欠くに至ったときまたは債務不履行のためその弁済に充てられたときは、これらの事実の生じたときにおいて譲渡があったものとして取り扱う。

(1)　当該担保に係る固定資産を当該法人が従来どおり使用収益すること。

(2)　通常支払うと認められる当該債務に係る利子またはこれに相当する使用料の支払に関する定めがあること。

(注)　形式上買戻条件付譲渡または再売買の予約とされているものであっても、上記のような条件を具備しているものは、譲渡担保に該当する。

　上記の(1)および(2)の事項を明らかにし、自己の固定資産として経理しているときは、譲渡がなかったものとして、実質的には所有権が移転していないと判断できるという考え方に基づいていると考えられる。

第5章

工事契約

　一定の期間にわたって充足される履行義務であるかどうかを新しいルール（ステップ5）で判定する（工事契約に関する会計基準のルールではない）。

　また、一定の期間にわたって充足される履行義務であると判定された工事契約については、原則として工事進行基準を適用するが、進捗度の合理的な見積りができない場合で、かつ、当該履行義務を充足する際に発生する費用を回収することが見込まれる場合には、履行義務の充足に係る進捗度を合理的に見積もることができる時まで、回収することが見込まれる費用の額で収益を認識する。従来の日本基準では認められていない、いわゆる「原価回収基準」が適用される場面が生じ得る。

I 一定の期間にわたって充足される履行義務とされる要件

　一定の期間にわたり充足される履行義務に該当する場合、履行義務の充足に係る進捗度を見積もり、当該進捗度に基づいて収益を一定の期間にわたり認識する（収益認識会計基準41項）。工事契約についても、この要件に照らして判断することになる。

　財またはサービスの提供による収益を一定の期間にわたって認識するか

どうかを要件に照らして判断する。要件に該当しない場合には、一時点で収益を認識することになる。

　次の要件のいずれかに該当する場合は、一定の期間にわたり履行義務を充足するものに該当する（収益認識会計基準38項）。

一定の期間にわたり充足される履行義務かどうかの判断要件

(1)　企業が顧客との契約における義務を履行するにつれて、顧客が便益を享受すること[26]（主に期間極めの役務提供取引。例えば清掃サービス、輸送サービス、経理処理等の請負サービス等）

(2)　企業が顧客との契約における義務を履行することにより、資産が生じるまたは資産の価値が増加し、当該資産が生じるまたは当該資産の価値が増加するにつれて、顧客が当該資産を支配すること（例えば顧客が所有する土地で行われる建物建築工事）

(3)　次の要件のいずれも満たすこと（例えばコンサルティングサービス、ソフトウエアの制作、建物建築工事）

　①　企業が顧客との契約における義務を履行することにより、別の用途に転用することができない資産が生じること

　②　企業が顧客との契約における義務の履行を完了した部分について、対価を収受する強制力のある権利を有していること

26　仮に他の企業が顧客に対する残存履行義務を充足する場合に、企業が現在までに完了した作業を他の企業が大幅にやり直す必要がないときは、企業が顧客との契約における義務を履行するにつれて、顧客が便益を享受するものとする。

一定の期間にわたり充足される履行義務か一時点で充足される履行義務かの判定要件

企業が契約における義務を履行するにつれて、顧客が便益を享受する	

| 企業が契約における義務を履行することにより、資産が生じるか価値が増加し、それにつれて顧客が当該資産を支配する |

3 つのいずれかを満たしているか

| 契約における義務の履行により、他に転用できない資産が生じる | かつ | 企業が義務の履行を完了した部分について、対価を収受する強制力のある権利を有している |

YES →　一定の期間にわたり充足される履行義務（一定の期間にわたり収益を認識）

NO →　一時点で充足される履行義務（一時点で収益を認識）

　工事契約にこれらの要件を照らして判断すると次のようになる。まず(1)の要件については、企業が提供する建設資材や工事建設サービスの提供が未完成の建物の一部（仕掛品）として形成されていくが、未完成の建物を顧客が使用、消費または売却することはできない。企業が顧客との契約における義務を履行するにつれて、顧客は便益を享受しないと考えられる。

　(2)の要件については、顧客の土地の上に建設を行う工事契約の場合には、通常、顧客は企業の履行から生じる仕掛品を（物理的に占有していることから）支配すると考えられるため、この要件に該当することが考えられる。

　顧客が所有する土地で行われる建物建築工事以外の工事については、(3)に該当するかどうかがポイントになる。①の要件である「企業が顧客との契約における義務を履行することにより、別の用途に転用することができない資産が生じること」については、顧客仕様の建物の仕掛品を、別の用途に転用して便益を受けることは通常困難である。また、②の要件である「企業が顧客との契約における義務の履行を完了した部分について、対価

を収受する強制力のある権利を有していること」については、企業に当該権利があるかどうかについて、契約条件および当該契約に関連する法律や判例等を考慮して行うことになる。

工事契約について、(1)から(3)のそれぞれについて判定を行う内容を示す次の設例を参考とされたい。

設例 工事契約に係る処理例

前提条件

建設会社A社は、B社の敷地内に新本社ビルを建築する請負契約を締結した。工期は2年、請負金額は20億円である。合理的に見積もった工事原価総額は15億円であり、当期末までに発生した工事原価は9億円であった。

A社の当期末の会計処理はどのように行うべきか。

解　答

各要件に該当するかどうかを検討する。先の(1)の要件については、企業の提供する建設資材や工事建設サービスの提供が未完成の建物の一部（仕掛品）として形成されていくが、未完成の建物を顧客が、使用、消費または売却することはできない。(1)の要件を満たさないと考えられる。

先の(2)の要件については、工事が進行するにつれて未完成の建物（仕掛品）が増大していく。顧客が所有する土地で行われる建物建築工事契約の場合、一般的に、顧客は企業の履行から生じる仕掛品を（物理的に占有していることから）支配すると考えられるため、要件に該当すると考えられる（収益認識会計基準136項）。

先の(3)の①の要件については、顧客仕様の建物の仕掛品を、別の用途に転用して便益を受けることは困難である。また、②の要件については、企業が現在までに履行を完了した部分の補償を受ける権利があるかどうかがポイントである。企業に当該権利があるかどうかについて、契約条件および当該契約に関連する法律や判例等を考慮して行うことになる。その点、実務上、契約書に顧客からの契約解除の場合の支払条件（補償の条項）を

明確にしておくことも考えられる。

いずれにしても、(2)の要件を満たしているため、一定の期間にわたって収益を認識することになる。

工事未収入金　12　／　売上　　12

（注）　20億円×9億円÷15億円＝12億円

ソフトウエアの開発についても、同様に3つの要件のいずれかに該当するかどうかによって判断するが、顧客仕様のソフトウエアについては開発途上のものを他に転用できないと考えられ、また、途中で契約が解約された場合でも、通常各フェーズまでの対価受取の権利は発生するため、原則として一定期間にわたって収益を認識することの要件を満たす場合が多いと考えられる。

なお、工事契約について、契約における取引開始日から完全に履行義務を充足すると見込まれる期間がごく短い場合には、一定の期間にわたり収益を認識せず、完全に履行義務を充足した時点で収益を認識することができる（収益認識適用指針95項）。

受注制作のソフトウエアについても、同様である（収益認識適用指針96項）。

進捗度の見積方法

一定の期間にわたり充足される履行義務であると判断された場合、履行義務の充足に係る進捗度を見積もり、当該進捗度に基づいて収益を一定の期間にわたり認識する。企業は、一定の期間にわたり充足される履行義務のそれぞれについて、単一の方法で履行義務の充足に係る進捗度を見積もり、その方法を類似の履行義務および状況に首尾一貫して適用しなければ

ならない。

　工事契約に係る進捗度の見積方法としては、従来、原価比例法が一般的に用いられてきた。この方法は、収益認識会計基準におけるインプット法に該当する。収益認識会計基準の適用以後においても、原価比例法が進捗度の見積方法として適切となる場合が多いと考えられる。ただし、無条件に原価比例法が認められるわけではないため、資産に対する支配を顧客に移転する際の企業の履行の程度を適切に表すものであるといえるかどうかについて、事前の検討が必要であると考えられる。

 # 原価回収基準

1　原価回収基準の処理

　履行義務の充足に係る進捗度を合理的に見積もることができる場合にのみ、一定の期間にわたり充足される履行義務について収益を認識することになる。ただし、履行義務の充足に係る進捗度を合理的に見積もることができないが、当該履行義務を充足する際に発生する費用を回収することが見込まれる場合には、履行義務の充足に係る進捗度を合理的に見積もることができる時まで、一定の期間にわたり充足される履行義務について原価回収基準により処理する（収益認識会計基準44項、45項）。

　従来の日本基準では認められていない、いわゆる「原価回収基準」が定められている。「原価回収基準」とは、履行義務を充足する際に発生する費用のうち、回収することが見込まれる費用の金額で収益を認識する方法をいう（収益認識会計基準15項）。

　従来の実務では、工事収益総額、工事原価総額および進捗度の３つについて信頼性をもって見積もることができないときは、工事完成基準を適用するとされていた。収益認識会計基準では、一定の期間にわたり充足される履行義務について、履行義務の充足に係る進捗度を合理的に見積もるこ

とができないが、当該履行義務を充足する際に発生する費用を回収することが見込まれる場合に、原価回収基準を適用するものとされた。従来にないアプローチが求められる。

 工事原価 100 / 現預金 100
（全額回収できると見込まれる場合）
 工事未収入金 100 / 工事売上高 100

 工事契約や受注制作のソフトウエアに限るものではなく、一定の期間にわたり充足される履行義務について、履行義務の充足に係る進捗度を合理的に見積もることができないが、当該履行義務を充足する際に発生する費用を回収することが見込まれる場合に適用することになる。

2 原価回収基準が導入された経緯

 原価回収基準は、内容の合理性に一定の疑義があるとされ、「工事契約に関する会計基準」でも採用されなかった経緯があり、また、収益認識会計基準の開発段階においても、完成工事総利益率等の財務指標を歪めるおそれがあり、期間比較を困難にするおそれがあるとの意見や、実行予算がない段階で発生したコストについて最終的に回収金額を見込むことになり合理性がないという指摘もみられたところである。

 これらの指摘に対しては、履行義務を充足する際に発生する費用を回収することができると見込んでいる場合には、履行義務の充足が進捗しているという事実を反映するために一定の額の収益を認識すべきとのIFRS第15号における論拠を否定するまでには至らないと考えられ、IFRS第15号における会計処理を取り入れることとしたと説明されている（収益認識会計基準153項）。

3　代替的な取扱い

　一定の期間にわたり充足される履行義務について、契約の初期段階において、履行義務の充足に係る進捗度を合理的に見積もることができない場合には、当該契約の初期段階に収益を認識せず、当該進捗度を合理的に見積もることができる時から収益を認識することができる（収益認識適用指針99項）。すなわち、契約の初期段階において、履行義務の充足に係る進捗度を合理的に見積もることができない場合には、原価回収基準を適用しなくてもよいことになる。

　本代替的な取扱いについては、次項の「Ⅳ　代替的な取扱い」で詳説する。

 # 代替的な取扱い

1　契約における取引開始日から完全に履行義務を充足すると見込まれる時点までの期間がごく短い場合の取扱い

　工事契約について一定の期間にわたり充足される履行義務であると判断される場合であっても、契約における取引開始日から完全に履行義務を充足すると見込まれる時点までの期間がごく短い場合には、一定の期間にわたり収益を認識せず、完全に履行義務を充足した時点で収益を認識することができる。受注制作のソフトウエアについても、同様に取り扱われる（収益認識適用指針95項、96項）。要するに、工事完成基準によることが認められる。

　「ごく短い」については、定量的な定めは設けられていない。この点については、代替的な取扱いが定められた理由として、工期がごく短いものは、通常、金額的な重要性が乏しいと想定されることであることから、損益を始めとする財務諸表項目の数値に与える重要性を考慮することが考えられる。

　ただし、企業の状況等によって判断されるべき問題であるため、一律に

重要性の基準を設定することは適切でないと考えられたため定量的な定め
が置かれなかったものと考えられる。例えば、その企業(または企業グルー
プ)にとってのその取引の重要性、損益に与える重要性、財務諸表項目に
与える重要性などを考慮することが考えられるが、四半期財務諸表を開示
しているかどうかも判断の要素になると考えられる。私見であるが、四半
期財務諸表を開示している場合、仮に6ヵ月をごく短いと判断したときに、
四半期財務諸表上の損益に重要な影響を与える可能性が高いと思われる。
3ヵ月程度が1つの目安になってくるのではないかと思われる。

2　契約の初期段階の取扱い

　一定の期間にわたり充足される履行義務について、契約の初期段階にお
いて、履行義務の充足に係る進捗度を合理的に見積もることができない場
合には、原価回収基準を適用しないで、当該契約の初期段階に収益を認識
せず、進捗度を合理的に見積もることができる時から収益を認識すること
ができるとする代替的な取扱いが定められている (収益認識適用指針99
項)。

　工事契約や受注制作のソフトウエアに当てはまりやすい内容である。契
約の初期段階においては、詳細な積上げによる実行予算の作成がされてお
らず、工事原価総額等の合理的な見積りができないことも考えられる。こ
の点について、詳細な予算が編成される前等、契約の初期段階において
は、その段階で発生した費用の額に重要性が乏しいと考えられ、当該契約
の初期段階に回収することが見込まれる費用の額で収益を認識しないとし
ても、財務諸表間の比較可能性を大きく損なうものではないと考えられる
ため、代替的な取扱いを定めていると説明されている (収益認識適用指針
172項)。

　進捗度の合理的な見積りができないことが懸念されるのは契約の初期段
階である場合が多いと考えられる。したがって、この代替的な取扱いによ
り、契約の初期段階において収益を計上せず(原価回収基準を適用せず)、

詳細な積上げによる実行予算が契約の初期段階中に作成されれば、結果的に原価回収基準を適用しないことが可能である。実行予算の作成にどの程度の期間を要しているのかについて実態調査を行い、その期間が契約の初期段階中と判断できるのかどうか、仮に契約の初期段階中と判断できない場合は実行予算の作成に係る体制の整備による作成の早期化などについて、検討が必要であると考えられる。

　以上の代替的な取扱いまで含めると、収益の認識時点のパターンを次のようにまとめることができる。

収益の認識時点のパターン

一定の期間にわたり充足される履行義務	進捗度の合理的な見積り可	進捗度に基づき収益を一定の期間にわたり認識	
	進捗度の合理的な見積り不可	履行義務を充足する際に発生する費用を回収することが見込まれる	進捗度を合理的に見積もることができる時まで原価回収基準で処理（ただし、契約の初期段階については例外あり）
		履行義務を充足する際に発生する費用を回収することが見込まれない	進捗度を合理的に見積もることができる時または費用を回収することが見込まれる時まで収益を計上しない。
一時点で充足される履行義務	履行義務が充足される一時点で収益を認識		

Ⅴ 契約の結合

1 契約の結合の要否の検討

　請負工事について、第1期工事と第2期工事というように分けて契約を締結したとしても、履行義務としてみた場合には、1つの建物を完成して引き渡すという単一の履行義務となる場合は、契約の結合の要件である「複

数の契約において約束した財またはサービスが、履行義務を識別する要件に照らして、単一の履行義務となること」（収益認識会計基準27項（3））に該当することが考えられる。

ただし、顧客との契約が実質的な取引単位であって、契約における財またはサービスの金額が合理的に定められており独立販売価格と著しく異ならない等の要件に該当する場合、複数の契約を結合せず、個々の契約において定められている内容を履行義務とみなし、個々の契約において定められている金額（内訳）に基づき収益を認識することができるとする代替的な取扱いが定められている。

代替的な取扱いを適用することができれば、実務負担の軽減につながる。代替的な取扱いの適用を検討している企業においては、代替的な取扱いに定められている所定の要件を満たすかどうかについて、検討する必要がある。

2　発注者が異なる場合の取扱い

工事契約において、発注者が異なる場合の取扱いが論点になる。例えば、ショッピングセンターの建設工事において、躯体の工事とともに、多数のテナント工事を手掛けることになる。収益認識会計基準における契約結合の要件は、同一の顧客（当該顧客の関連当事者を含む）との間で同時またはほぼ同時に契約された複数の契約であることが前提とされているため、テナント同士が関連当事者でない限り、テナントごとに契約を識別し、テナントごとに収益を認識しなければならないのかという問題である。

この問題については、次のように代替的な取扱いが定められている。すなわち、工事契約について、当事者間で合意された実質的な取引の単位を反映するように複数の契約（異なる顧客と締結した複数の契約や異なる時点に締結した複数の契約を含む）を結合した際の収益認識の時期および金額と当該複数の契約について収益認識会計基準（27項および32項）の定め（複数の契約を結合しないで、契約における各履行義務単位で収益認識する定め）に基づく収益認識の時期および金額との差異に重要性が乏しいと

認められる場合には、当該複数の契約を結合し、単一の履行義務として識別することができる（収益認識適用指針102項）。

受注制作のソフトウエアについても、工事契約に準じて上記の定めを適用することができる（収益認識適用指針103項）。重要性が乏しいと認められるかどうかについては、個々の契約ごとに判断する必要があると考えられる。

契約の変更

従来の日本基準においては、工事進行基準が適用される場合において、工事収益総額、工事原価総額または決算日における工事進捗度の見積りが変更されたときには、その見積りの変更が行われた期に影響額を損益として処理するとされていた。

収益認識会計基準においては、契約の変更に係る取扱いがすべての取引に適用される。「第3章　適用上の5つのステップ」の「Ⅰ　顧客との契約の識別」で解説した内容に従うことになる。工事契約に当てはめると、次のように整理することができる。

1　既存の契約とは別個の独立した契約として処理する場合

次の2つの両方の要件が満たされる場合には、契約変更を独立した契約として会計処理する。

契約変更を独立した契約として処理する場合の要件

(1)　別個である、約束した財またはサービスの追加により、契約の範囲が拡大する。

(2)　契約における対価の金額について、独立販売価格へ適切な調整が

> 反映された金額の分だけ増加する（例えば、新規の顧客に販売する
> ための値引き）。

　例えば、建物の建設工事の請負において、工事の途中で同一敷地内の外塀の架設に係る追加工事の発注を受けたものとする。(1)の要件である「別個である、約束した財またはサービスの追加により、契約の範囲が拡大する」を満たすと考えられる。また、外塀の追加工事による対価の増加が、独立販売価格に適切な調整が反映された金額になっている場合は、(2)の要件も満たすことになる。(1)および(2)の両方の要件が満たされる場合は、既存の契約とは別個の独立した契約として処理することになる。

2　契約変更による取引価格および進捗度の修正を収益の修正として計上する場合

　一方、先の2つの要件が満たされない場合は、既存の契約のうち、まだ移転されていない財またはサービスの会計処理について、以下のとおり処理する。

(1)　未だ移転していない財またはサービスが契約変更日以前に移転した財またはサービスと別個のものである場合	既存の契約を解約して、新しい契約を締結したものと仮定して会計処理する。
(2)　未だ移転していない財またはサービスが契約変更日以前に移転した財またはサービスと別個のものではなく、契約変更日において部分的に充足されている単一の履行義務の一部を構成する場合	既存の契約の一部であると仮定して会計処理する。すなわち、単一の履行義務の残として処理する。契約変更による取引価格の修正は、収益の修正として計上される。
(3)　未だ移転していない財またはサービスが(1)と(2)の組合せである場合	契約変更が変更後の契約における未充足の履行義務に与える影響を、(1)と(2)の方法の目的を考慮して会計処理する。

　工事契約における建物の仕様変更による契約変更は、上記の(2)に該当すること多いと考えられる。次の設例を参照されたい。

工事契約に係る契約の変更に係る処理例

　顧客との間で工事契約を締結した。請負金額は10億円、工事原価総額の見積額は7億円であった。第1期において、発生した原価が2.8億円であったため、工事進捗度40％（2.8億円÷7億円）、工事売上4億円（10億円×40％）が計上された。

　第2期において、建物の仕様変更による契約変更が行われた。変更後の請負金額は12億円、工事原価総額の見積額8.5億円となった。

　未だ移転していない財またはサービスが、部分的に充足された履行義務の一部である場合（上記の(2)）に該当する。契約変更による取引価格および進捗度の修正は、収益の修正として計上される。

　第2期までの工事原価の累計が6.8億円（第1期2.8億円＋第2期4億円）となったとすると、進捗度80％（6.8億円÷8.5億円）、工事売上5.6億円（12億円×80％－4億円）となる。

（第1期）

　　工事未収入金　4　　　　／　　工事売上　4
　　工事原価　　　2.8　　　／　　現預金　　2.8

（第2期）

　　工事未収入金　5.6　　　／　　工事売上　5.6
　　工事原価　　　4　　　　／　　現預金　　4

Ⅶ　工事契約等から損失が見込まれる場合の取扱い

　工事契約について、工事原価総額等（工事原価総額のほか、販売直接経費がある場合にはその見積額を含めた額）が工事収益総額を超過する可能性が高く、かつ、その金額を合理的に見積もることができる場合には、その超過すると見込まれる額のうち、当該工事に関してすでに計上された損益の額を控除した残額を、工事損失が見込まれた期の損益として処理し、

工事損失引当金を計上する（収益認識適用指針90項）。一定の期間にわたり充足される履行義務か一時点で充足される履行義務であるかにかかわらず、また、工事の進捗の程度にかかわらず適用される取扱いである。

「工事契約に関する会計基準」にもともと定められている取扱いであり、我が国では引当金について包括的な会計基準が定められていないことから、従来の取扱いを踏襲したものである。具体的な会計処理については、収益認識適用指針の設例32を参照されたい。

受注制作のソフトウエアについても、同様である（収益認識適用指針91項）。

税務との関係

1　長期大規模工事とそれ以外の工事の取扱い

法人税法上は、長期大規模工事については工事進行基準が強制され、それ以外の工事については任意であるが、工事進行基準を適用することも認められている（法法64条1項、2項）。

| 長期大規模工事 | ──────▶ 工事進行基準強制 |

| 長期大規模工事以外の工事 | ───▶ 工事進行基準か工事完成基準かは任意 |

工事進行基準が強制される長期大規模工事の要件は次のとおりである。

工事進行基準が強制される長期大規模工事の要件

(1)　着手日から引渡日までの期間が1年以上であること

(2)　請負対価の額が10億円以上であること

(3)　請負対価の1/2以上が引渡日から1年経過日後に支払われることが

定められていないこと

2　収益認識会計基準を適用する場合

　収益認識会計基準を適用する場合は、一定の期間にわたり充足される履行義務に該当するものについて工事進行基準を適用する。ただし、一定の期間にわたり充足される履行義務について、履行義務の充足に係る進捗度を合理的に見積もることができないが、当該履行義務を充足する際に発生する費用を回収することが見込まれる場合には、履行義務に係る進捗度を合理的に見積もることができる時まで、原価回収基準を適用することになる（契約の初期段階の代替的な取扱いは別途あり）。

　会計上収益認識会計基準を適用し、一定の期間にわたり充足される履行義務について、履行義務の充足に係る進捗度を見積もり、当該進捗度に基づき一定の期間にわたり収益を認識する処理を適用したときは、法人税法上、その処理が認められる（法基通2-1-21の５、2-1-21の６）。

　また、原価回収基準の取扱いおよび契約初期段階の代替的な取扱いについては、税務上も同様に取り扱われる（法基通2-1-21の５の注２、注３）。

3　履行義務の充足に係る進捗度の見積方法

　「履行義務の充足に係る進捗度」とは、役務の提供に係る原価の額の合計額のうちにその役務の提供のために既に要した原材料費、労務費その他の経費の額の合計額の占める割合その他の履行義務の進捗の度合を示すものとして合理的と認められるものに基づいて計算した割合をいうとされ（法基通2-1-21の６）、発生したコストに基づく原価比例法を例示しつつ、必ずしも合理的な見積方法は原価比例法に限定されるものではなく、「その他の履行義務の進捗の度合を示すものとして合理的と認められるものに基づいて計算した割合」と定めている。これらの定めは、会計と同様である。もっとも、進捗度の見積方法としては、従来と同様に、インプット法

である原価比例法を適用する場合が多いと考えられる。

　なお、会計上、工事進行基準の適用要件を満たすかどうかは、個々の契約ごとに判断することになる。工事進行基準の適用要件を満たさない場合に、税務上の長期大規模工事に該当する場合は、申告調整を要することになるが、そのようなケースは限定的であると思われる。

役務の提供

従来の実務と異なる処理となる場合

　収益認識会計基準では、所定の要件に照らして、履行義務が「一定の期間にわたり充足される」のか、「一時点で充足される」のかを判断する。履行義務が一定の期間にわたり充足されるものである場合は、一定の期間にわたって収益を認識し、履行義務が一時点で充足されるものである場合は、収益を一時点で認識することになる。

Ⅰ　一定の期間にわたり充足される履行義務とされる要件

1　一定の期間にわたり充足される履行義務に該当するかどうかの判断

　従来の日本基準では、契約に従い継続して役務の提供を行う場合、時間の経過を基礎として収益を認識するが、そうでない場合は実現主義に基づき「役務の提供の完了」を要件として収益計上される。

　収益認識会計基準では、具体的な要件に照らして、履行義務が「一定の期間にわたり充足される」のか、「一時点で充足される」のかを判断する。

　次の要件のいずれかを満たす場合には、企業は財またはサービスに対する支配を一定の期間にわたり移転するため、一定の期間にわたり履行義務を充足し収益を認識することが要求される（収益認識会計基準38項）。

一定の期間にわたり充足される履行義務かどうかの判断要件

(1)　企業が顧客との契約における義務を履行するにつれて、顧客が便益を享受すること[27]（主に期間極めの役務提供取引。例えば清掃サービス、輸送サービス、経理処理等の請負サービス等）

(2)　企業が顧客との契約における義務を履行することにより、資産が生じるまたは資産の価値が増加し、当該資産が生じるまたは当該資産の価値が増加するにつれて、顧客が当該資産を支配すること（例えば顧客が所有する土地で行われる建物建築工事）

(3)　次の要件のいずれも満たすこと（例えばコンサルティングサービス、ソフトウエアの制作、建物建築工事）

①　企業が顧客との契約における義務を履行することにより、別の用途に転用することができない資産が生じること

②　企業が顧客との契約における義務の履行を完了した部分について、対価を収受する強制力のある権利を有していること

27　仮に他の企業が顧客に対する残存履行義務を充足する場合に、企業が現在までに完了した作業を他の企業が大幅にやり直す必要がないときは、企業が顧客との契約における義務を履行するにつれて、顧客が便益を享受するものとする。

一定の期間にわたり充足される履行義務か一時点で充足される履行義務かの判定要件

企業が契約における義務を履行するにつれて、顧客が便益を享受する

企業が契約における義務を履行することにより、資産が生じるか価値が増加し、それにつれて顧客が当該資産を支配する

３つのいずれかを満たしているか

契約における義務の履行により、他に転用できない資産が生じる	かつ	企業が義務の履行を完了した部分について、対価を収受する強制力のある権利を有している

YES → 一定の期間にわたり充足される履行義務（一定の期間にわたり収益を認識）

NO → 一時点で充足される履行義務（一時点で収益を認識）

2　役務提供取引の場合

　多くのサービス契約では、サービスから生じる資産を顧客が受け取るのと同時に消費しており、企業の履行により生じた資産は瞬時にしか存在しない。これは、当該サービス契約において、企業が顧客との契約における義務を履行するにつれて、顧客が便益を享受することを意味し（収益認識会計基準134項）、上記の(1)の要件を満たすと考えられる。(1)の要件を満たすのは、清掃サービス等の日常的または反復的なサービスである。

　例えば、清掃サービス、警備サービス、給与計算サービス等の場合、仮に他の企業が顧客に対する残存履行義務を充足する場合に、企業が現在までに完了した作業を他の企業が大幅にやり直す必要はない。企業が顧客との契約における義務を履行するにつれて、顧客が便益を享受すると考えられる。また、企業が顧客の経理業務を１年間提供するサービス契約において、企業が第一四半期決算までの経理業務を履行した段階で他の企業が顧客に対する残存履行義務を充足することとなった場合に、他の企業は第二四半

期決算に係る経理業務を引き続いて行えばよいわけであり、第一四半期決算に係る経理業務をやり直す必要はない。その場合は企業が顧客との契約における義務を履行するにつれて、顧客が便益を享受すると考えられ、上記の(1)の要件を満たすと考えられる。一定の期間にわたって履行義務が充足される場合に該当し、企業は一定の期間にわたって収益を計上する。

　役務の提供取引において、上記の(2)の要件を満たすことは通常は考え難い。

　一部の財またはサービスについては、上記の(1)または(2)の要件を満たすことが困難な場合があるため、(3)の要件が定められている（収益認識会計基準137項）。

　上記(3)の要件において、企業が顧客との契約における義務を履行することにより、別の用途に転用することができない資産が生じることのみでは、顧客が資産を支配していると判断するのに十分ではないため、企業が顧客との契約における義務の履行を完了した部分について、対価を収受する強制力のある権利を有していることも要件として追加されている。これは、一般的な交換取引に係る契約において、財またはサービスに対する支配を顧客が獲得した場合にのみ、顧客が支払義務を負うことと整合している（収益認識会計基準138項）。

　コンサルティングサービスについては、専門的意見の形成は顧客の状況に固有のものであり、他に転用できないものが多い。企業の責任によらない理由により契約が解約になった場合でも、途中までの提供サービスについてコストに合理的なマージンを加えた支払を受ける契約内容になっているのであれば、上記の(3)の要件を満たすと考えられる。その場合は，一定の期間にわたって履行義務が充足される場合に該当し、企業は一定の期間にわたって収益を計上する。

3　進捗度の合理的な見積りができない場合

　履行義務の充足に係る進捗度を合理的に見積もることができる場合にの

み、一定の期間にわたり充足される履行義務について収益を認識することになる。ただし、履行義務の充足に係る進捗度を合理的に見積もることができないが、当該履行義務を充足する際に発生する費用を回収することが見込まれる場合には、履行義務の充足に係る進捗度を合理的に見積もることができる時まで、一定の期間にわたり充足される履行義務について原価回収基準により処理する（収益認識会計基準44項、45項）。

　従来の日本基準では認められていない、いわゆる「原価回収基準」が定められている。「原価回収基準」とは、履行義務を充足する際に発生する費用のうち、回収することが見込まれる費用の金額で収益を認識する方法をいう（収益認識会計基準15項）。

```
原価           100    ／    現預金      100
（全額回収できると見込まれる場合）
未収入金        100    ／    売上高      100
```

　工事契約や受注制作のソフトウエアに限るものではなく、一定の期間にわたり充足される履行義務について、履行義務の充足に係る進捗度を合理的に見積もることができないが、当該履行義務を充足する際に発生する費用を回収することが見込まれる場合に適用することになる。

4　契約の初期段階に係る代替的な取扱い

　一定の期間にわたり充足される履行義務について、契約の初期段階において、履行義務の充足に係る進捗度を合理的に見積もることができない場合には、当該契約の初期段階に収益を認識せず、当該進捗度を合理的に見積もることができる時から収益を認識することができる（収益認識適用指針99項）。すなわち、契約の初期段階において、履行義務の充足に係る進捗度を合理的に見積もることができない場合には、原価回収基準を適用しなくてもよいことになる。

以上の代替的な取扱いまで含めると、収益の認識時点のパターンを次のようにまとめることができる。

収益の認識時点のパターン

	進捗度の合理的な見積り可	進捗度に基づき収益を一定の期間にわたり認識	
一定の期間にわたり充足される履行義務	進捗度の合理的な見積り不可	履行義務を充足する際に発生する費用を回収することが見込まれる	進捗度を合理的に見積もることができる時まで原価回収基準で処理（ただし、契約の初期段階については例外あり）
		履行義務を充足する際に発生する費用を回収することが見込まれない	進捗度を合理的に見積もることができる時または費用を回収することが見込まれる時まで収益を計上しない。
一時点で充足される履行義務	履行義務が充足される一時点で収益を認識		

 # II 一時点で充足される履行義務に該当する場合

役務提供取引であっても、一定の期間にわたり充足される履行義務に該当せず、一時点で充足される履行義務に該当するものもある。

例えば、機械装置の故障の修理を請け負う場合、通常は先の(1)から(3)のいずれも満たさないと考えられる。修理が完了した時をもって、履行義務が一時点で充足されるため、その履行義務の充足時に一時点で収益を認識することになると考えられる。また、法律の見解に関する意見書の提出を請け負う場合、合意された内容の意見書の提出をもって一時点で履行義務が充足すると考えられる。履行義務が充足されるその一時点で収益を認識することが考えられる。同様に、測量を請け負う場合、測量図の提供をもって、一時点で履行義務が充足されると考えられる。

進捗度の見積方法

1　役務提供取引に適用される考え方

　従来の実務では、工事契約および受注制作のソフトウエアを除いて、工事進行基準により進捗度に応じて収益を認識する取扱いは置かれていなかった。したがって、一定の期間にわたり定額で収益を認識するか、または、役務提供の完了時に一時に収益を認識する実務が行われてきた。

　収益認識会計基準では、一定の期間にわたり充足される履行義務であると判断された場合、履行義務の充足に係る進捗度を適切に見積もった上で、その進捗度に応じて収益を認識することが必要である。

　もっともインプット法において、企業のインプットが履行期間を通じて均等に費消される場合には、収益を定額で認識することが適切となることがあるため、一定の期間にわたり収益を定額で認識する実務も従来どおり存続する。

　例えば、清掃サービスにおいて、日々行われる清掃についてインプットの費消の度合いを測定することは困難であるし、履行期間を通じてほぼ均等に費消されることも想定される。あるいは、保守サービスについても、顧客の資産について特に故障等がなく、順調に稼働している場合には、単に待機しているだけの時間がほとんどを占める場合も多い。何かあったときに対応するために待機していること自体が、顧客に便益をもたらしている実態もある。このような場合に、インプットの費消の度合いを測定して、それに基づいて収益を認識することは実態にそぐわないと考えられる。

　このように、期間極めの役務提供取引については、企業のインプットが履行期間を通じて均等に費消される場合に該当し、収益を定額で認識することが適切となるものが多いと思われる。

2 進捗度を見積もるにあたって考慮しないコスト

履行義務の充足に係る進捗度の見積りにあたっては、履行義務を充足する際に顧客に支配が移転する財またはサービスの影響を当該進捗度の見積りに反映するが、顧客に支配が移転しない財またはサービスの影響は当該進捗度の見積りに反映しない。

例えば、契約開始時に実行されるセットアップ作業のような内部管理活動に係るコストは、通常財またはサービスの移転にはならないことが考えられる。このようなコストは進捗度の見積りにあたって反映しないことになる。

 # 契約の変更

収益認識基準における契約変更に関する取扱いは、すべての取引を対象としている。

したがって、役務提供取引についても、次の2つの両方の要件が満たされる場合には、契約変更を独立した契約として会計処理する（収益認識会計基準30項）。

契約変更を独立した契約として会計処理する場合の要件

(1) 別個の財またはサービスの追加により、契約の範囲が拡大されること

(2) 変更される契約の価格が、追加的に約束した財またはサービスに対する独立販売価格に特定の契約の状況に基づく適切な調整を加えた金額分だけ増額されること

例えば、X1期からX3期にかけて清掃サービスの提供を行う契約を締結したものとする。X3期の途中に契約変更を行い、X4期からX6期までの清

掃サービスを追加する変更をしたものとする。

　まず(1)の「別個の財またはサービスの追加により、契約の範囲が拡大されること」に該当すると考えられる。次に、変更される契約の価格が、追加的に約束されたX4期からX6期の清掃サービスに対する独立販売価格に特定の契約の状況に基づく適切な調整を加えた金額分だけ増額される場合は、先の(2)の要件も満たすため、契約変更を既存の契約とは別個の独立した契約として処理することになる。すなわち、X3期に係る収益は当初の契約に定められた対価の額で計上し、X4期からX6期までの各期の収益は、その増額された対価の額に基づいて計上する。

　先の2つの要件が満たされない場合は、既存の契約のうち、まだ移転されていない財またはサービスの会計処理について、以下のとおり処理する。

契約変更が独立した契約として処理されない場合の会計処理

① 未だ移転していない財またはサービスが契約変更日以前に移転した財またはサービスと別個のものである場合	既存の契約を解約して、新しい契約を締結したものと仮定して会計処理する。
② 未だ移転していない財またはサービスが契約変更日以前に移転した財またはサービスと別個のものではなく、契約変更日において部分的に充足されている単一の履行義務の一部を構成する場合	既存の契約の一部であると仮定して会計処理する。すなわち、単一の履行義務の残として処理する。契約変更による取引価格の修正は、収益の修正として計上される。
③ 未だ移転していない財またはサービスが①と②の両方を含む場合	契約変更が変更後の契約における未充足の履行義務に与える影響を、①と②の方法に基づき処理する。

　先の例で、X1期からX3期にかけて行われる清掃サービス契約について、X2期が終わった段階で、X1期およびX2期に行われた清掃サービスが契約で合意された水準に達していないというクレームが顧客からあり、X4期からX6期にかけて行われる清掃サービスに係る契約の対価が、それを理由として値引いて取り決められる内容の契約変更がされた場合には、上

記の①に該当することが考えられる。その場合は、既存の契約をいったん解約して、新しい契約を締結したものと仮定して会計処理する。すなわち、X1期とX2期に係る契約を解約して、X3期からX6期までの新契約が締結されたと仮定して処理することが考えられる。

　また、X1期からX3期にかけて行われる清掃サービス契約が単一の履行義務であると判断される場合に、X2期の途中で清掃サービスの内容を変更する契約変更がされた場合、未だ移転していない財またはサービスが契約変更日以前に移転した財またはサービスと別個のものではなく、契約変更日において部分的に充足されている単一の履行義務の一部を構成することが考えられる。この場合は、契約変更による取引価格の修正は、収益の修正として計上されることになる。

 # 法人税法上の取扱い

1　一定の期間にわたり充足される履行義務の取扱い

　役務提供取引で、かつ、収益認識会計基準の適用を受ける取引について、履行義務が一定の期間にわたり充足されるものについては、その履行に着手した日から引渡し等の日[28]までの期間において履行義務が充足されていくそれぞれの日が法人税法22条の2第1項に規定する役務の提供の日に該当し、その収益の額は、その履行義務が充足されていくそれぞれの日の属する事業年度の益金の額に算入される（法基通2-1-21の2）。

　要するに、収益認識会計基準を適用し、役務提供取引について一定の期間にわたり充足される履行義務であると判断される場合、法人税法上も、一定の期間にわたり、履行義務の充足に応じて収益認識することになる。

　また、通達では、次のいずれかを満たすものは履行義務が一定の期間に

28　物の引渡しを要する取引にあってはその目的物の全部を完成して相手方に引き渡した日をいい、物の引渡しを要しない取引にあってはその約した役務の全部を完了した日をいう。

わたり充足されるものに該当するとされているが（法基通2-1-21の４）、収益認識会計基準の判断要件と実質同じである。

(1)　取引における義務を履行するにつれて、相手方が便益を享受すること。

　(注)　例えば、清掃サービスなどの日常的または反復的なサービスはこれに該当する。

(2)　取引における義務を履行することにより、資産が生じ、または資産の価値が増加し、その資産が生じ、または資産の価値が増加するにつれて、相手方がその資産を支配すること。

　(注)　上記の資産を支配することとは、当該資産の使用を指図し、当該資産からの残りの便益のほとんどすべてを享受する能力（他の者が当該資産の使用を指図して当該資産から便益を享受することを妨げる能力を含む）を有することをいう。

(3)　次の要件のいずれも満たすこと。

　①　取引における義務を履行することにより、別の用途に転用することができない資産が生じること。

　②　取引における義務の履行を完了した部分について、対価の額を収受する強制力のある権利を有していること。

2　進捗度の見積方法

　「履行義務の充足に係る進捗度」とは、役務の提供に係る原価の額の合計額のうちにその役務の提供のために既に要した原材料費、労務費その他の経費の額の合計額の占める割合その他の履行義務の進捗の度合を示すものとして合理的と認められるものに基づいて計算した割合をいうとされ（法基通2-1-21の６）、発生したコストに基づく原価比例法を例示しつつ、必ずしも合理的な見積方法は原価比例法に限定されるものではなく、「その他の履行義務の進捗の度合を示すものとして合理的と認められるものに基づいて計算した割合」と定めている。

原価比例法に限られず、合理的なものであれば、他の指標を用いたインプット法も認められる。また、アウトプット法が適切な方法となる場合もある。清掃サービスのような日常的または反復的なサービスについては、契約期間の全体のうち、当該事業年度終了の日までにすでに経過した期間の占める割合は、履行義務の進捗の度合を示すものとして合理的と認められるものに該当する（法基通2-1-21の6の（注）1）。

3　進捗度を見積もるにあたって考慮しないコスト

　会計上、履行義務の充足に係る進捗度の見積りにあたっては、履行義務を充足する際に顧客に支配が移転する財またはサービスの影響を当該進捗度の見積りに反映するが、顧客に支配が移転しない財またはサービスの影響は当該進捗度の見積りに反映しない。例えば、契約開始時に実行されるセットアップ作業のような内部管理活動に係るコストは、通常財またはサービスの移転にはならないことが考えられる。このようなコストは進捗度の見積りにあたって反映しないことになる。

　法人税法上も、原材料費、労務費その他の経費の額のうちに、履行義務の充足に係る進捗度に寄与しないものまたは比例しないものがある場合には、その金額を進捗度の見積りには反映させないことができるとされており（法基通2-1-21の6の（注）2）、会計と同様に取り扱うことが認められる。

4　進捗度を合理的に見積もることができない場合

　収益認識会計基準では、一定の期間にわたり充足される履行義務について、履行義務の充足に係る進捗度を合理的に見積もることができないが、当該履行義務を充足する際に発生する費用を回収することが見込まれる場合には、履行義務に係る進捗度を合理的に見積もることができる時まで、原価回収基準を適用することになる。ただし、契約の初期段階において、履行義務の充足に係る進捗度を合理的に見積もることができない場合には、原価回収基準を適用しないで、当該契約の初期段階に収益を認識せず、

進捗度を合理的に見積もることができる時から収益を認識することができるとする代替的な取扱いが定められている。

　原価回収基準の取扱いおよび契約初期段階の代替的な取扱いについては、税務上も同様に取り扱われる（法基通2-1-21の5の（注）2、（注）3）。

 # 消費税法上の取扱い

　消費税法上の資産の譲渡等の時期について、一定の期間にわたり充足される履行義務という考え方・取扱いはない。

　収益認識会計基準に対応した消費税法の改正はないため、従来と同様の取扱いになる。すなわち、請負による資産の譲渡等の時期については、次のように取り扱われる（消基通9-1-5）。

請負に係る消費税法上の資産の譲渡等の日

物の引渡しを要する請負契約	目的物の全部を完成して相手方に引き渡した日
物の引渡しを要しない請負契約	約した役務の全部を完了した日

　例えば、保守サービスを年間契約において、月ごと（20日締め）の作業報告書を作成し、保守料金を請求しており、役務提供が月ごとに完了するものである場合は、消費税法上の資産の譲渡等の時期は、従来どおり現実に毎月の役務提供が完了する時になる。また、役務提供が年ごとに完了するものであるときは、消費税法上の資産の譲渡等の時期は、毎年の役務提供が完了する時になる。

第7章

ライセンス契約

従来の実務と異なる処理となる場合

　収益認識会計基準では、ライセンスを供与する約束が、顧客との契約における他の財またはサービスを移転する約束と別個のものであり、当該約束が独立した履行義務である場合には、ライセンスを顧客に供与する際の企業の約束の性質が、ライセンス期間にわたり存在する企業の知的財産にアクセスする権利またはライセンスが供与される時点で存在する企業の知的財産を使用する権利のいずれかであるかを判断し、それぞれに応じた会計処理を適用することになる。

I　ライセンス契約の会計処理

1　ライセンスの供与

　知的財産のライセンスには、ソフトウエアおよび技術、動画、音楽および他の形態のメディア・エンターテインメント、フランチャイズ、特許権、商標権および著作権などに関するライセンスがある。顧客との契約が、財またはサービスを移転する約束に加えて、ライセンスを供与する約束を含む場合には、他の種類の契約と同様に、履行義務の識別の要件に従って、当該契約における履行義務を識別する必要がある（収益認識適用指針143項、144項）。

2　ライセンス契約の会計処理

　従来の実務では、一般的な定めがなく、実務上は、個々のライセンス契約の内容を勘案した会計処理が行われている。

　収益認識会計基準では、他の財またはサービスを移転する約束と区分できる場合と区分できない場合に分けて、それぞれの会計処理が示されている。

他の財またはサービスを移転する約束と区分できない場合 →	ライセンスを供与する約束と当該他の財またはサービスを移転する約束を一括して単一の履行義務として処理する
	一定の期間にわたり充足される履行義務か、一時点で充足される履行義務かをステップ5の一般的なルール（収益認識会計基準38項）により判定
他の財またはサービスを移転する約束と区分できる場合 →	ライセンスの供与を独立した履行義務として処理する
	一定の期間にわたり充足される履行義務か、一時点で充足される履行義務かを独自のルール（収益認識適用指針62項）により判定 （アクセスする権利または使用する権利のいずれかであるかを要判定）

　他の財またはサービスを移転する約束と区分できるか否かについては、ステップ2の履行義務の識別要件（収益認識会計基準34項）に従って判断する。

(1)　他の財またはサービスを移転する約束と区分できない場合

　ライセンスを供与する約束が、顧客との契約における他の財またはサービスを移転する約束と区分できない場合には、ライセンスを供与する約束

と当該他の財またはサービスを移転する約束を一括して単一の履行義務として処理する。その上で、一定の期間にわたり充足される履行義務であるか、または一時点で充足される履行義務であるかを判定する（収益認識適用指針61項）。

　例えば、機械装置に専用のソフトウエアが組み込まれていて、その専用のソフトウエアがハードウエアと有機的一体として機能する場合、そのソフトウエアは他の財またはサービス（この例では機械装置）と区分できない、すなわち機械装置およびソフトウエアのそれぞれ単独では顧客が便益を得ることはできないと考えられる。この場合は、機械装置の移転とソフトウエアのライセンスの供与は、一括して単一の履行義務として処理することになる。

⑵　他の財またはサービスを移転する約束と区分できる場合

　ライセンスを供与する約束が、顧客との契約における他の財またはサービスを移転する約束と区分することができ、当該約束が独立した履行義務である場合には、ライセンスを顧客に供与する際の企業の約束の性質について検討を行い、顧客に次の①または②のいずれを提供するものかを判定することになる（収益認識適用指針62項）。①または②のいずれかによって、収益の認識時期の取扱いが異なることになる。

　また、他の財またはサービスを移転する約束と区分できない場合であっても、ライセンスが主要な要素であるときは、他の財またはサービスを移転する約束と区分できる場合と同様に取り扱うと考えられる。

　なお、知的財産のライセンス供与の対価を売上高または使用量ベースのロイヤルティで受領している場合は、この取扱いにかかわらず別の取扱いが適用される。内容については、後で詳説する。

ライセンスを別個の履行義務と判断したときのライセンスの性質の2類型

> ①　ライセンス期間にわたり存在する企業の知的財産にアクセスする権利
>
> ②　ライセンスが供与される時点で存在する企業の知的財産を使用する権利

　ライセンスを供与する際の企業の約束の性質が上記の「①ライセンス期間にわたり存在する企業の知的財産にアクセスする権利」に該当する場合には、企業の知的財産へのアクセスを提供するという企業の履行からの便益を、企業の履行が生じるにつれて顧客が享受するため、一定の期間にわたり充足される履行義務に該当するものとされ、一定の期間にわたり収益を認識する（収益認識適用指針62項、146項）。

　また、「②ライセンスが供与される時点で存在する企業の知的財産を使用する権利」に該当する場合は、当該知的財産はライセンスが顧客に供与される時点で形態と機能性の観点で存在しており、顧客はその時点でライセンスの使用を指図し、当該ライセンスからの残りの便益のほとんどすべてを享受することができるため、ライセンスを供与する約束を一時点で充足される履行義務として処理し、顧客がライセンスを使用してライセンスからの便益を享受できるようになった時点で収益を認識する（収益認識適用指針62項、147項）。この場合、顧客がライセンスを使用してライセンスからの便益を享受できる期間の開始前には収益を認識しない。例えば、ソフトウエアの使用に必要なコードを顧客に提供する前にソフトウエアのライセンス期間が開始する場合、コードを提供する前には収益を認識しない。

類型	属性	会計処理
①　ライセンス期間にわたり存在する企業の知的財産にアクセスする権利	アクセス権	一定の期間にわたり収益を認識する
②　ライセンスが供与される時点で存在する企業の知的財産を使用する権利	使用権	一時点で収益を認識する

3 アクセス権に該当すると判断される3要件

次の(1)から(3)の要件のすべてに該当する場合には、顧客が権利を有している知的財産の形態、機能性または価値が継続的に変化しており、先の「①ライセンス期間にわたり存在する企業の知的財産にアクセスする権利」に該当する（収益認識適用指針63項）。

ライセンス期間にわたり存在する企業の知的財産にアクセスする権利と判断する要件

(1) ライセンスにより顧客が権利を有している知的財産に著しく影響を与える活動を企業が行うことが、契約により定められているまたは顧客により合理的に期待されていること

(2) 顧客が権利を有している知的財産に著しく影響を与える企業の活動により、顧客が直接的に影響を受けること

(3) 顧客が権利を有している知的財産に著しく影響を与える企業の活動の結果として、企業の活動が生じたとしても、財またはサービスが顧客に移転しないこと

上記の(1)から(3)のいずれかに該当しない場合には、ライセンスを供与する際の企業の約束の性質は、先の「②ライセンスが供与される時点で存在する企業の知的財産を使用する権利」に該当する（収益認識適用指針64項）。

また、上記の(1)の要件を判定するにあたり、どのような企業の活動が知的財産に著しい影響を与えるのかを判断するために、次の要件が定められている。すなわち、次の①または②のいずれかに該当する場合には、企業の活動は、上記の(1)に定める顧客が権利を有している知的財産に著しく影響を与えるものとする（収益認識適用指針65項）。

顧客が権利を有している知的財産に著しく影響を与えると判断されるケース

① 当該企業の活動が、知的財産の形態（例えば、デザインまたはコンテンツ）または機能性（例えば、機能を実行する能力）を著しく変化させると見込まれること
② 顧客が知的財産からの便益を享受する能力が、当該企業の活動により得られることまたは当該企業の活動に依存していること（例えば、ブランドからの便益は、知的財産の価値を補強するまたは維持する企業の継続的活動から得られるかあるいは当該活動に依存していることが多い）

なお、(1)の企業の活動は契約に基づく活動に限定されていない。契約に基づかない企業の活動であっても、顧客により合理的に期待されているものも含まれる。顧客が権利を有している知的財産に著しく影響を与える活動を企業が行うことが、顧客により合理的に期待されていることを示唆するものとしては、企業の取引慣行や公表した方針等がある（収益認識適用指針149項）。顧客が権利を有している知的財産についての企業と顧客との間での経済的利益の共有（例えば、売上高に基づくロイヤルティ）の存在も、企業がそのような活動を行うことが、顧客により合理的に期待されていることを示唆するものである。一般的に、フランチャイズ、商標権などは当てはまりやすい。

また、(2)の要件のとおり、企業の活動が顧客に直接的に影響を与えることが必要である。企業の活動が知的財産の形態や機能性を著しく変化させるとしても、顧客に直接的に影響を与えなければ、企業の知的財産へのアクセスを提供するという企業の履行からの便益を、企業の履行が生じるにつれて顧客が享受することはないためである。

さらに、要件(3)に示すように、企業の活動により、財またはサービスが顧客に移転する場合は、アクセス権の要件を満たさないことになる。企業

の活動が知的財産に著しく影響を与え、その企業の活動が顧客に直接的に影響する場合であっても、この要件を満たさない場合はアクセス権には該当しない。例えば、ソフトウエアのアップデートサービスが行われる場合であっても、それにより確かにソフトウエアの機能性を変化させるが、財またはサービスを顧客に移転するため、ソフトウエアのライセンス供与をアクセス権と判断する理由にはならないと考えられる。

　次に、具体例により、その考え方を示す。

ライセンス契約の取引例と判定ポイント（その1）

　放送事業者は、過去に自己が制作した放送番組について、他の放送事業者が放映することを許諾することがある。

　このように他の放送事業者への放送の許諾を与える取引について、日本基準における実務では、当該他の放送事業者の放送実績に応じて収益を認識する等の例が見られた。

　収益認識会計基準では、放送の許諾というライセンスの供与について、「ライセンス期間にわたり存在する企業の知的財産にアクセスする権利」か「ライセンスが供与される時点で存在する企業の知的財産を使用する権利」かを判定することが求められる。本事例では、他の放送事業者が権利を有する映像コンテンツの形態や機能性、価値に著しく影響を与える活動を提供元の放送事業者が行うことで、ライセンス期間全体を通じて映像コンテンツの形態や機能性、価値が変化すると判断されるか、その活動によって提供先が直接的に影響を受けるか否かにより、「ライセンス期間にわたり存在する企業の知的財産にアクセスする権利」か「ライセンスが供与される時点で存在する企業の知的財産を使用する権利」かを判断する必要がある。

　具体的には、過去に制作を行い放送した放送番組について、提供元の放送事業者が映像コンテンツの形態や機能性、価値に著しく影響を与える活動を行わない場合が多いと考えられるが、そのような場合には、ライセンス期間を通じて映像コンテンツの形態や機能性、価値が変化するものではないと判断され、顧客がライセンスを使用してライセンスからの便益を享

受できるようになった時点で、一時点で収益が認識される可能性が高いと考えられる。

ライセンス契約の取引例と判定ポイント（その２）

　ある企業（著作権保有）が顧客に対して５年間にわたり、著作物を使用する権利を付与するライセンス契約を締結した。顧客は、毎年ロイヤルティを企業に支払う。

　企業は、顧客が使用する著作物に著しく影響を及ぼすような活動（例えば、著作物の出版、販促活動）を行うことが合理的に期待されており、これによって顧客は直接的に影響を受けるが、財またはサービスが顧客に移転することはない場合は、「ライセンス期間にわたり存在する企業の知的財産にアクセスする権利」に該当するための３つのすべての要件を満たすと考えられ、一定の期間にわたり（期間按分など進捗度を適切に表す測定方法により）収益を認識することになると考えられる。

4　売上高または使用量に基づくロイヤルティの取扱い

　売上高または使用量に基づくロイヤルティについては、上記とは別の取扱いが適用される。

　知的財産のライセンス供与に対して受け取る売上高または使用量に基づくロイヤルティが知的財産のライセンスのみに関連している場合、あるいは当該ロイヤルティにおいて知的財産のライセンスが支配的な項目である場合には、変動対価の定め（収益認識会計基準54項、55項）を適用せず、次の(1)または(2)のいずれか遅い方で、当該売上高または使用量に基づくロイヤルティについて収益を認識する。

> (1)　知的財産のライセンスに関連して顧客が売上高を計上する時または顧客が知的財産のライセンスを使用する時
>
> (2)　売上高または使用量に基づくロイヤルティの一部または全部が配分されている履行義務が充足（あるいは部分的に充足）される時

　上記の(1)または(2)のいずれか遅い方で収益を認識するということは、知的財産のライセンスのうち、売上高または使用量に基づく対価を受け取る場合に、その時点で取引対価に含めてはならず、顧客におけるその後の売上計上・ライセンスの使用または企業における履行義務の充足（部分的な充足を含む）のうちのいずれか遅い時点まで収益認識してはいけないということを意味している。すなわち、変動対価の例外を定めているものである。売上高または使用量に基づくロイヤルティの場合、不確実性が高いと考えられ、不確実性が解消されるまで収益認識してはいけないという趣旨に基づく取扱いである。この例外は、売上高または使用量に基づくロイヤルティにのみ適用されるものであり、その他のロイヤルティには適用されない点に留意する必要がある。

　なお、売上高または使用量に基づくロイヤルティについて、上記に該当しない場合（知的財産のライセンスのみに関連していない、かつ、当該ロイヤルティにおいて知的財産のライセンスが支配的な項目でない場合）には、変動対価の定め（収益認識会計基準50項から55項）を適用する（収益認識適用指針68項）。

 # Ⅱ　フランチャイズ権

　フランチャイズ権については、ライセンスの供与に該当するため、以上説明した取扱いを適用する。先の「①ライセンス期間にわたり存在する企業の知的財産にアクセスする権利」に該当する場合、「一定の期間にわたり充足される履行義務」に該当するため、一定の期間にわたり収益を認識する。

　一方、先の「②ライセンスが供与される時点で存在する企業の知的財産を使用する権利」に該当する場合は、一時点で収益が認識される。「ライセンス期間にわたり存在する企業の知的財産にアクセスする権利」に該当

するかどうかを、先の3つの要件に照らして判断することになる。

　フランチャイズ権に3つの要件を当てはめると、判定のポイントは次のようになる。

　まず、先の(1)から(3)の「ライセンス期間にわたり存在する企業の知的財産にアクセスする権利」の要件を満たすか否かについて、フランチャイズ運営者による活動を分析することにより判断される。

　(1)の顧客により「合理的に期待されている」可能性を示唆するものとしては、例えば、フランチャイズ運営者の取引慣行や公表した方針、フランチャイズ運営者と加盟者の経済的利益の共有（例えば、売上高ベースのロイヤルティ）の存在等が挙げられ、それらを検討することになると考えられる。例えば、フランチャイズ運営者が顧客の嗜好の分析、製品の開発・改善、価格戦略、販促キャンペーンなどの活動を行うことが、契約により定められているまたは顧客により合理的に期待されている場合は、この要件を満たすと考えられる。

　(2)では、「ライセンスによって供与される権利に基づき、顧客が(1)で識別された企業の活動によって直接的に影響を受ける」か否かを判断することとされており、例えば、フランチャイズ運営者の実施する顧客の嗜好の分析、製品の開発・改善、価格戦略、販促キャンペーンなどの活動がフランチャイズの運営の方法や店舗の集客に変化を与えることで、フランチャイズ運営者のその活動の影響にフランチャイズ加盟者が直接的に晒されるか否かを検討することになると考えられる。

　(3)では、「当該活動が生じるにつれて顧客に財またはサービスが移転することがない」か否かを判断することとされおり、当該活動に、フランチャイズ加盟者に対して財またはサービスを移転する活動（例えば、店舗設備の供与等）が含まれていないか否かを検討する。

　また、知的財産のライセンス供与に対して受け取る売上高または使用量に基づくロイヤルティが知的財産のライセンスのみに関連している場合、あるいは当該ロイヤルティにおいて知的財産のライセンスが支配的な項目

である場合には、次の(1)または(2)のいずれか遅い方で、当該売上高または使用量に基づくロイヤルティについて収益を認識する（収益認識適用指針67項）。

> (1)　知的財産のライセンスに関連して顧客が売上高を計上する時または顧客が知的財産のライセンスを使用する時
> (2)　売上高または使用量に基づくロイヤルティの一部または全部が配分されている履行義務が充足（あるいは部分的に充足）される時

　上記に該当しない場合は、変動対価の定め（収益認識会計基準50項から55項）を適用する。

　フランチャイズ権に係る約束の性質の判定および会計処理について、次の設例が参考になると思われる。

設例　フランチャイズ権

１．前提条件

(1)　A社（フランチャイザー）は、B社（顧客）に対し、10年間にわたり、A社の商号を使用し、A社の製品を販売する権利を提供するフランチャイズのライセンスを供与する契約を締結した。契約にはライセンスのほか、B社のフランチャイズ店舗の運営に必要な設備をA社が提供することも含まれる。

(2)　A社は、ライセンスの供与と交換に、B社の毎月の売上高の５％のロイヤルティを受け取る。設備の対価は150,000千円で固定されており、設備の引渡時に支払われる。

(3)　A社は、フランチャイザーの取引慣行として、フランチャイズの評判を高めるため、顧客の嗜好の分析や、製品の改善、価格戦略、販促キャンペーン及び運営面の効率化の実施などの活動を行う。

２．財又はサービスが別個のものであるかどうかの判定

(1)　A社は、会計基準第34項に従って、財又はサービスが別個のものであ

るのかどうかを判定するために、B社に約束した財又はサービスを評価する。

(2)　A社は、顧客の嗜好の分析などの活動は、ライセンスを供与するというA社の約束の一部であるため、B社に財又はサービスを直接的に移転するものではないと結論付け、契約にはライセンスを供与する約束及び設備を移転する約束の2つが含まれると判断した。

(3)　B社はライセンスからの便益を、フランチャイズ開店前に引き渡される設備とともに享受することができ、当該設備はフランチャイズで使用するか又は廃棄における回収額ではない金額で売却することができる。そのため、B社はライセンス及び設備からの便益を、単独で又はB社が容易に利用できる他の資源と組み合わせて享受することができると判断した（会計基準第34項(1)）（本適用指針第5項参照）。

(4)　また、A社は、会計基準第34項(2)及び本適用指針第6項の要件に従って、次の①及び②を考慮し、フランチャイズのライセンスを供与する約束と設備を移転する約束は区分して識別できると判断した。

①　A社は、ライセンスと設備を結合後のアウトプットに統合する重要なサービスを提供しておらず（すなわち、ライセンスの対象となる知的財産は設備の構成部分ではなく、設備を著しく修正するものでもない。）、ライセンスと設備は、結合後のアウトプットの元となるインプットではないことから、実質的にB社への単一の約束を履行しているものではない。

②　A社は、フランチャイズのライセンスを供与する約束又は設備を移転する約束を他方とは独立して履行することができるため、ライセンスと設備は、相互依存性及び相互関連性が高くない。

(5)　したがって、A社は、ライセンスを供与する約束と設備を移転する約束は、それぞれ別個のものであり、次の2つの履行義務があると結論付けた。

①　フランチャイズのライセンス

②　設備

3．取引価格の配分

⑴　A社は、取引価格は150,000千円の固定対価とB社の売上高の5％の変動対価を含んでいると判断した。設備の独立販売価格は150,000千円であり、A社は、通常、顧客の売上高の5％を受け取るのと交換に、フランチャイズのライセンスを供与する。

⑵　A社は、会計基準第72項に従って、変動対価の全体をフランチャイズのライセンスを移転する履行義務に配分すべきかどうかを判断し、変動対価（売上高に基づくロイヤルティ）の全額を、次の理由から、フランチャイズのライセンスを供与する履行義務に配分すべきであると結論付けた。

①　変動対価の全体が、フランチャイズのライセンスを供与するというA社の約束に関係している。

②　150,000千円を設備に配分し、売上高に基づくロイヤルティをフランチャイズのライセンスに配分することは、類似の契約におけるA社の独立販売価格の比率に基づく配分と整合的である。

4．ライセンスの会計処理

⑴　A社は、本適用指針第63項及び第65項に従って、次の①から③を考慮し、ライセンスを供与する自らの約束の性質を評価した。

①　A社がフランチャイズの評判を高めるために、顧客の嗜好の分析などの活動をA社が行う取引慣行があるため、B社が権利を有している知的財産から便益を享受する能力は、実質的にA社の活動により得られるか又は当該活動に依存する。

　　さらに、A社は、報酬の一部がB社の売上高に基づくロイヤルティであり、B社の売上高に左右されるため、A社が自らの利益を最大化するように活動することをB社は期待し、B社と共通の経済的な利害があるという点に着目した。

　　このため、A社は、B社が権利を有している知的財産に著しく影響

を与える活動をA社が行うことを、B社は合理的に期待していると結論付けた。

②　B社は、フランチャイズのライセンスにより、A社が行う活動から生じるあらゆる変化に対応することが要求されるため、当該活動の影響を受ける。

③　B社はライセンスで付与される権利によりA社の活動からの便益を享受する可能性があるが、A社の活動が生じたとしても、財又はサービスはB社に移転しない。

⑵　A社は、これらの点を踏まえ、本適用指針第63項の要件が満たされているため、A社の約束の性質は、ライセンス期間全体にわたりA社の知的財産へのアクセスを最新の形態でB社に提供することであり、ライセンスを移転する約束は、一定の期間にわたり充足される履行義務であると結論付けた（本適用指針第62項参照）。

⑶　また、A社は、売上高に基づくロイヤルティの形式による対価はフランチャイズのライセンスに明確に関係するものであるため、本適用指針第67項を適用すると結論付けた。A社は、フランチャイズのライセンスの履行義務の充足に係る進捗度を合理的に描写するために、フランチャイズのライセンスを移転した後に、B社の売上高が生じるにつれて又は生じる時に収益を認識する。

（出典：収益認識会計基準適用指針の設例より）

法人税法上の取扱い

1　アクセス権と使用権の区別

　知的財産のライセンスの供与に係る収益の額については、次に掲げる知的財産のライセンスの性質に応じ、それぞれ次に定める取引に該当するものとして、⑴については履行義務の充足に応じて一定の期間にわたり収益

の額を認識し、(2)については履行義務が充足される一時点で収益の額を認識する（法基通2-1-30）。

(1)　ライセンス期間にわたり存在する法人の知的財産にアクセスする権利	履行義務が一定の期間にわたり充足されるもの
(2)　ライセンスが供与される時点で存在する法人の知的財産を使用する権利	履行義務が一時点で充足されるもの

　ライセンスの性質に応じて、一定の期間にわたり充足される履行義務と一時点で充足される履行義務の2つのパターンとなり、それに応じた収益認識がされる取扱いは、会計と同様である。

　ライセンス期間にわたり存在する法人の知的財産にアクセスする権利（アクセス権）に該当する場合は、契約開始日から契約終了日までの期間において履行義務が充足されていくそれぞれの日が役務の提供の日に該当し、それぞれの日に収益計上を行う（法基通2-1-21の2）。

　一方、ライセンスが供与される時点で存在する法人の知的財産を使用する権利に該当する場合は、その使用を許諾した日が役務の提供の日に該当し、その日に一時の収益として計上する。

　以上のとおり、ライセンスが他の財またはサービスを移転する約束と区分できる場合の取扱いは、収益認識会計基準と同様である[29]。

　次項は、例外的な取扱いを定めたものであり、例外的な取扱いを適用したときは、その処理も認められるという意味である。

2　工業所有権等の実施権の設定に係る対価の例外的な取扱い

　工業所有権等（特許権、実用新案権、意匠権、商標権またはこれらの権利に係る出願権、実施権）の実施権の設定により受ける対価（使用料を除く）の額については、法人が次に掲げる日において収益計上を行っている

29　ライセンスが他の財またはサービスを移転する約束と区分できない場合の取扱いについて、法人税の明文の取扱いはないが、会計と同様に、全体を単一の履行義務として取り扱うことになると考えられる。

場合には、上記の取扱いにかかわらず、次に掲げる日はその実施権の設定
に係る役務の提供の日に近接する日（法法22条の2第2項）に該当するも
のとして認められる（法基通2-1-30の2）。

・その設定に関する契約の効力発生の日

・その設定の効力が登録により生ずることとなっている場合におけるその
　登録の日

　「上記の取扱いにかかわらず」とされているのは、本通達の取扱いによる
場合には、履行義務が一定の期間にわたり充足されるものに係る収益の帰
属の時期（法基通2-1-21の2）および履行義務が一時点で充足されるもの
に係る収益の帰属の時期（法基通2-1-21の3）の取扱いに優先するという
意味である。したがって、収益認識会計基準を適用する法人においては、法
人税基本通達2-1-21の2または法人税基本通達2-1-21の3を適用すること
になると考えられるため、本通達の取扱いは適用しないことが考えられる。

　また、工業所有権等またはノウハウの使用料等について、法人が継続し
て契約によりその使用料の額の支払を受けることとなっている日において
収益計上を行っている場合には、その支払を受けることとなっている日は
その役務の提供の日に近接する日（法法22条の2第2項）に該当するもの
として認められる。

　さらに、ノウハウの設定契約に際して支払を受ける一時金または頭金（返
金不要なものを除く）に係る収益の額は、履行義務が一定の期間にわたり
充足されるものに係る収益の帰属の時期（法基通2-1-21の2）および履行
義務が一時点で充足されるものに係る収益の帰属の時期（法基通2-1-21の
3）の取扱いにかかわらず、ノウハウの開示を完了した日に収益計上する
ことが認められる。ただし、ノウハウの開示が2回以上にわたって分割し
て行われ、かつ、その設定契約に際して支払を受ける一時金または頭金の
支払がほぼこれに見合って分割して行われることとなっている場合（法基
通2-1-1の6本文の取扱いを適用した場合）には、その開示をした部分に区
分した単位ごとにその収益の額を計上することも認められる（法基通2-1-

30の3）。

　本通達の取扱いを適用する場合には、履行義務が一定の期間にわたり充足されるものに係る収益の帰属の時期（法基通2-1-21の2）および履行義務が一時点で充足されるものに係る収益の帰属の時期（法基通2-1-21の3）の取扱いに優先するという意味である点は、先と同様である。

3　売上高または使用量に基づく使用料の取扱い

　知的財産のライセンスの供与に対して受け取る売上高または使用量に基づく使用料が知的財産のライセンスのみに関連している場合または当該使用料において知的財産のライセンスが主な項目である場合には、変動対価の取扱い（法基通2-1-1-の11）は適用せず、履行義務が一定の期間にわたり充足されるものに係る収益の帰属の時期（法基通2-1-21の2）および履行義務が一時点で充足されるものに係る収益の帰属の時期（法基通2-1-21の3）の取扱いにかかわらず、次に掲げる日のうちいずれか遅い日の属する事業年度において当該使用料についての収益の額を益金の額に算入する（法基通2-1-30の4）。

> (1)　知的財産のライセンスに関連して相手方が売上高を計上する日または相手方が知的財産のライセンスを使用する日
> (2)　当該使用料に係る役務の全部または一部が完了する日

　この取扱いは、収益認識適用指針67項と実質同様の取扱いである。

　ただし、工業所有権等（特許権、実用新案権、意匠権、商標権またはこれらの権利に係る出願権、実施権）またはノウハウの使用料については、当分の間、その額が確定した時に収益計上することが認められる（平成30年改正法基通経過的取扱い（4））。

　なお、工業所有権等またはノウハウの使用料については、継続適用を条件として、その支払を受けることとなっている日に収益計上することも認められる（法基通2-1-30の5）。

Ⅳ　消費税法上の取扱い

　消費税法上のライセンスに係る資産の譲渡等の時期について、収益認識会計基準に対応する取扱いは置かれていない。ただし、法人税と同様の次のような取扱いが従来から定められており、これらの取扱いを適用することになる。

1　工業所有権等の実施権の設定

　工業所有権等（特許権、実用新案権、意匠権、商標権または回路配置利用権ならびにこれらの権利に係る出願権、実施権）の実施権の設定については、その設定に関する契約の効力発生日に行われたものとする。ただし、その設定に関する契約の効力が登録により生ずることとなっている場合は、その登録の日に行われたものとすることが認められる（消基通9-1-15）。

2　工業所有権等またはノウハウの使用料

　また、工業所有権等またはノウハウの使用料に係る消費税法上の資産の譲渡等の時期は、その額が確定した日とする。例えば、フランチャイズ権のロイヤルティは、フランチャイズチェーンの加盟店としてのその名称を使用させること、広告の代行、経営指導等の役務提供の対価として収受するものであるため、原則として、その使用料の額が確定した日が、消費税法上の課税時期となる。

　ただし、継続適用を条件として、支払を受けることとなっている日としている場合には、これが認められる（消基通9-1-21）。

3　ノウハウの設定契約に際して支払を受ける一時金または頭金

　ノウハウの設定契約に際して支払を受ける一時金または頭金に係る消費

税法上の資産の譲渡等の時期は、ノウハウの開示を完了した日とする。た
だし、ノウハウの開示が2回以上にわたって分割して行われ、かつ、その
一時金または頭金の支払がほぼこれに見合って分割して行われることと
なっている場合には、その開示をした日に資産の譲渡等があったものとす
ることが認められる（消基通9-1-16）。

顧客からの返金が不要な支払

従来の実務と異なる処理となる場合

　契約における取引開始日またはその前後に、顧客から返金が不要な支払を受ける場合には、履行義務を識別するために、当該支払が約束した財またはサービスの移転を生じさせるものか、あるいは将来の財またはサービスの移転に対するものかどうかを判断し、それに応じた会計処理をすることになる。

Ⅰ　入会金等に係る会計処理

1　入会金や加入手数料等の内容

　入会金や加入手数料等を、財またはサービスを顧客に提供する前の段階において顧客より返金義務のない条件で受領することがある。契約によっては、契約における取引開始日またはその前後に、顧客に返金が不要な支払を課す場合があり、例えば、スポーツクラブ会員契約の入会手数料、電気通信契約の加入手数料、サービス契約のセットアップ手数料（会員登録、会員証の発行等に係る手数料）、供給契約の当初手数料等がある（収益認識適用指針141項）。これらの対価は、契約が解約になっても企業に返金が不要と規定されている場合が多い。従来の実務では、入金時に一括して収益を認識する処理や収益を契約期間にわたって配分する処理が見受けられる。

2 会計処理

　収益認識適用指針には、そのような顧客から受領した返金が不要な支払（入会金等）に係る収益認識の取扱いが設けられている。

　契約における取引開始日またはその前後に、顧客から返金が不要な支払を受ける場合には、履行義務を識別するために、当該支払が約束した財またはサービスの移転を生じさせるものか、あるいは将来の財またはサービスの移転に対するものかどうかを判断する（収益認識適用指針57項）。

　なお、サービスを提供する企業が契約締結活動（例えば、契約のセットアップに関する活動）または契約管理活動を行うときに発生するコストについては、当該活動によりサービスが顧客に移転しないため、当該活動は履行義務に該当しないと考えられる（収益認識適用指針4項）。そのため、返金が不要な支払が将来の財またはサービスの移転に対するものに該当し、将来の財またはサービスの提供に対応して収益を認識するときの進捗度をインプット法により見積もるときは、これらのコストの影響を除外することになる（収益認識適用指針60項）。

(1)　約束した財またはサービスの移転を生じさせるもの

　返金が不要な顧客からの支払が、約束した財またはサービスの移転を生じさせるものである場合には、当該財またはサービスの移転を独立した履行義務として処理するかどうかを判断する（収益認識適用指針59項）。

　例えば、スポーツクラブの入会金が将来の財またはサービスの移転に対するものではなく、顧客に対して単に会員資格を認める約束に関連している場合には、他のサービスから独立した履行義務であると判断される。入会時点でその履行義務は充足されるため、その時点でその充足された履行義務に対応する収益を認識することになる。

(2)　将来の財またはサービスの移転に対するもの

　返金が不要な顧客からの支払が、約束した財またはサービスの移転を生

じさせるものでない場合には、将来の財またはサービスの移転を生じさせるものとして、当該将来の財またはサービスを提供する時に収益を認識する（収益認識適用指針58項）。すなわち、企業は顧客から対価の支払を受けた時にいったん契約負債に計上し、将来の財またはサービスの提供に対応して収益を認識することになる。

　例えば、スポーツクラブの入会金の全部または一部に、会員期間にわたって非会員よりも低額で利用できる権利の対価が含まれている場合、その対価は財またはサービスの移転を生じさせるものではなく、将来の財またはサービスの移転を生じさせるものであると考えられる。また、電気通信契約の加入手数料も、通常は将来の財またはサービスの移転を生じさせるものであると考えられる。

返金が不要な支払に係る会計処理

当該支払が約束した財・サービスの移転を生じさせるもの	→	約束した財・サービスを移転し、履行義務を充足した時点で収益を認識
当該支払が将来の財・サービスの移転に対するもの	→	将来の財・サービスを提供する時に収益認識

⑶　契約更新のオプションを付与する場合

　企業が契約更新のオプションを顧客に付与する場合において、そのオプションが重要な権利を顧客に提供するものに該当するときは、当該支払について、契約更新される期間を考慮して収益を認識する（収益認識適用指針58項ただし書）。

　なお、不動産業における礼金、更新料の取扱いが論点になる。契約の締結等に対する謝礼的な性格であると解する見解や賃料の前払いとしての性格であるとする見解など、考え方は統一されていないと思われる。もともと住居が不足していた時代に、借主が大家に対して入居させてくれたことに対するお礼として支払っていたものが慣行として残っているものである

と考えられている。収益認識会計基準の設定に係る審議において、礼金、更新料は直接取り上げられていない。私見であるが、礼金を支払わなければ入居できない、または更新料を支払わなければ賃貸借契約を更新できないという条件として課されるものであるから、支払を受けた時に収益計上すべきものと考えられる。

設例　入会金の処理

前提条件

　企業は、顧客との間でスポーツクラブを利用する会員契約を締結し、入会金100万円を支払った。

　入会金100万円は、会員資格を認める履行義務と会員期間にわたってジムの使用を非会員よりも低額で提供する履行義務の2つに関連する対価であるとする。入会金に契約更新オプションは含まれていないとする。

① 会員権の独立販売価格　90万円
② 非会員よりも低額でのサービス提供価格に係る独立販売価格を次のように見積もった。

　　（1万円－7千円）×200回＝60万円

入会金対価100万円の配分
　①に対する配分　$100 \times 90 \div (90+60) = 60$万円
　②に対する配分　$100 \times 60 \div (90+60) = 40$万円

　会員資格を提供する履行義務（60万円）は入会時点で提供されるのに対して、非会員よりも低額でのサービス提供に係る履行義務（40万円）については非会員よりも低い価格で権利を行使したつど、または会員期間にわたって収益計上するが、中途で脱会した場合はその時点で収益を認識することになると考えられる。

法人税法上の取扱い

1　返金不要な支払を受ける場合の取扱い

　法人が、資産の販売等に係る取引を開始するに際して、相手方から中途解約のいかんにかかわらず取引の開始当初から返金が不要な支払を受ける場合には、原則としてその取引の開始の日の属する事業年度の益金の額に算入する。

　ただし、当該返金が不要な支払が、契約の特定期間における役務の提供ごとに、それと具体的な対応関係をもって発生する対価の前受けと認められる場合において、その支払を当該役務の提供の対価として、継続して当該特定期間の経過に応じてその収益の額を益金の額に算入しているときは、これが認められる（法基通2-1-40の2）。

　本文の「返金が不要な支払」には、例えば、次のようなものが該当する（同通達の（注））。

(1)　工業所有権等の実施権の設定の対価として支払を受ける一時金

(2)　ノウハウの設定契約に際して支払を受ける一時金または頭金

(3)　技術役務の提供に係る契約に関連してその着手費用に充当する目的で相手方から収受する仕度金、着手金等のうち、後日精算して剰余金があれば返還することとなっているもの以外のもの

(4)　スポーツクラブの会員契約に際して支払を受ける入会金

　法人税法上、顧客から返金不要な支払を受ける場合、その取引の開始の日の属する事業年度の益金の額に算入することを原則とする。ただし書きに該当する場合（契約の特定期間における役務の提供ごとに、それと具体的な対応関係をもって発生する対価の前受けと認められる場合）は、収益認識会計基準と同様の処理、すなわち収益を一括認識しないで、一定の期間にわたり認識することが認められる。

「具体的な対応関係をもって発生する対価の前受け」と認められるためには、契約書や約款等において、いつからいつまでの間のどのような内容の役務の提供の対価として支払われる（前払い）対価であるか具体的に示されている必要がある[30]。具体的な対応関係があるかどうかについて、事前の検討が必要である。先の設例の会員期間にわたってジムの使用を非会員よりも低額で提供する履行義務のようなケースについては、スポーツクラブの利用料の前受部分が、契約や約款等において、会員期間にわたって非会員よりも低額で利用できるサービスを提供することに対する対価であることが具体的に示されている場合、会員期間にわたって収益計上する処理が認められると考えられる。

2　礼金等の取扱い

資産の賃貸借契約等に基づいて保証金、敷金等として受け入れた金額（賃貸借の開始当初から返還が不要なものを除く）であっても、期間の経過その他当該賃貸借契約等の終了前における一定の事由の発生により返還しないこととなる部分の金額は、その返還しないこととなった日の属する事業年度の益金の額に算入するとされているが（法基通2-1-41）、「賃貸借の開始当初から返還が不要なものを除く」とされている点に留意が必要である。

礼金や更新料が賃貸借の開始当初から返還不要であった場合、法人税法上は、原則どおり取引の開始日に収益計上することになる。契約の特定期間における役務の提供ごとに、それと具体的な対応関係をもって発生する対価の前受けと認められる場合に該当すると判断することは困難であると考えられる。将来に収益の計上を繰り延べることは、基本的に認められないと考えられる。

30　佐藤友一郎編著「九訂版　法人税基本通達逐条解説」税務研究会出版局、P252からP253。

Ⅲ 消費税法上の取扱い

1 返金不要な支払を受ける場合の取扱い

　消費税法上、課税資産の譲渡等の対価の額として収受された金額または収受されるべき金額を課税標準とする取扱いは従来どおりであり、何ら変わるものではない。現に収受された金銭の額が課税標準の額とされる。スポーツクラブの入会金を、会員資格を認める履行義務と会員期間にわたってジムの使用を非会員よりも低額で提供する履行義務の2つに関連する対価に区分するような考え方・取扱いはない点に留意する必要がある。入会時に収受された金銭の額がそのまま課税対象になると考えられる。

2 礼金等の取扱い

　資産の賃貸借契約等に基づいて保証金、敷金等として受け入れた金額であっても、当該金額のうち期間の経過その他当該賃貸借契約等の終了前における一定の事由の発生により返還しないこととなる部分の金額は、その返還しないこととなった日の属する課税期間において行った資産の譲渡等に係る対価となるとされている（消基通9-1-23）。礼金や更新料が賃貸借の開始当初から返還不要であった場合、その返還不要が確定した時に資産の譲渡等があったものとして取り扱われる。将来に繰り延べる処理は認められない。法人税と同様に取り扱われると考えられる。

法人税法上の取扱い

平成30年度税制改正により、法人税法22条の2が新設された。また、平成30年5月30日付で法人税基本通達が公表された。第8章までにおいて、項目ごとに法人税法上の取扱いを解説しているが、本章では、法人税法上の取扱いを総合的に解説する。

履行義務の充足により収益を認識するという考え方は、法人税法上の実現主義または権利確定主義の考え方と齟齬をきたすものではない。そのため、原則として、収益認識会計基準の考え方が取り込まれている。ただし、過度に保守的な会計処理や恣意的な見積りが可能な会計処理については、公平な所得計算の観点から問題があるため、税独自の取扱いが定められている点に留意する必要がある。

Ⅰ 法人税法上の益金に算入すべき額

1 法人税法上の益金算入額

内国法人の各事業年度の資産の販売もしくは譲渡または役務の提供（以下、「資産の販売等」という）に係る収益の額として当該事業年度の所得の金額の計算上益金の額に算入する金額は、別段の定めがあるものを除き、その販売もしくは譲渡をした資産の引渡しの時における価額またはその提供をした役務につき通常得べき対価の額に相当する金額とする（法法22条の2第4項）。

　ここでいう「その販売もしくは譲渡をした資産の引渡しの時における価額またはその提供をした役務につき通常得べき対価の額」とは、第三者間で通常付される価額、いわゆる時価をいう。

　販売等をした資産の時価を益金算入するとする取扱いは、従来からの法人税法上の考え方を明確化するものである。販売もしくは譲渡をした資産の引渡しの時における価額またはその提供をした役務につき通常得べき対価の額を益金の額に算入すると規定しているため、販売等をした資産の時価と受け取る対価の額に差額があるときは、販売等をした資産の時価相当額を収入金額とした上で、受け取る対価との差額は寄附金または受贈益等として認識されることになると考えられる。

2　変動対価の見積り

(1)　変動対価の見積りが認められるための要件

　法人税法上、値引き、値増しまたは割戻しについても、一定の要件を満たしている場合、客観的に見積もられた金額を収益の額から減額または増額することが認められる。変動対価の見積りについて、一定の要件を満たしている場合に、認容されるという意味である。それは、譲渡資産等の時価をより正確に反映させるための調整と位置づけることができるからである。

　すなわち、資産の販売等に係る契約の対価について、値引き、値増し、割戻しその他の事実（以下、「値引き等の事実」という）により変動する可能性がある部分の金額（以下、「変動対価」という）がある場合（当該値引き等の事実が損金不算入費用等に該当しないものである場合に限る）、一定の要件を満たす場合に、引渡し等事業年度[31]の確定した決算において、収益の額を減額し、または増額して経理した金額は、引渡し時の価額等の

31　引渡し等事業年度とは、法人税法22条の2第1項または第2項に規定する事業年度であり、その資産の販売等に係る目的物の引渡し等の日または一般に公正妥当と認められる会計処理の基準に従って契約の効力が生ずる日その他の引渡し等の日に近接する日の属する事業年度である。

算定に反映するものとする（貸倒れ、買戻しは除く）。ここで変動対価を引渡し時の価額等の算定に反映することが認められるためには、下記の(1)から(3)のすべての要件を満たすことが必要である（法基通2-1-1の11）。

変動対価の見積りが認められるための要件（法人税）

(1) 値引き等の事実の内容および当該値引き等の事実が生ずることにより契約の対価の額から減額または増額する可能性のある金額またはその金額の算定基準（客観的なものに限る）が、当該契約もしくは法人の取引慣行もしくは公表した方針等により相手方に明らかにされていることまたは当該事業年度終了の日において内部的に決定されていること

(2) 過去における実績を基礎とする等合理的な方法のうち法人が継続して適用している方法により減額もしくは増額の可能性または算定基準の基礎数値が見積もられ、その見積りに基づき変動対価が算定されていること

(3) (1)を明らかにする書類および(2)の算定の根拠となる書類が保存されていること

変動対価の見積りについては、税務上、その見積りに恣意性が入る可能性を排除する必要性があるため、無条件に認められるものではない。上記の3つの要件をすべて満たすものに限り、所得への反映を認める。

(2) 各要件の検討

第1に、取引対価の額から減額または増額する可能性のある金額またはその金額の算定基準（客観的なものに限る）が、契約、取引慣行、公表した方針等のいずれかによって相手方に明らかにされている、または事業年度終了の日において内部的に決定されていることが必要である。値引き、割戻し、リベートにおいては、取引の相手方に対してその金額の算定基準

等が明らかにされている場合があると考えられる（例えば一定の期間の取引金額・取引数量に応じて単価を一定金額値引く、一定期間の取引金額・取引数量に応じてリベートの金額が算定される等）。また、仮価格による取引についても、確定価格がどのような方法により決定されるのかが相手方に明らかにされている場合はあると考えられる（例えば一定の日における為替相場に基づく等）。

　算定基準について客観的なものに限るとされているため、代表取締役等の裁量によって定まるものではなく、契約書または内部文書において前提条件に応じて答えが１つに定まる基準が明記されている必要がある[32]。相手方に明らかにされていない場合には、要件を満たすために、事業年度終了の日までに内部的に決定することも考えられる。この場合の内部的に決定した事実は、⑶のそれを明らかにする書類の保存要件によって、その証拠性は担保されると考えられる。

　第２に、過去の実績を基礎とする等合理的な方法により見積もられていることが必要である。また、一定の算定基準に基づくといっても、継続性が確保されていなければ恣意性が入り得るため、継続性も求められる。

　収益認識会計基準では、過去の実績等に基づいて、期待値または最頻値のうちいずれか適切な方法を用いて見積もるとされている。この点、監査法人の監査を受けている法人の場合、見積方法の合理性について、厳格なチェックを受けるものと考えられる。見積りの合理性について一定の担保がされていると考えられるため、原則として、この要件を満たす可能性は高いと思われる。見積方法の合理性の確保および過去の実績を集計管理できる管理体制の整備などが検討課題になると考えられる。

　第３に、⑴を明らかにする書類および⑵の算定の根拠となる書類がともに保存されていることが必要である。

　なお、販売した棚卸資産に係る売上割戻しについて法人税基本通達2-1-1の11の取扱い（変動対価の取扱い）を適用しない場合には、当該売上割戻

32　佐藤友一郎編著「九訂版　法人税基本通達逐条解説」税務研究会出版局、P132。

しの金額をその通知または支払をした日の属する事業年度の収益の額から減額する（法基通2-1-1の12）。収益認識会計基準を適用する場合は、変動対価として見積もられた売上割戻しを収益から減額するため、この取扱いは適用しない。収益認識会計基準を適用しない法人に適用される取扱いである。

(3) 法人税法上の変動対価として認められないもの

　変動対価を定める法人税基本通達2-1-1の11において、「当該値引き等の事実が損金不算入費用等に該当しないものである場合に限る」という括弧書きが付されていることから、法人税法上の寄附金や交際費等に該当するものはその範囲から除かれる。ただし、収益認識会計基準においても、通常は変動対価の要因にはならない。

　また、法人税法では、債務確定基準の考え方から、従来から別段の定めがある場合を除き、引当金や見越費用等の計上は認めていない。その点を考慮すると、法人税法における変動対価の要因となるその他の事実の範囲は限定的に考えるべきであり、次のものおよびその他のこれらに準ずるものが該当すると考えられる[33]。

法人税法上の変動対価として認められるもの

売上値引	売上品の量目不足、品質不良、破損等の理由による代価の控除をいう。
値増し	資材の値上がり等に応じて収入すべき金額をいう。
割戻し	一定期間に多額または多量の取引をした得意先に対する売上代金の返戻額等をいう。

　一方、次のようなものは、法人税法上の変動対価の範囲からは除かれると考えられる[34]。

33　佐藤友一郎編著「九訂版　法人税基本通達逐条解説」税務研究会出版局、P 131。
34　佐藤友一郎編著「九訂版　法人税基本通達逐条解説」税務研究会出版局、P 131からP 132。

・従来、企業会計原則・注解（注18）において引当金として計上すべきこととされているもの（売上割戻引当金を除き、例えば製品保証引当金、返品調整引当金、工事補償引当金、債務保証損失引当金、損害補償損失引当金、貸倒引当金等）
・上記の引当金として計上されないものであっても、発生の可能性の低い偶発事象に係る費用または損失
・寄附金または交際費等目的の支出の見込み

　インセンティブやペナルティーについては、発生の可能性の低い偶発事象に係る費用または損失に該当するものもあり得る。契約の内容等により法人税法上の変動対価に該当するものと該当しないものの両方があり得るため、時価の変動要素となるものであるか、別の要因によるものであるかを個別に判断する必要がある。

3　貸倒れまたは買戻しの可能性があるときの除外

　引渡しの時における価額または通常得べき対価の額は、貸倒れまたは買戻しの可能性がある場合においては、その可能性がないものとした場合の価額とする（法法22条の2第5項）。法人税法上これらを認めないのは、譲渡資産等の時価とは関係ない要素であると考えられるためである。

　ここでいう貸倒れは、収益認識適用指針の設例2の処理、すなわち回収可能性に問題があるときに収益を減額して計上する処理であり、レアケースである。また、買戻しは、設例11の返品権付取引の処理、すなわち返品の可能性を見積もり、取引対価の一部について返金負債を計上し、その額だけ収益を減額する処理である。なお、返品権付取引の会計処理と申告調整の実務については、「第4章　個別論点」の「Ⅱ　返品権付取引」を参照されたい。

　貸倒れの可能性がある場合に、収益を減額して計上する会計処理については、次の収益認識適用指針の設例2を参照されたい。

設例 対価が契約書の価格と異なる場合

1. 前提条件

(1) A社は、医薬品1,000個を1,000千円で、X国のB社（顧客）に販売する契約を締結した。X国は深刻な不況下にあり、A社は、これまでX国の企業との取引実績がないことから、B社から1,000千円全額は回収することができないと予想した。ただし、A社は、X国の経済は2年から3年で回復し、B社との関係がX国での潜在的な顧客との関係構築に役立つ可能性があると判断した。

(2) A社は、会計基準第19項(5)の要件に該当するかどうかを判定する際に、会計基準第47項及び本適用指針第24項(2)も考慮し、事実及び状況の評価に基づき、B社から対価の全額ではなく、その一部を回収することを見込んだ。したがって、A社は、取引価格は1,000千円（固定対価）ではなく変動対価であると判断し、当該変動対価として400千円に対する権利を得ると判断した。

(3) A社は、B社の対価を支払う意思と能力を考慮し、X国は不況下にあるが、B社から400千円を回収する可能性は高いと判断した。したがって、A社は、会計基準第19項(5)の要件が、変動対価の見積額400千円に基づいて満たされると判断した。さらに、A社は、契約条件並びに他の事実及び状況の評価に基づき、会計基準第19項における他の要件も満たされると判断した。

2. 会計処理

医薬品の販売時

（単位：千円）

（借）売掛金	400	（貸）売上高 [*1]	400

（*1） A社は、B社との契約について会計基準第19項の要件をすべて満たしていると判断したため、変動対価としてB社から回収する可能性が高いと見積った400千円の収益を認識する。

（出典：収益認識適用指針の設例より）

上記の設例のケースについては、次の申告調整が必要になる。別表5(1)

の調整項目600千円は、税効果会計における将来減算一時差異であると考えられる。翌期以降において600千円が回収された場合には、そのとき会計上計上された収益を別表４で減算することにより解消する。また、回収されなかった場合は、貸倒れの要件を満たすときは別表４の減算によりそのまま認容され、貸倒れの要件を満たしていないと判断されるときは、別表４の減算は認められず、別表５(1)にそのまま調整が残ると考えられる。

　なお、上記の取引について経済合理性に疑念がもたれる場合において、B社に対する寄附金の認定が行われる可能性があると考えられるが、ここではその点は考慮していない。

　繰延税金資産の回収可能性はあると判断され、法定実効税率を30％とする。

別表四　所得の金額の計算に関する明細書

区　　分	総　　額	処　　分	
		留　保	社外流出
	①	②	③
当期利益又は当期欠損の額			配　当
			その他
加算　売上計上もれ	600	600	
減算　法人税等調整額	180	180	

別表五㈠　利益積立金額及び資本金等の額の計算に関する明細書

Ⅰ　利益積立金額の計算に関する明細書				
区　　分	期首現在利益積立金額	当期の増減		差引翌期首現在利益積立金額①－②＋③
		減	増	
	①	②	③	④
積立金				

売掛金 （売上計上もれ）			600	600
繰延税金資産			△180	△180

 ## 法人税法上の益金の算入の時期

1　収益の計上時期

　資産の販売もしくは譲渡または役務の提供（以下「資産の販売等」という）に係る収益の額は、別段の定め[35]があるものを除き、その資産の販売等に係る目的物の引渡しまたは役務の提供の日の属する事業年度の所得の金額の計算上、益金の額に算入する（法法22条の２第１項）。

　また、資産の販売等に係る収益の額につき一般に公正妥当と認められる会計処理の基準に従って当該資産の販売等に係る契約の効力が生ずる日その他の第１項に規定する日に近接する日の属する事業年度の確定決算において収益として経理した場合には、別段の定めがあるものを除き[36]、当該事業年度の所得の金額の計算上、益金の額に算入する（同条２項）。

　法人税法22条の２第１項は、従来からの法人税法上の実現主義または権利確定主義の考え方を明確化したものと考えられる。法人税法上、「収益は、その実現があった時、すなわち、その収入すべき権利が確定したときの属する年度の益金に計上すべきものと考えられる」（最高裁平成５年11月25日第一小法廷判決）との判例がある。この「実現」や「権利の確定」につ

35　「別段の定め」は、具体的には、法人税法第61条（短期売買商品の譲渡損益及び時価評価損益）、第61条の２（有価証券の譲渡益又は譲渡損の益金又は損金算入）、第62条の５第２項（現物分配による資産の譲渡）、第63条（リース譲渡に係る収益及び費用の帰属事業年度）および第64条（工事の請負に係る収益及び費用の帰属事業年度）ならびに所得税法等の一部を改正する法律（平成30年法律第７号）附則第28条の規定によりなおその効力を有するものとされる同法第２条の規定による改正前の法人税法第63条（長期割賦販売等に係る収益及び費用の帰属事業年度）等が該当する。

36　ここでいう別段の定めの具体的範囲は、法人税法22条の２第１項における別段の定め（脚注35）と同様である。

いては、原則として、資産の販売または譲渡についてはその資産の引渡し
によると考えられ、また、請負については役務の提供の完了によるものと
考えられる。

　ただし、これと異なる時点であっても一般に公正妥当と認められる会計
処理の基準に従った処理の範囲内であればその時点で収益を認識すること
も認められると考えられる。そこで、法人税法22条の2第2項では、資産
の販売等に係る収益の額につき一般に公正妥当と認められる会計処理の基
準に従って当該資産の販売等に係る契約の効力が生ずる日その他の第1項
に規定する日に近接する日の属する事業年度の確定決算において収益とし
て経理した場合には、当該事業年度の所得の金額の計算上、益金の額に算
入するものと規定されている。ここでいう「一般に公正妥当と認められる
会計処理の基準」には、収益認識会計基準だけでなく、企業会計原則、個
別の会計基準、税務基準、判例等が広く包含されていると考えられる。

　資産の販売等に係る収益の認識時期について、従前からも、引渡しの日
または役務の提供の日以外の日において収益を認識する会計原則・会計慣
行があり、そのような会計原則・会計慣行（一般に公正妥当と認められる
会計処理の基準に該当するものに限る）に従って収益経理していた場合に
は法人税法の益金の額の認識時期についてもその経理に従うこととされて
いた。この従前の取扱いを維持するため、この規定が設けられたものであ
る。したがって、収益認識会計基準を適用しない場合の収益計上時期を従
来と変更するものではない。

　以上から、収益認識会計基準に基づく原則的な処理（検収日、作業結了
日等）は、認容されると考えられる。また、適用指針の代替的な取扱いを
適用して、例えば出荷日基準や着荷日基準等を適用した場合も、認められ
ると考えられる。また、同条第2項の規定から、公正処理基準に従って、
引渡し等の日に近接する日の属する事業年度の確定決算で収益経理するこ
とも認められるため、例えば契約効力発生日基準、仕切精算書到達日基準、
検針日基準なども、原則として、認められると考えられる（法基通2-1-2か

ら2-1-4)。ただし、大企業だけでなく、中小企業も包含して規定されているため収益認識会計基準を適用する企業には認められない処理も、ここには含まれる点に留意する必要がある。

引渡しの日には複数の収益計上時期があり得るところ、引渡しの日の中で法人が選択した収益計上時期の基準は継続して処理することが求められると考えられる[37]。

なお、割賦販売における割賦基準については、決済期日までの各回収期日はここでいう近接した日に該当しないため、一切認められない。

2 進捗度に応じた収益の計上

収益認識会計基準の適用対象となる取引に限り、一定の期間にわたり充足される履行義務について、進捗度（進捗度の見積方法としてインプット法またはアウトプット法）を合理的に見積もることができる場合に、進捗度に応じて収益計上する処理は、認められる[38]。

一定期間にわたり充足される履行義務であるかどうかの判定については、法人税基本通達2-1-21の4に収益認識会計基準と同様の要件が定められている。

履行義務が一定の期間にわたり充足されるものに係るその履行に着手した日の属する事業年度から引渡し等の日の属する事業年度の前事業年度までの各事業年度の所得の金額の計算上益金の額に算入する収益の額は、別に定めるものを除き、提供する役務につき通常得べき対価の額に相当する金額に当該各事業年度終了の時における履行義務の充足に係る進捗度を乗じて計算した金額から、当該各事業年度前の各事業年度の収益の額とされ

---

37 「一般に公正妥当と認められる会計処理の基準」は、継続性の原則を含むものと考えられるため、例えば同じ種類の取引について、期中の取引を引渡しの日に収益計上している法人が期末の取引のみを引渡しの日に近接する日に収益計上することは認められないものと考えられる。

38 法人税法64条1項（長期大規模工事の請負に係る収益及び費用の帰属事業年度）の規定の適用があるものおよび同条2項（長期大規模工事以外の工事の請負に係る収益及び費用の帰属事業年度））の規定の適用を受けるものは、それぞれの規定の適用を受けるため、除く。

た金額を控除した金額とする（法基通2-1-21の５）。

　上記の取扱いは、履行義務の充足に係る進捗度を合理的に見積もることができる場合に限り適用する（同通達の（注）１）。

　また、履行義務の充足に係る進捗度を合理的に見積もることができない場合においても、当該履行義務を充足する際に発生する原価の額を回収することが見込まれる場合には、当該履行義務の充足に係る進捗度を合理的に見積もることができることとなる時まで、履行義務を充足する際に発生する原価のうち回収することが見込まれる原価の額をもって当該事業年度の収益の額とする（同通達の（注）２）。履行義務の充足に係る進捗度を合理的に見積もることができない場合においても、当該履行義務を充足する際に発生する原価の額を回収することが見込まれる場合には、収益認識会計基準に定められている「原価回収基準」の適用が認められる。

　ただし、履行に着手した後の初期段階において、履行義務の充足に係る進捗度を合理的に見積もることができない場合には、その収益の額を益金の額に算入しないことができる（同通達の（注）３）。収益認識適用指針99項に定められている契約の初期段階に係る代替的な取扱いが認められることになる。

　法人税基本通達2-1-21の５における「履行義務の充足に係る進捗度」とは、役務の提供に係る原価の額の合計額のうちにその役務の提供のためにすでに要した原材料費、労務費その他の経費の額の合計額の占める割合その他の履行義務の進捗の度合を示すものとして合理的と認められるものに基づいて計算した割合をいう（法基通2-1-21の６）。

　清掃サービスなどの日常的または反復的なサービスの場合には、例えば、契約期間の全体のうち、当該事業年度終了の日までにすでに経過した期間の占める割合は、履行義務の進捗の度合を示すものとして合理的と認められるものに該当する（同通達の（注）１）。会計上も、経過期間に基づいて進捗度を見積もることが考えられ、そのまま認容されると考えられる。

　すでに要した原材料費、労務費その他の経費の額のうちに、履行義務の

充足に係る進捗度に寄与しないものまたは比例しないものがある場合には、その金額を進捗度の見積りには反映させないことができる（同通達の(注)2）。これも、収益認識会計基準の取扱いと同様である。

3　長期割賦販売等に係る延払基準の廃止と経過措置

　会計上、割賦販売における割賦基準に基づく収益認識は認められないこととされたが、法人税法上も、割賦販売における回収日は、先の第2項の近接する日に該当しないということになるため、認められない。平成30年度税制改正により、一定の経過措置が講じられたうえで廃止が決定された[39]。

　すなわち、平成30年4月1日前に長期割賦販売等に該当する資産の販売等を行った法人について[40]、令和5年3月31日までに開始する各事業年度について延払基準により収益の額および費用の額を計算することができることとするとともに、平成30年4月1日以後に終了する事業年度において延払基準の適用をやめた場合の繰延割賦利益額を10年均等で収益計上する等の経過措置が講じられた（改正法附則28条1項、2項）[41]。

　平成30年4月1日以後に終了するいずれの事業年度で延払基準の適用をやめるかは任意であるが、収益認識会計基準を強制適用どおり適用する企業の場合は、令和3年4月1日以後に最初に開始する事業年度でやめることとなる。いつの事業年度でやめた場合でも、そのやめた時点で残ってい

39　対象となる資産の販売等がリース譲渡（法法64条の2第3項に規定するリース資産の引渡し）に限定された（法法63条、法令124条から128条、旧法令127条）。これにより、リース譲渡を除き、原則として、長期割賦販売等に該当する資産の販売等をした場合は、その資産の販売等に係る目的物の引渡しまたは役務の提供の日の属する事業年度において、その資産の販売等に係る収益の額および費用の額を益金の額および損金の額に算入する。

40　平成30年4月1日前に1度でも長期割賦販売等に該当する特定資産の販売等を行っていれば、その資産の販売等につき延払基準の適用を受けたかどうかにかかわらず、その法人は経過措置の対象となる。

41　10年均等で計上するのは、未計上収益額がその資産に係る未計上費用額を超えるときである。「未計上収益額」および「未計上費用額」とは、その長期割賦販売等に該当する特定資産の販売等に係る収益の額および費用の額から、延払基準による経理をしなかった事業年度開始の日前に開始した各事業年度の所得の金額の計算上益金の額および損金の額に算入されるものを除いたものをいう。

る繰延割賦利益額を10年均等で収益計上することになる。ただし、収益認識会計基準を適用する企業の場合は、損益に影響させてはいけないため、申告調整により所得の金額に反映することになる点に留意が必要である。

　なお、申告調整の方法については、「第３章　適用上の５つのステップ」の「Ⅴ　履行義務の充足時における収益の認識」の「７履行義務の充足時における収益の認識に係る法人税法上の取扱い」の「(4)長期割賦販売等に係る延払基準の廃止と経過措置」の箇所を参照されたい。

 # 収益の計上単位

1　収益の計上単位の取扱い

　資産の販売もしくは譲渡または役務の提供（収益認識会計基準の適用対象となる取引に限る。以下この節において「資産の販売等」という）に係る収益の額は、原則として個々の契約ごとに計上する。ただし、次に掲げる場合に該当する場合には、それぞれ次に定めるところにより区分した単位ごとにその収益の額を計上することができるものとされている（法基通2-1-1）。法人税基本通達の「第２章　収益並びに費用及び損失の計算」の「第１節　収益等の計上に関する通則」（法基通2-1-1から2-1-49）において、「資産の販売等」と記載されている取扱は、収益認識会計基準の適用対象となる取引に限られるとされている点に留意する必要がある。

(1)　同一の相手方およびこれとの間に支配関係その他これに準ずる関係のある者と同時期に締結した複数の契約について、当該複数の契約において約束した資産の販売等を組み合わせて初めて単一の履行義務となる場合	当該複数の契約による資産の販売等の組合せ
(2)　一の契約の中に複数の履行義務が含まれている場合	それぞれの履行義務に係る資産の販売等

　また、同一の相手方およびこれとの間に支配関係その他これに準ずる関

係のある者と同時期に締結した複数の契約について、次のいずれかに該当
する場合には、当該複数の契約を結合したものを一の契約とみなして上記
の(2)を適用する。

・当該複数の契約が同一の商業目的を有するものとして交渉されたこ
　と
・一の契約において支払を受ける対価の額が、他の契約の価格または
　履行により影響を受けること

　上記の(1)の契約が複数に分かれていても、履行義務としてみた場合に1
つである場合に、契約を結合した単位が収益認識の単位となる取扱い、上
記の(2)の1つの契約の中に複数の履行義務が含まれている場合に、それぞ
れの履行義務を収益認識の単位とする取扱いがいずれも、法人税法上認め
られる点が明らかにされている。

　また、同一の顧客との間で、同時またはほぼ同時に締結された複数の契
約で、一定の要件を満たすものについて複数の契約を結合する取扱いにつ
いても、法人税法上認められる。

　上記の内容から、収益認識会計基準を適用した場合、契約の結合や履行
義務の識別により区分した実質的な取引の単位を収益計上の単位とする会
計上の取扱いが、法人税法上も認められることになる。

契約の結合の例

契約（例）設計　取引価格
契約（例）開発　取引価格　→　取引価格　契約（例）システム開発

履行義務の識別の例

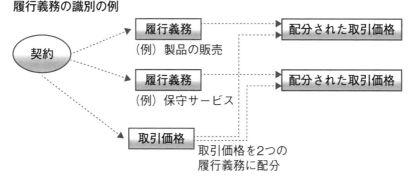

なお、請負工事が長期大規模工事に該当し、工事進行基準が強制になる
かどうかについて、その区分された単位で判定する（法基通2-4-15（注））。

2　機械設備等の販売に伴い据付工事を行った場合の収益の計上の単位

　法人が機械設備等の販売をしたことに伴いその据付工事を行った場合
（法人税法64条1項（長期大規模工事の請負に係る収益及び費用の帰属事
業年度）の規定の適用がある場合および同条2項（長期大規模工事以外の
工事の請負に係る収益及び費用の帰属事業年度）の規定の適用を受ける場
合を除く）において、その据付工事が相当の規模のものであり、かつ、契
約その他に基づいて機械設備等の販売に係る対価の額とその据付工事に係
る対価の額とを合理的に区分することができるときは、前項の法人税基本
通達2-1-1ただし書(2)[42]に掲げる場合に該当するかどうかにかかわらず、そ
の区分した単位ごとにその収益の額を計上することができる（法基通2-1-1
の2）。旧法人税基本通達2-1-10の取扱いを実質的に存続するという意味で
ある。

　要するに、機械設備等の販売と据付工事が1つの履行義務であると判断
される場合であっても、法人税法上は、その区分した単位ごとにその収益
の額を計上することができる。

42　一の契約の中に複数の履行義務が含まれている場合に、それぞれの履行義務に係る資産の
　販売等を収益計上の単位とすることを認める取扱いである。

　なお、この取扱いは強制ではない。収益認識会計基準を適用する法人の場合は、1つの契約に2つの履行義務が含まれていると判断されるときはそれぞれの履行義務単位で収益を認識することになるし、1つの契約全体が単一の履行義務であると判断されるときは契約単位で収益認識することになる。

3　保証の取扱い

　財またはサービスに対する保証が合意された仕様に従って機能することの保証である場合、企業会計原則注解（注18）に定める引当金（製品保証引当金等）として処理し、また、顧客にサービスを提供する保証である場合、当該保証を履行義務として識別する取扱いについては、次の通達が公表されている。すなわち、法人が資産の販売等に伴いその販売もしくは譲渡する資産または提供する役務に対する保証を行った場合において、当該保証がその資産または役務が合意された仕様に従っているという保証のみであるときは、当該保証は当該資産の販売等とは別の取引の単位として収益の額を計上することにはならない（法基通2-1-1の3）。

　要するに、合意された仕様に従って機能することの保証であるときは、会計上、独立した履行義務とはせず、製品保証引当金等の対象とするが、税務上も独立した履行義務とはしない。ただし、製品保証引当金等は、税務上認められないため、製品保証引当金については、従来どおり申告調整を行うことになる。

　一方、顧客にサービスを提供する保証である場合、当該保証を履行義務として識別する取扱いについては、税務上も同様に別個の履行義務として識別し、会計と同様に、履行義務が充足される時に収益を認識することになる。

ポイント制度その他の個別論点

1　ポイント制度

⑴　自社ポイントに係る法人税法上の要件

　重要な権利を付与するものとして次の⑴から⑷のすべての要件を満たすものについて、継続適用を条件として、自己発行ポイントについて、当初の資産の販売等とは別の取引に係る収入の一部または全部の前受けとすることが、認容される（法基通2-1-1の7）。4つの要件をすべて満たす場合に、収益認識会計基準に基づく会計処理が認められる。

ポイントにつき収益の繰延が認められる要件

⑴　その付与したポイントが当初資産の販売等の契約を締結しなければ相手方が受け取れない重要な権利を与えるものであること

⑵　その付与したポイントが発行年度ごとに区分して管理されていること

⑶　法人が付与したポイントに関する権利につきその有効期限が経過したこと、規約その他の契約で定める違反事項に相手方が抵触したことその他の当該法人の責に帰さないやむを得ない事情があること以外の理由により一方的に失わせることができないことが規約その他の契約において明らかにされていること

⑷　次のいずれかの要件を満たすこと

　①　その付与したポイントの呈示があった場合に値引き等をする金額が明らかにされており、かつ、将来の資産の販売等に際して、たとえ1ポイントまたは1枚のクーポンの呈示があっても値引き等をすることとされていること[43]

　②　その付与したポイントが当該法人以外の者が運営するポイント

> または自ら運営する他のポイントで、①に該当するものと所定の
> 交換比率により交換できることとされていること

　上記のような要件が付されているのは、法人税法上、債務確定基準との
関係から、一定の債務性が確保されていることを条件にせざるを得ないた
めである。ただし、要件としては、比較的ハードルが低い内容であると思
われる。

(2)　各要件の内容

　上記の(1)の要件は、会計上、ポイントを独立した履行義務として識別す
るための要件であり、収益認識会計基準における自社ポイントの会計処理
を適用する上での要件であるため、問題ないと考えられる。会計上も、商
品やサービスの提供に付随して付与されるものであり（当初資産の販売等
の契約を締結しなければ相手方が受け取れないものであり）、かつ、重要
な権利を顧客に提供すると判断される場合に、ポイント部分が別個の履行
義務として識別される。

　(2)の発行年度ごとの区分管理は、通常行われている場合が多いと考えら
れる。また、法人税法上、未行使のポイントについて、商品券の取扱いに
準じた取扱いが適用されることとなり（法基通2-1-39の3）。原則として、
発行の日から10年が経過した日の属する事業年度において、未行使部分に
係る対価の額のうち益金の額に算入されていない残額を一括して益金算入
するものとされた。従来の足掛け5年基準から、10年経過日基準に見直さ
れたものである。したがって、この要件を満たさないわけにいかないもの
と考えられる。

　(3)のポイントに関する権利につきその有効期限が経過したこと、規約そ

43　一定単位数等に達しないと値引き等の対象にならないもの、割引券（将来の資産の販売等
　の対価の額の一定割合を割り引くことを約する証票をいう）およびいわゆるスタンプカード
　のようなものは上記①の要件を満たす自己発行ポイント等には該当しない（法基通2-1-1の7
　(4)イの（注））。

の他の契約で定める違反事項に相手方が抵触したことその他の当該法人の責に帰さないやむを得ない事情があること以外の理由により一方的に失わせることができないことが規約その他の契約において明らかにされていることについても、ポイントの失効について、有効期限の経過等の法人の責に帰さないやむを得ない事情があることに限定されていることが規約等から明らかであれば、問題ないと考えられる。すなわち、ポイントの規約においてポイントの没収条項が定められているのが通常であるが、没収条項が有効期限の経過、顧客の違反事項への抵触のような法人の責に帰さないやむを得ない事情に限定されていれば問題ないし、もし没収条項がそのようになっておらず、要件を満たさない内容であった場合は、規約の改正を行い、要件を満たすようにする対応も考えられる。

　上記の(4)の要件を満たせるのかどうかが重要なポイントになると考えられる。ポイント制度が①の要件である「1ポイントまたは1枚のクーポンの呈示があっても値引き等をすることとされていること」になっていないケースも少なくないと思われるが、この要件を満たすためにそのような制度内容に規約を改正するのかどうかが、検討課題になると思われる。ただし、そのポイント制度がたとえ①の要件を満たしていなくても、そのポイント制度が1ポイントまたは1枚のクーポンの呈示があっても値引き等をする他社ポイントまたは自社の他のポイントと所定の交換比率により交換できることとされていれば②の要件を満たすため、これによって結果的に(4)の要件を満たすことも考えられる。そのようなポイント制度も決して少なくないと考えられる。これについては、1枚の呈示があっても使用できる商品券と所定の交換比率で交換されるポイント制度も要件を満たすことになる。商品券は①でいうクーポンに該当するからである。

(3)　未行使のポイントの取扱い（10年経過日事業年度における益金算入）

　すでに説明したように、未行使のポイントについては、商品券の取扱いに準じた取扱いが適用される（法基通2-1-39の3）。すなわち、原則として、

10年経過日の属する事業年度において、未行使部分に係る対価の額のうち益金の額に算入されていない残額を一括して益金算入する。これについては、収益認識会計基準にそのような取扱いは直接ないため、申告調整（別表4に加算・留保の調整）により対応することが考えられる。

(4)　他社ポイントに係る法人税の取扱い

　他社ポイントを付与した場合、他社に対する支払義務を負うことになる。この支払義務については、顧客が付与されたポイントを使用しなかった場合でも免れるわけではない。したがって、法人税法上、債務確定基準に照らして、損金算入が認められると考えられる。損金経理要件が課されるものではないため、会計上、売上を減額する処理をした場合であっても、法人税法上そのまま認容されると考えられる。

2　商品券等

(1)　商品券等の発行に係る収益の帰属の時期

　平成30年の法人税基本通達の改正前は、商品券の発行時に収益計上することを原則としつつ、所轄税務署長の確認を条件に商品引換え時に収益を計上することを認める取扱いであったが、改正後は、商品の引渡しまたは役務の提供に応じて（商品引換え時）に収益を計上することが定められた。所轄税務署長の確認は不要である。ただし、商品引換券等の発行から10年を経過した日（同日前に一定の事実が生じた場合は、当該事実が生じた日）の属する事業年度において、益金算入されていない残額を一括益金算入する。

　商品券等の発行の対価の額は、商品の引渡しに応じて、その商品の引渡しのあった事業年度において益金算入する点は、収益認識会計基準の取扱いと同様である。なお、商品の引渡しに応じて益金算入する場合は、従来、所轄税務署長の確認が必要であったが、確認は不要と改められた。

　また、その商品引換券等の発行の日から10年が経過した日の属する事業

年度終了の時において商品の引渡し等を完了していない商品引換券等がある場合には、当該商品引換券等に係る対価の額を当該事業年度の益金の額に算入するとされている（法基通2-1-39の前段）。

　平成30年法人税基本通達の改正により、発行の日から10年を経過した日の属する事業年度終了の時において未引換えの商品券等については、一括益金算入するものとされたものである。ただし、後で説明する非行使部分について、権利行使のパターンと比例的に収益計上した部分については、すでに収益を計上済であるため、一括益金算入額から除かなければならない。発行の日から10年を経過した日の属する事業年度終了の時において未引換えの商品券等について一括益金算入する処理は、法人税法上の取扱いであるため、原則として、申告書別表4において加算（留保）の調整を行うことが考えられる。

　なお、その商品引換券等の発行の日から10年が経過した日前に次に掲げる事実が生じた場合には、その生じた日の属する事業年度の益金の額に算入する（同通達の後段）。

10年経過日前に発生した場合に益金算入すべき事実

① 　法人が発行した商品引換券等をその発行に係る事業年度ごとに区分して管理しないことまたは管理しなくなったこと
　　商品引換券等を発行事業年度ごとに区分して管理しない場合には、商品引換券等を発行した時に収益計上しなければならない。この場合に、引き換えられる商品の原価を費用として見積計上することが認められる（法基通2-2-11）。見積りの方法については、法人税基本通達2-2-11を参照されたい。
② 　その商品引換券等の有効期限が到来すること
　　百貨店やスーパーが発行する商品券には、有効期限がないのが通常である。

③　法人が継続して収益計上を行うこととしている基準に達したこと
　　例えば、発行日から一定年数が経過したこと、商品引換券等の発行総数に占める未引換券の数の割合が一定割合になったことその他の合理的に定められた基準のうち法人が予め定めたもの（会計処理方針その他のものによって明らかとなっているものに限る）がこれに該当する。

(2)　非行使部分に係る収益の帰属の時期

　非行使部分の金額について、顧客による権利行使のパターンと比例的に収益を認識する会計処理が、法人税法上認められるのかどうかが重要なポイントである。この点については、一定の要件を満たす場合に、認められるとされた。非行使部分に係る収益認識会計基準ベースの会計処理が、法人税法上も、原則として認められる。

　すなわち、法人が商品引換券等を発行するとともにその対価の支払を受ける場合において、その商品引換券等に係る権利のうち相手方が行使しないと見込まれる部分の金額（非行使部分）があるときは、その商品引換券等の発行の日から10年経過日等の属する事業年度までの各事業年度においては、当該非行使部分に係る対価の額に権利行使割合（相手方が行使すると見込まれる部分の金額のうちに実際に行使された金額の占める割合をいう）を乗じて得た金額からすでにこの取扱いに基づき益金の額に算入された金額を控除する方法その他のこれに準じた合理的な方法に基づき計算された金額を益金の額に算入することができる（法基通2-1-39の2本文）。

　非行使部分の見積りを行う場合には、過去における権利の不行使の実績を基礎とする等合理的な方法により見積もられたものであることおよびその算定の根拠となる書類を保存していることを要する（同通達の（注）1）。

　10年経過日等の属する事業年度において、非行使部分に係る対価の額のうち本文により益金の額に算入されていない残額を益金の額に算入するこ

ととなることに留意する（同通達の（注）２）。

　過去の不行使実績等合理的な方法により見積もられていることと、その算定の根拠となる書類の保存が要件である。

　収益認識会計基準では、非行使部分について将来において権利を得ると見込む場合に、当該非行使部分の金額について、顧客による権利行使のパターンと比例的に収益を認識するとされているが、法人税においても同様の処理が認められる。ただし、法人税法上は、原則ではなく、あくまでも特例として認める建付けになっている。

⑶　発行年度ごとの区分管理とは

　「商品引換券等をその発行に係る事業年度ごとに区分して管理する」とは、原則として、個別管理を行うことが前提になるが、実際には極めて膨大な数量にのぼる商品引換券等について厳密な個別管理をすることは必ずしも容易ではない。そこで、例えば回収された商品引換券等について、適正規模でサンプリング調査を行い、その結果に基づく発行年度別回収率を用いて年度別管理を行うといった弾力的な取扱いも認められるものと考えられる[44]。

⑷　商品引換券等の発行時に収益計上することの可否

　収益認識会計基準を適用しない法人が、従来どおり商品引換券等の発行時に益金算入する処理が可能であるかどうかが論点になる。法人税基本通達において10年経過日前に発生した場合に益金算入すべき事実として３つが示されているが、そのうちの「③法人が継続して収益計上を行うこととしている基準に達したこと」として、法人が商品引換券等の発行日をこの基準として定める場合には、それが認められる。その場合は、旧法人税基本通達2-1-39に定められていた原則的な取扱いと同様になる。

　また、同一の法人が数種の商品引換券等を発行している場合には、その

44　佐藤友一郎編著「九訂版　法人税基本通達逐条解説」税務研究会出版局、P242からP243。

種類ごとに区分管理を行うか行わないかを選択すること、先の基準の内容を異にすることも認められると考えられる[45]。

3 重要な金融要素

　法人が資産の販売等を行った場合において、次の(1)に掲げる額および次の(2)に掲げる事実ならびにその他のこれらに関連するすべての事実および状況を総合的に勘案して、当該資産の販売等に係る契約に金銭の貸付けに準じた取引が含まれていると認められるときは、継続適用を条件として、当該取引に係る利息相当額を当該資産の販売等に係る収益の額に含めないことができる。

(1)　資産の販売等に係る契約の対価の額と現金販売価格（資産の販売等と同時にその対価の全額の支払を受ける場合の価格をいう）との差額

　　その差額が多いほど、金銭の貸付けに準じた取引が含まれている可能性は高いと考えられる。

(2)　資産の販売等に係る目的物の引渡しまたは役務の提供をしてから相手方が当該資産の販売等に係る対価の支払を行うまでの予想される期間および市場金利の影響

　　その予想される期間が長いほど、金銭の貸付けに準じた取引が含まれている可能性は高いと考えられる。市場金利の影響も加味して判断される。

　(1)および(2)を含む、関連するすべての事実および状況を総合的に勘案して重要性を判断する取扱いは、収益認識適用指針27項と実質同様であるため、重要であると判断されるものについて金利の調整を行う処理を継続適用することで、継続適用の条件を満たすことになるため、会計処理と法人税の処理は一致する。

45　佐藤友一郎編著「九訂版　法人税基本通達逐条解説」税務研究会出版局、P243。

重要であると判断されるものについて、対価の額に含まれる金利相当分の影響を調整する処理を継続適用する限り、法人税法上認容されると考えられる。

4　顧客に支払われる対価の額

顧客に支払われる対価は、顧客から受領する別個の財またはサービスと交換に支払われるものである場合を除き、取引価格から減額する。顧客に支払われる対価に変動対価が含まれる場合には、取引価格の見積りを、変動対価のルール（収益認識会計基準50項から54項）に従って行う（収益認識会計基準63項）。

法人税法上、資産の販売等に係る契約において、いわゆるキャッシュ・バックのように相手方に対価が支払われることが条件となっている場合には、次に掲げる日のうちいずれか遅い日の属する事業年度においてその対価の額に相当する金額を当該事業年度の収益の額から減額する（法基通2-1-1の16）。

(1)　その支払う対価に関連する資産の販売等に係る法第22条の2第1項に規定する日または同条第2項に規定する近接する日

(2)　その対価を支払う日またはその支払を約する日

顧客に支払われる対価の額を収益の額から減額する処理は、収益認識会計基準の取扱いと実質同様である。また、減額する時点についても、(1)または(2)の日のうちいずれか遅い時点を基準とする点で、会計と同じである。

ただし、「契約において相手方に対価が支払われることが条件となっている場合」とされており、金額の算定基準、算定方法などが当事者間で合意されていて、支払う金額が算定可能である場合に認められる取扱いであると考えられる。変動対価の取扱い（法基通2-1-1の11）に掲げる要件が直接適用されるわけではないが、決して無条件で認められるものではない点に留意する必要がある。

5　ライセンス契約

(1)　アクセス権と使用権の区別

　知的財産のライセンスの供与に係る収益の額については、次に掲げる知的財産のライセンスの性質に応じ、それぞれ次に定める取引に該当するものとして、①については履行義務の充足に応じて一定の期間にわたり収益の額を認識し、②については履行義務が充足される一時点で収益の額を認識する（法基通2-1-30）。

①　ライセンス期間にわたり存在する法人の知的財産にアクセスする権利	履行義務が一定の期間にわたり充足されるもの
②　ライセンスが供与される時点で存在する法人の知的財産を使用する権利	履行義務が一時点で充足されるもの

　ライセンス期間にわたり存続する法人の知的財産にアクセスする権利（アクセス権）に該当する場合は、契約開始日から契約終了日までの期間において履行義務が充足されていくそれぞれの日が役務の提供の日に該当し、それぞれの日に収益計上を行う（法基通2-1-21の2）。

　一方、ライセンスが供与される時点で存在する法人の知的財産を使用する権利に該当する場合は、その使用を許諾した日が役務の提供の日に該当し、その日に一時の収益として計上する。

　なお、ライセンスを供与する約束と他の財またはサービスを移転する約束が区分できない場合の取扱いが直接示されていないが、収益認識会計基準と同様に取り扱われると考えられる。すなわち、ライセンスを供与する約束と当該他の財またはサービスを移転する約束が区分できないときは、両者を一括して単一の履行義務として処理し、一定の期間にわたり充足される履行義務か、一時点で充足される履行義務かを判定することになると考えられる（法基通2-1-21の2、2-1-21の3）。

　なお、他の財またはサービスを移転する約束と区分できるか否かについては、履行義務の識別要件に従って判断することはいうまでもない。

(2)　工業所有権等の実施権の設定に係る対価の例外的な取扱い

　工業所有権等（特許権、実用新案権、意匠権、商標権またはこれらの権利に係る出願権、実施権）の実施権の設定により受ける対価（使用料を除く）の額については、法人が次に掲げる日において収益計上を行っている場合には、履行義務が一定の期間にわたり充足されるものに係る収益の帰属の時期（法基通2-1-21の２）および履行義務が一時点で充足されるものに係る収益の帰属の時期（法基通2-1-21の３）の取扱いにかかわらず、次に掲げる日はその実施権の設定に係る役務の提供の日に近接する日（法法22条の２第２項）に該当するものとして認められる（法基通2-1-30の２）。

・その設定に関する契約の効力発生の日

・その設定の効力が登録により生ずることとなっている場合におけるその
　登録の日

　本通達の取扱いによる場合には、履行義務が一定の期間にわたり充足されるものに係る収益の帰属の時期（法基通2-1-21の２）および履行義務が一時点で充足されるものに係る収益の帰属の時期（法基通2-1-21の３）の取扱いに優先するという意味である。したがって、収益認識会計基準を適用する法人においては、法人税基本通達2-1-21の２または法人税基本通達2-1-21の３を適用することになると考えられるため、本通達の取扱いは適用しないことが考えられる。

　また、工業所有権等またはノウハウの使用料等について、法人が継続して契約によりその使用料の額の支払を受けることとなっている日において収益計上を行っている場合には、その支払を受けることとなっている日はその役務の提供の日に近接する日（法法22条の２第２項）に該当するものとして認められる。

　さらに、ノウハウの設定契約に際して支払を受ける一時金または頭金（返金不要なものを除く）に係る収益の額は、履行義務が一定の期間にわたり充足されるものに係る収益の帰属の時期（法基通2-1-21の２）および履行義務が一時点で充足されるものに係る収益の帰属の時期（法基通2-1-21の

3）の取扱いにかかわらず、ノウハウの開示を完了した日に収益計上することが認められる。ただし、ノウハウの開示が2回以上にわたって分割して行われ、かつ、その設定契約に際して支払を受ける一時金または頭金の支払がほぼこれに見合って分割して行われることとなっている場合（法基通2-1-1の6本文の取扱いを適用した場合）には、その開示をした部分に区分した単位ごとにその収益の額を計上することも認められる（法基通2-1-30の3）。

　本通達の取扱いを適用する場合には、履行義務が一定の期間にわたり充足されるものに係る収益の帰属の時期（法基通2-1-21の2）および履行義務が一時点で充足されるものに係る収益の帰属の時期（法基通2-1-21の3）の取扱いに優先するという意味である点は、先と同様である。

⑶　売上高または使用量に基づく使用料の取扱い

　ライセンスの性質に応じて、一定の期間にわたり充足される履行義務と一時点で充足される履行義務の2つのパターンとなり、それに応じた収益認識がされる取扱いは、会計と同様である。

　知的財産のライセンスの供与に対して受け取る売上高または使用量に基づく使用料が知的財産のライセンスのみに関連している場合または当該使用料において知的財産のライセンスが主な項目である場合には、変動対価の取扱い（法基通2-1-1-の11）は適用せず、履行義務が一定の期間にわたり充足されるものに係る収益の帰属の時期（法基通2-1-21の2）および履行義務が一時点で充足されるものに係る収益の帰属の時期（法基通2-1-21の3）の取扱いにかかわらず、次に掲げる日のうちいずれか遅い日の属する事業年度において当該使用料についての収益の額を益金の額に算入する（法基通2-1-30の4）。

①知的財産のライセンスに関連して相手方が売上高を計上する日または は相手方が知的財産のライセンスを使用する日

②当該使用料に係る役務の全部または一部が完了する日

　この取扱いも、収益認識適用指針67項と実質同様の取扱いである。

　ただし、工業所有権等（特許権、実用新案権、意匠権、商標権またはこれらの権利に係る出願権、実施権）またはノウハウの使用料については、当分の間、その額が確定した時に収益計上することが認められる（平成30年改正法基通経過的取扱い⑷）。

　なお、工業所有権等またはノウハウの使用料については、継続適用を条件として、その支払を受けることとなっている日に収益計上することも認められる（法基通2-1-30の５）。

6　顧客からの返金が不要な支払

⑴　返金不要な支払を受ける場合

　法人が、資産の販売等に係る取引を開始するに際して、相手方から中途解約のいかんにかかわらず取引の開始当初から返金が不要な支払を受ける場合には、原則としてその取引の開始の日の属する事業年度の益金の額に算入する。

　ただし、当該返金が不要な支払が、契約の特定期間における役務の提供ごとに、それと具体的な対応関係をもって発生する対価の前受けと認められる場合において、その支払を当該役務の提供の対価として、継続して当該特定期間の経過に応じてその収益の額を益金の額に算入しているときは、これが認められる（法基通2-1-40の２）。

　本文の「返金が不要な支払」には、例えば、次のようなものが該当する（同通達の（注））。

①　工業所有権等の実施権の設定の対価として支払を受ける一時金

②　ノウハウの設定契約に際して支払を受ける一時金または頭金

③　技術役務の提供に係る契約に関連してその着手費用に充当する目

　的で相手方から収受する仕度金、着手金等のうち、後日精算して剰
　余金があれば返還することとなっているもの以外のもの
④　スポーツクラブの会員契約に際して支払を受ける入会金

　法人税法上、顧客から返金不要な支払を受ける場合、その取引の開始の
日の属する事業年度の益金の額に算入することを原則とする。ただし書き
に該当する場合（契約の特定期間における役務の提供ごとに、それと具体
的な対応関係をもって発生する対価の前受けと認められる場合）は、収益
認識会計基準と同様の処理、すなわち収益を一括認識しないで、一定の期
間にわたり認識することが認められる。

　「具体的な対応関係をもって発生する対価の前受け」と認められるため
には、契約書や約款等において、いつからいつまでの間のどのような内容
の役務の提供の対価として支払われる（前払い）対価であるか具体的に示
されている必要がある[46]。具体的な対応関係があるかどうかについて、事
前の検討が必要である。「第8章　顧客からの返金が不要な支払」に示さ
れた設例の会員期間にわたってジムの使用を非会員よりも低額で提供する
履行義務のようなケースについては、スポーツクラブの利用料の前受部分
が、契約や約款等において、会員期間にわたって非会員よりも低額で利用
できるサービスを提供することに対する対価であることが具体的に示され
ている場合、会員期間にわたって収益計上する処理が認められると考えら
れる。

(2)　礼金等の取扱い

　資産の賃貸借契約等に基づいて保証金、敷金等として受け入れた金額（賃
貸借の開始当初から返還が不要なものを除く）であっても、期間の経過そ
の他当該賃貸借契約等の終了前における一定の事由の発生により返還しな
いこととなる部分の金額は、その返還しないこととなった日の属する事業

46　佐藤友一郎編著「九訂版　法人税基本通達逐条解説」税務研究会出版局、P 252からP 253。

年度の益金の額に算入するとされているが（法基通2-1-41）、「賃貸借の開始当初から返還が不要なものを除く」とされている点に留意が必要である。

礼金や更新料が賃貸借の開始当初から返還不要であった場合、法人税法上は、原則どおり取引の開始日に収益計上することになる。契約の特定期間における役務の提供ごとに、それと具体的な対応関係をもって発生する対価の前受けと認められる場合に該当すると判断することは困難であると考えられる。将来に収益の計上を繰り延べることは、基本的に認められないと考えられる。

7　本人取引と代理人取引

総額表示か純額表示かで、法人税法上の課税所得は変わらない。また、本人であっても代理人であっても、履行義務の充足のタイミングも変わらないと考えられる。したがって、法人税法上、会計処理がそのまま認容されることになり、申告調整は必要ないと考えられる。

ただし、法人税法上、売上金額が基準とされている制度がいくつかある点に留意する必要がある。例えば、試験研究費の税額控除制度において、当期の試験研究費の当期および過去3期の売上金額の平均額に占める割合に基づいて、税額控除率および税額控除上限額の割増制度の適用を受けることができるかどうかを判断する取扱いもある。

したがって、法人税にまったく影響がないというわけではない。この点、財またはサービスを手配しているだけの立場であり、代理人であると判断される場合は、法人税法上も、資産の譲渡ではなく、役務提供に係る収益としてとらえるという考え方は採り得ると考えられる。

なお、消費税法上は、消化仕入取引において、代理人取引と判断される場合であっても、課税資産の譲渡等の対価の額を課税標準とする取扱いになるため、売上と仕入のそれぞれについて対価の収受がされている場合は、課税売上げと課税仕入れをそれぞれ認識することになる点に留意する必要がある。次章の「Ⅵ　消化仕入れ」の設例を参照されたい。

第10章
消費税の処理に係る実務上の対応（会計、法人税との乖離の問題）

　法人税法については、収益認識会計基準に合わせられる範囲で一定の対応が図られたと考えられる。実質的な取引の単位をとらえたうえで、履行義務の充足により収益を認識するという考え方は、法人税法上の実現主義または権利確定主義の考え方と齟齬をきたすものではない。そのため、原則として、収益認識会計基準の考え方が取り込まれている。ただし、過度に保守的な会計処理や恣意的な見積りが可能な会計処理については、公平な所得計算の観点から問題があるため、税独自の取扱いが定められている点にも留意する必要がある。

　一方、消費税の取扱いについては、特段の改正はなく、従来どおりの取扱いとなる。消費税法上の消費税の税額計算の基礎となる課税標準の額は、課税資産の譲渡等の対価の額と規定されており、課税資産の譲渡等の対価の額は、対価として収受するまたは収受すべき一切の金銭および金銭以外の物、もしくは権利その他経済的な利益の額とされている。課税資産の譲渡等の対価の額とは、消費税額等を含まないのであるが、この場合の「収受すべき」とは、別に定めるものを除き、その課税資産の譲渡等を行った場合の当該課税資産等の価額をいうのではなく、その譲渡等に係る当事者間で授受することとした対価の額をいう点に留意する必要がある（消基通10-1-1）。

　収益認識会計基準に対応する消費税法の改正はないため、会計および法人税の取扱いと消費税の取扱いは、連動しない面が生じる。

　平成30年5月に国税庁から「収益認識基準による場合の取扱いの例」が

公表されており、消費税の取扱いに関して特に留意すべきものとして次の6つの取引例が示されている。

① ポイント

② 重要な金融要素

③ 変動対価

④ 返品権付取引

⑤ 商品券等

⑥ 消化仕入れ

　以下、上記のそれぞれの項目について、設例を用いて、会計、法人税および消費税の関係を説明する。

　なお、会計・法人税および消費税が連動しないと考えられる取引は、上記に限定されるわけではない。例えば、顧客から返金不要な支払を受けたときに、会計および法人税では収益を繰り延べる処理が適用される場面が生じるが、消費税においては課税資産の譲渡等の対価として収受された段階で、すなわち現にその支払を受けたときに一時に課税がされると考えられる。

　また、会計および法人税では、財またはサービスの販売においてサービスを提供する保証が含まれるときは、サービスを提供する保証を別個の履行義務として、取引価格を財またはサービスの販売とサービスを提供する保証という2つの履行義務に、それぞれの独立販売価格の比率に基づいて配分する。消費税法上、サービスを提供する保証について、資産の譲渡等の対価として収受されたまたは収受されるべき金額を課税標準として取り扱うことになると考えられる。取引価格を財またはサービスの対価と保証サービスの対価に配分するという考え方はない。いったん売上を計上し仮受消費税等を認識し、修正仕訳により売上から契約負債に振り替えるような実務上の工夫が必要になると考えられる。

　ただし、メーカー保証とは別に家電量販店が行う保証サービスの場合のように、保証料の対価の額が財またはサービスの対価の額と明確に区分し

て授受されるような場合は、区分して取り扱うことは問題ないと考えられる。

 # ポイント

　ポイント制度等において、当該ポイントが重要な権利を顧客に提供すると判断される場合、当該ポイント部分について履行義務として識別し、収益の計上が繰り延べられる。この場合、顧客に付与するポイントについての引当処理は認められないことになる。法人税法上は、一定の要件を満たすことにより、会計処理が認容される。

　以下の設例により、会計、法人税および消費税の関係を確認していただきたい。

設例　自社ポイントの会計処理

前提条件

　顧客に対して税込みの販売額に対して5％のポイントを付与し、次の買い物から1ポイント1円で利用できる制度を当期から導入した。当社は、当該ポイントを顧客に付与する重要な権利であると認識している。

　当期の売上高は110,000,000円（税込み）、当期末までに付与したポイントは5,500,000ポイントであるが、翌期以降に利用される見込みのポイントは、未使用率10％と判断され、4,950,000ポイントと見積もられた。当該商品の独立販売価格は100,000,000円、ポイントの独立販売価格は4,950,000円と見積もられた。

　また、翌期の売上高は125,400,000円（現金売上121,000,000円（税込み）＋ポイント使用分4,400,000円）であった。すなわち、翌期に利用されたポイントは4,400,000ポイントであった。翌期の商品の独立販売価格は110,000,000円、翌期に付与したポイントは6,050,000ポイント（121,000,000

×5％）であるがその独立販売価格は5,445,000円と見積もられた。当期と翌期の会計処理を消費税の処理を併せて示しなさい。なお、消費税率を10％とする。

解　答

(1)　現行の日本実務

(当期)

現預金	110,000,000	/	売上	100,000,000
			仮受消費税等	10,000,000
販管費	4,950,000	/	ポイント引当金	4,950,000

(翌期)

現預金	121,000,000	/	売上	110,000,000
			仮受消費税等	11,000,000
販管費	5,445,000	/	ポイント引当金	5,445,000
契約負債（繰延収益）	4,400,000	/	売上	4,400,000

(2)　収益認識会計基準ベース

(当期)

現預金	110,000,000	/	売上	95,283,468 [注1]
			契約負債	4,716,532 [注2]
			仮受消費税等	10,000,000

(注1)　100,000,000×100,000,000／104,950,000＝95,283,468

(注2)　100,000,000×4,950,000／104,950,000＝4,716,532

(翌期)

現預金	121,000,000	/	売上	104,811,815 [注3]
			契約負債	5,188,185 [注4]
			仮受消費税等	11,000,000

(注3)　110,000,000×110,000,000/115,445,000＝104,811,815

(注4)　110,000,000×5,445,000/115,445,000＝5,188,185

　また、ポイントの使用に係る仕訳は、次のとおりである。

契約負債	4,192,473	売上	4,192,473 [注5]

（注5）　4,716,532×4,400,000／4,950,000＝4,192,473

　消費税は取引に対して課せられるものであり、課税資産の譲渡等の対価として収受された金額、または収受されるべき金額を課税標準として計算される。いわば実際の取引額に基づいて計算されるわけである。

　上記のように、当期の消費税法上の課税資産の譲渡等の対価の額は、あくまでも100,000,000円であり、その100,000,000円に対して10％を乗じた10,000,000円が課税売上げに係る消費税等の額になる。会計上の売上に10％を乗じて消費税額を計算するシステムになっている場合には、システムの改定を行うか、または、下記のように仕訳を2段階で入れる方法が考えられる。2段階で対応する方法の場合、従来のシステムを維持し、従来と同様の処理をしておいて、売上から契約負債に振り替える修正仕訳を別途入れることになる。

　システムの改定となると、費用等の問題もあるため、この2段階方式が現実的な対応になるように思われる。

①　第1段階

現預金	110,000,000	売上	100,000,000
		仮受消費税等	10,000,000

②　第2段階

売上	4,716,532	契約負債	4,716,532

（翌期）

現預金	121,000,000	売上	110,000,000
		仮受消費税等	11,000,000
売上	5,188,185	契約負債	5,188,185

また、ポイント使用に係る仕訳が、次のように別途入る。

契約負債	4,192,473	売上	4,192,473

　第2段階において、売上から契約負債への振替が行われるが、これについては消費税に影響させてはいけないため、不課税（課税対象外）で処理

する。修正仕訳は、取引の都度行わないで、決算の時にまとめて合計額で行ってもよいと考えられる。

　また、消費税法上、ポイントの使用については値引き、すなわち売上げに係る対価の返還等として取り扱うため、課税売上げの対価4,400,000円（消費税等の額400,000円）、売上げに係る対価の返還等の額4,400,000円（消費税等の額400,000円）の両建て処理になると考えられる。

重要な金融要素

　顧客との契約に重要な金融要素が含まれる場合、取引価格の算定にあたっては、約束した対価の額に含まれる金利相当分の影響を調整する。収益は、約束した財またはサービスが顧客に移転した時点で（または移転するにつれて）、当該財またはサービスに対して顧客が支払うと見込まれる現金販売価格を反映する金額で認識する（収益認識会計基準57項）。法人税法上、原則として、会計処理が認容される。

設例　重要な金融要素が存在する取引に係る処理

前提条件

　当社は、顧客との間で商品の販売契約を締結し、契約締結と同時に商品を引き渡した。財の移転日から２年後に決済する取引の対価が1,100,000円（税込）であったとする。財の移転日に現金決済した場合は、1,057,285円（税込）が支払額となるとする。財を顧客に引き渡した時点で、財に対する支配が顧客に移転するものとする。金融要素が契約にとって重要であると判断されるとする。なお、消費税率を10％とする。

解答

　現金決済した場合の金額と、取引の対価の額の現在価値が等しくなる実効利子率を求めると、次のように２％である。

　　1,057,285円＝1,100,000円÷（ 1 ＋ 2 ％）^{2}

　この２％を用いて利息計算を行い、受取利息を決済期日までの期間で配分する。

（移転日）

売掛金	1,057,285^(注1)	売上	957,285
		仮受消費税等	100,000^(注2)

（注１）　$1,100,000 円 \div (1 + 0.02)^2 = 1,057,285 円$

（注２）　$1,100,000 円 \times 10 / 110 = 100,000 円$

（１年後）

売掛金	21,146	受取利息	21,146^(注)

（注）　$1,057,285 円 \times 2\% = 21,146 円$

（２年後）

売掛金	21,569	受取利息	21,569^(注)
現預金	1,100,000	売掛金	1,100,000

（注）　$(1,057,285 円 + 21,146 円) \times 2\% = 21,569 円$

　上記のように、消費税法上の課税売上げの対価の額はあくまでも1,000,000円であり、その額に対して10％を乗じた100,000円が課税売上げに係る消費税額となる。商品の販売の日の属する課税期間における消費税額とする必要がある。

　会計上の売上に10％を乗じて消費税額を計算するシステムになっている場合には、システムの改定を行うか、または、下記のように仕訳を２段階で入れる方法が考えられる。２段階で対応する方法の場合、従来のシステムを維持し、従来と同様の処理をしておいて、売掛金および売上を減額する修正仕訳を別途入れることになる。

　システムの改定となると、費用等の問題もあるため、この２段階方式が現実的な対応になるように思われる。

①　第１段階

売掛金	1,100,000	売上	1,000,000
		仮受消費税等	100,000

② 第2段階

| 売上 | 42,715 | ／ | 売掛金 | 42,715 |

　上記の修正仕訳の金額である41,938円は、翌期以降において受取利息として配分される予定の金額である。第2段階において、売掛金と売上の減額が行われるが、これについては消費税に影響させてはいけないため、不課税（課税対象外）で処理する。修正仕訳は、取引の都度行わないで、決算の時にまとめて合計額で行ってもよいと考えられる。

変動対価

　値引き、リベート、返金、インセンティブ、業績に基づく割増金、ペナルティー、仮価格による取引、返品権付取引など、取引の対価に変動性のある金額が含まれる場合、その変動部分の額を見積もる。法人税法上、一定の要件を満たす場合に、会計処理が認容される。

設例 変動対価（値引き）が含まれる場合の処理

前提条件

　甲社は、乙社との間で商品Aの販売について年間契約を締結した。商品Aの販売単価は基本的に@10,000円であるが、年間で100個以上販売した場合には、その100個以上に達した段階で、@9,000円とする契約内容になっている。

　第1四半期では、20個しか販売しなかったため、年間で100個以上に達しないと判断し、@10,000円で売上に計上した。甲社は、変動対価の額に関する不確実性が事後的に解消される時点（すなわち、販売の合計額が判明する時）までに計上された収益（すなわち、@10,000円）の著しい減額が発生しない可能性が非常に高いと判断した。

　第2四半期に、乙社が他の企業を合併し、甲社は乙社に対して追加で60

個販売した。甲社は、新たな事実を考慮し、年間で100個以上に達すると判断し、第2四半期の売上を@9,000円で計上するだけでなく、第1四半期に遡及して@9,000円に減額する必要があると判断した。

　変動対価の見積りは、合理的に行われており、法人税法上も法人税基本通達2-1-1の11の要件を満たしているものとする。

　なお、消費税率を10％とする。

解　答

（第1四半期）

売掛金	220,000	/	売上	200,000
			仮受消費税等	20,000

（第2四半期）

売掛金	660,000	/	売上	520,000
			返金負債	80,000
			仮受消費税等	60,000

（注）　第2四半期における売上高　　60個×@9,000円＝540,000円
　　　　第1四半期で販売した製品に対する売上高の減額についての取引価格の
　　　　変動　1,000円×20個＝20,000円
　　　　540,000円－20,000円＝520,000円

　消費税法上は、変動対価の見積りを行うことは認められないため、課税売上げの対価は@10,000円で計算される600,000円である。それに10％を乗じた60,000円が課税売上げに係る消費税額である。販売数量が100個以上に達し、単価の引下げを行うことが確定した段階で、売上げに係る対価の返還等があったものとして、消費税額を修正することになると考えられる。売上げに係る対価の返還等の金額に係る消費税額を、その対価の返還等をした日の属する課税期間の課税標準に対する消費税額から控除する。

　会計上の売上に10％を乗じて消費税額を計算するシステムになっている場合には、システムの改定を行うか、または、下記のように仕訳を2段階で入れる方法が考えられる。2段階で対応する方法の場合、従来のシステ

ムを維持し、従来と同様の処理をしておいて、売掛金および売上を減額する修正仕訳を別途入れることになる。

システムの改定となると、費用等の問題もあるため、この2段階方式が現実的な対応になるように思われる。

① 第1段階

（第2四半期）

| 売掛金 | 660,000 | 売上 | 600,000 |
| | | 仮受消費税等 | 60,000 |

② 第2段階

| 売上 | 80,000 | 返金負債 | 80,000 |

第2段階において、売掛金と売上の減額が行われるが、これについては消費税に影響させてはいけないため、不課税（課税対象外）で処理する。修正仕訳は、取引の都度行わないで、決算の時にまとめて合計額で行ってもよいと考えられる。

返品権付取引

返品権付の商品または製品（および返金条件付で提供される一部のサービス）を販売したときは、次の処理を行う（収益認識適用指針85項）。

返品権付取引に係る会計処理

(1) 企業が権利を得ると見込む対価の額（返品されると見込まれる商品または製品の対価を除く）で収益を計上する。

(2) 返品されると見込まれる商品または製品については、収益を認識せず、当該商品または製品について受け取ったまたは受け取る額で返金負債を認識する。

> ⑶　返金負債の決済時に顧客から商品または製品を回収する権利について資産を認識する。

　それに対して法人税法上は、引渡しの時における価額または通常得べき対価の額は、買戻しの可能性がある場合においては、その可能性がないものとした場合の価額とすると規定されている（法人税法22条の２第５項）。買戻しは、本項で説明している返品権付取引を意味している。これは、譲渡資産等の時価とは関係ない要素であると考えられるため、法人税法上は認められないと規定された。

設 例 　返品権付取引の処理

前提条件

　企業は、製品100個を@3,000で顧客に販売した。その製品の原価は@1,800である。取引慣行として、顧客が未使用の製品を30日以内に返品する場合、全額返金に応じることとしているとする。

　企業は、取引価格に変動対価が含まれていると判断し、対価の額をより適切に予測できる方法として期待値による方法を用い、製品96個が返品されないと見積もった。企業は、返品は自らの影響力の及ばない要因の影響を受けるが、製品およびその顧客層からの返品数量の見積りに関する十分な情報を有していると判断した。また、返品数量に関する不確実性は短期間で解消されるため、企業は、変動対価の額に関する不確実性が事後的に解消される時点までに、計上された収益の額288,000円（@3,000×返品されないと見込む製品96個）の著しい減額が発生しない可能性が非常に高いと判断した（収益認識会計基準54項、収益認識適用指針25項）。

　なお、消費税率を10％とする。

解　答

売掛金	330,000	売上	288,000
		返金負債	12,000
		仮受消費税等	30,000

　返金負債に対応する原価7,200円（@1,800×4個）が返品資産として計上される。この返品資産は、返金負債の決済時に顧客から製品を回収する権利を表している。

売上原価	172,800	棚卸資産	180,000
返品資産	7,200		

　法人税法上は、上記の処理は認められない。収益の額として300,000円を益金の額に算入し、売上原価の額として180,000円を損金の額に算入することになる。なお、申告調整の方法については、「第４章　個別論点」の「Ⅱ　返品権付取引」を参照されたい。

　消費税法上も、法人税法と同様に、買戻しの可能性は考慮せず、課税売上げの対価を300,000円とし、課税売上げに係る消費税額を30,000円とする必要がある。なお、課税仕入れについては、棚卸資産を購入した時点で、課税仕入れが発生しており、課税仕入れに係る消費税額は18,000円とされている。実際に返品が発生した場合には、その段階で売上げに係る対価の返還等があったものとして、消費税額を修正することになると考えられる。売上げに係る対価の返還等の金額に係る消費税額を、その対価の返還等をした日の属する課税期間の課税標準額に対する消費税額から控除する。

　会計上の売上に10％を乗じて消費税額を計算するシステムになっている場合には、システムの改定を行うか、または、下記のように仕訳を２段階で入れる方法が考えられる。２段階で対応する方法の場合、従来のシステムを維持し、従来と同様の処理をしておいて、売上から返金負債に、売上原価から返品資産に振り替える修正仕訳を別途入れることになる。

　システムの改定となると、費用等の問題もあるため、この２段階方式が現実的な対応になるように思われる。

① 第1段階

売掛金	330,000	/	売上	300,000
		/	仮受消費税等	30,000
売上原価	180,000	/	棚卸資産	180,000

② 第2段階

売上	12,000	/	返金負債	12,000
返品資産	7,200	/	売上原価	7,200

　第2段階において、売上から返金負債への振替および売上原価から返品資産への振替が行われるが、これについては消費税に影響させてはいけないため、不課税（課税対象外）で処理する。修正仕訳は、取引の都度行わないで、決算の時にまとめて合計額で行ってもよいと考えられる。

 商品券等

1　商品券等に係る会計処理

　将来において財またはサービスを移転する履行義務については、顧客から支払を受けた時に、支払を受けた金額で契約負債を認識する。財またはサービスを移転し、履行義務を充足した時に、当該契約負債の消滅を認識し、収益を認識する（収益認識適用指針52項）。

　収益認識会計基準では、契約負債における非行使部分について、企業が将来において権利を得ると見込む場合には、当該非行使部分の金額について、顧客による権利行使のパターンと比例的に収益を認識する。また、契約負債における非行使部分について、企業が将来において権利を得ると見込まない場合には、当該非行使部分の金額について、顧客が残りの権利を行使する可能性が非常に低くなった時に収益を計上する（収益認識適用指針54項）。

2　商品券等に係る法人税法の取扱い

　法人が商品券等を発行するとともにその対価の支払を受ける場合、その商品の引渡しまたは役務の提供（以下、「商品の引渡し等」という）に応じてその商品の引渡し等のあった日の属する事業年度の益金の額に算入する。また、その商品引換券等の発行の日から10年が経過した日の属する事業年度終了の時において商品の引渡し等を完了していない商品引換券等がある場合には、当該商品引換券等に係る対価の額を当該事業年度の益金の額に算入する（法基通2-1-39）。

　また、契約負債における非行使部分について、企業が将来において権利を得ると見込む場合に、当該非行使部分の金額について顧客による権利行使のパターンと比例的に収益を認識する会計処理が、法人税法上認められるのかどうかが重要なポイントである。一定の要件を満たす場合に、認められるとされた。

設例　商品券等の処理

前提条件

　X1期に商品券等を1,000,000円発行した。非行使部分を10％と見積もり、この非行使部分について企業は将来において権利を得ると見込んだ。X2期に、1,000,000円のうち400,000円（税別）相当の商品と引き換えられ、消費税を含めて行使がされた。非行使部分の金額について権利行使のパターンと比例的に収益を認識する場合の会計処理を示しなさい。なお、消費税率を10％とする。

　なお、X1期の発行と、それに対するX2期の権利行使に係る会計処理に限定した部分に限り示すものとし、他の事業年度の発行分およびそれに対する権利行使部分については捨象するものとする。

解答

1．X1期

　商品券を発行しただけでは収益の認識はできない。契約負債を認識し、

収益の計上を繰り延べる。

現預金	1,000,000	／	商品券	1,000,000

　消費税法上は、消費税法上の資産の譲渡等がないため、不課税（課税対象外）取引である（消基通6-4-5）。

２．X2期

　権利行使されたのは400,000円であり、契約負債を減額し売上に振り替える。消費税法上、権利行使時に課税が生じる（消基通9-1-22）。したがって、このとき消費税相当額も契約負債から減額され、仮受消費税等を計上する。また、非行使部分については、非行使部分に係る対価の額100,000円（1,000,000円×10％）に権利行使割合48.9％（440,000円÷900,000円）を乗じて得た額48,900円を収益に計上する。

商品券	488,900	／	売上	400,000
			仮受消費税等	40,000
			雑収入	48,900

　商品と引き換えられた400,000円については消費税の課税取引となる。一方、非行使部分の収益計上については、消費税法上の資産の譲渡等がないため、不課税取引である。したがって、仮受消費税等は、40,000円のみ計上することになる。

Ⅵ　消化仕入れ

　顧客との約束がその財またはサービスを企業が自ら提供する履行義務であると判断され、企業が本人に該当するときは、財またはサービスの提供と交換に企業が権利を得ると見込む対価の総額を収益として認識する。一方、顧客との約束が財またはサービスを他の当事者によって提供されるように手配する履行義務であると判断され、企業が代理人に該当するときは、手数料部分を純額で収益に計上するとされている（収益認識適用指針39項、

40項)。

　一方、法人税法上は総額表示か純額表示かで課税所得が変わるものではない。また、本人であっても代理人であっても、履行義務の充足のタイミングは変わらないと考えられるため、法人税法上の対応は特に行われていない。会計処理がそのまま認容される。ただし、法人税法上、売上金額が基準とされている制度がいくつかある点に留意する必要がある。例えば、試験研究費の税額控除制度において、当期の試験研究費の当期および過去３期の売上金額の平均額に占める割合に基づいて、税額控除率および税額控除上限額の割増制度の適用を受けることができるかどうかを判断する取扱いもある。

　したがって、法人税にまったく影響がないというわけではない。この点、財またはサービスを手配しているだけの立場であり、代理人であると判断される場合は、法人税法上も、資産の譲渡ではなく、役務提供に係る収益としてとらえるという考え方は採り得ると考えられる。

　一方、消費税法上は、消化仕入取引において、代理人取引と判断される場合であっても、基本的に課税売上げと課税仕入れをそれぞれ認識することになる。

　消費税法上、売手における課税売上げに係る消費税額とそれに対応する買手（仕入側）における課税仕入れに係る消費税額を一致させる必要性から、従来どおり実際の取引額に基づいて課税標準を計算する取扱いは何ら変わるものではない。すなわち、消費税は取引に対して課されるものであり、課税資産の譲渡等の対価として収受された金額、または収受されるべき金額を課税標準として計算される。結果として、収益認識会計基準の適用に伴い会計処理が変更された場合であっても、消費税の処理は従来どおりとされる。

　例えば、商社が顧客との間で製品の販売に係る契約を締結したとする。ただし、商社は代理人の立場であり、メーカーから顧客に製品を提供するように手配しているだけの立場であり、製品自体もメーカーの倉庫から直

送されるものとする。顧客との契約は商社との間で行われており、販売代金の授受も商社と顧客との間で行われており、また、商社とメーカーとの間で（商社にとっての）仕入代金の授受が行われているとする。この場合、商社にとっては、顧客に販売した対価が課税売上げとなり、一方でメーカーからの仕入れの対価が課税仕入れになると考えられる。したがって、仮払消費税等と仮受消費税等を両建てで認識することになると考えられる。

次の設例を参照されたい。

設例 消化仕入れに係る会計、法人税および消費税の処理

前提条件

スーパー甲社は、乙社との間で消化仕入契約を締結し、取引を行っている。甲社は、店舗への商品の納入時に検収を行わず、店舗にある商品の法的所有権は乙社が有している。また、商品に関する保管管理責任および商品に関するリスクも乙社が有している。甲社は、店舗に並べる商品の種類や価格帯等のマーチャンダイジングについて一定の関与を行うが、個々の消化仕入商品の品揃えや販売価格の決定権は乙社にある。

甲社は乙社との間の消化仕入契約に基づき、商品100,000円（仕入値90,000円）を顧客に販売した。甲社は、顧客との間で販売代金の授受、乙社との間で仕入代金の授受を行っている。

甲社は、この消化仕入取引の自社の役割を自ら代理人と判断している。会計処理、法人税および消費税の処理を示しなさい。なお、消費税率を10%とする。

解　答

1．会計処理

次のように、手数料部分を純額で収益に計上する。消費税の処理については、「3．消費税の処理」を参照されたい。

売掛金	110,000	手数料収入	10,000
仮払消費税等	9,000	買掛金	99,000
		仮受消費税等	10,000

2．法人税の処理

会計と同様である。手数料収入10,000円が益金の額に算入される。

3．消費税の処理

次のように、たとえ会計上手数料部分のみを純額で収益計上したとしても、消費税法上は課税売上げに係る消費税額と課税仕入れに係る消費税額をそれぞれ認識することになると考えられる。

(1)　課税売上に係る消費税等

課税売上げの対価の額　　　　　100,000円

課税売上げに係る消費税等　　　 10,000円

(2)　課税仕入れに係る消費税等

課税仕入れの対価の額　　　　　 90,000円

課税仕入れに係る消費税等　　　　9,000円

総額表示の場合と比べて納税額は変わらないと考えられるが、課税売上割合に影響するので、実務上注意が必要である。

会計上の収益の額に10％を乗じて消費税額を計算するシステムになっている場合には、システムの改定を行うか、または、下記のように仕訳を2段階で入れる方法が考えられる。2段階で対応する方法の場合、従来のシステムを維持し、従来と同様の処理をしておいて、売上と仕入を相殺する修正仕訳を別途入れることになる。

システムの改定となると、費用等の問題もあるため、この2段階方式が現実的な対応になるように思われる。

①　第1段階

売掛金	110,000	売上	100,000
		仮受消費税等	10,000

| 仕入 | 90,000 | 買掛金 | 99,000 |
| 仮払消費税等 | 9,000 | | |

②　第2段階

| 売上 | 100,000 | 仕入 | 90,000 |
| | | 手数料収入 | 10,000 |

　第2段階において、売上と仕入の減額が行われるが、これについては消費税に影響させてはいけないため、不課税（課税対象外）で処理する。修正仕訳は、取引の都度行わないで、決算の時にまとめて行ってもよいと考えられる。

　このように、2段階の仕訳で対応することにより、消費税の処理の誤りを防止することが可能である。

業種別の論点

Ⅰ 製品の販売取引

1 契約の識別および履行義務の識別

製品の販売取引については、販売契約と別に、同一の顧客との間で同時またはほぼ同時に据付サービス、試運転サービス、カスタマイズ・サービス、保守サービス等の契約が締結される場合が少なくない。据付サービス、試運転サービスなどについて明示的に契約書の締結がなく、黙示の合意がある場合であっても、契約の識別の要件に照らして、契約が存在しているかどうかを判断する必要がある。また、法形式上、複数の契約が識別される場合であっても、契約の結合の要件に照らして、複数の契約を結合するべきかどうかの判断が必要になる。

次の要件のいずれかを満たす場合、同一の顧客と同時またはほぼ同時に締結した複数の契約を結合して、単一の契約とみなして会計処理する（収益認識会計基準27項）。法形式上は別個の契約であっても、実態として一体の契約とみられる場合には、会計上は契約を結合して会計単位としなければならない。

(1) 当該複数の契約が同一の商業的目的を有するものとして交渉されたこと

(2) 1つの契約において支払われる対価の額が、他の契約の価格また

> は履行により影響を受けること
> (3)　複数の契約において約束した財またはサービスが、履行義務を識
> 　　別する要件に照らして、単一の履行義務となること

　製品の販売取引の場合、上記の(1)または(2)に該当するのかどうかがポイントになる。

　(1)は、関連性のある複数の財またはサービスが、同一の商業的目的を有するものとして、パッケージとして交渉されて締結されたものである場合に、会計上、それらを結合しなければならない。例えば、同一の顧客との間で、機械装置の販売契約とその機械装置の据付サービス契約が同時またはほぼ同時に締結された場合であっても、それらが同一の商業的目的を有するものとしてパッケージとして交渉されている場合に、2つの契約を結合しなければならない場面が生じる。

　また、(2)の要件に該当する例としては、例えば上記の例で、機械装置の販売と据付サービスの提供を併せて契約したため、据付サービスの対価の額が、そのサービスを単独で提供する場合よりも低く設定されている場合は、上記の(2)の要件を満たすことが考えられる。この場合は、独立販売価格と取引価格との間に差異が生じることが考えられる。製品の販売と据付サービスが別個の履行義務であると判断される場合は、取引価格を機械装置の販売と据付サービスのそれぞれの独立販売価格の比率で配分することになるため、契約価格と異なる金額で収益を計上すべき場面も生じ得る。

　契約が1つと判断される場合であっても、製品の販売と据付その他のサービスが別個の履行義務となるかどうかを判断する必要がある。以下の要件の両方に該当する場合は、別個の履行義務であると判断される（収益認識会計基準34項）。

> (1)　当該財またはサービスから単独で顧客が便益を享受することができること、あるいは、当該財またはサービスと顧客が容易に利用で

きる他の資源を組み合わせて顧客が便益を得ることができること（すなわち、当該財またはサービスが別個のものとなる可能性があること）

(2)　当該財またはサービスを顧客に移転する約束が、契約に含まれる他の約束と区分して識別できること（すなわち、当該財またはサービスを顧客に移転する約束が契約の観点において別個のものとなること）

製品の販売が1つの履行義務であると判断される場合は、その商品の引渡し時に収益が認識されるが、製品の販売と顧客仕様に大幅に修正、カスタマイズするサービスが全体として1つの履行義務であると判断される場合は、製品の引渡し時に収益を認識するのではなく、大幅な修正、カスタマイズが完了した時点で、収益を認識することになる。収益の認識時点についても、一定の留意が必要である。

詳しくは、「第3章　適用上の5つのステップ」の「Ⅱ　契約における履行義務の識別」を参照されたい。

2　財またはサービスに対する保証

財またはサービスに対する保証が合意された仕様に従って機能することの保証である場合、企業会計原則注解（注18）に定める引当金（製品保証引当金等）として処理する。「品質保証型」といい、従来と同様の処理である。一方、顧客にサービスを提供する保証である場合、当該保証を履行義務として識別する。

例えば、通常の品質保証とは別に、顧客の責任による故障にも修理等で対応する保証であるとか、購入日から一定期間にわたり製品の操作方法について訓練を受ける権利を顧客に提供するといった保証は、追加的なサービスの提供として、財またはサービスの提供とは別個の履行義務であると考えられる。

　また、有料の保証サービスであり、顧客にその保証を受けるかどうかの選択権が与えられるような場合は、別個の履行義務に該当する可能性が高いと考えられる。家電量販店において、メーカーの製品保証とは別に、家電量販店が独自に顧客の責任による故障にも修理等で対応する長期保証を付すような場合は、サービスを提供する保証であると判断されることが考えられる。

　顧客にサービスを提供する保証である場合、当該保証を履行義務として識別し、取引価格を財またはサービスおよび当該保証サービスにそれぞれの独立販売価格の比率で配分することになる（収益認識適用指針35項）。保証サービスについては、財またはサービスを提供するまでは契約負債として認識し、一定の期間（保証期間）にわたって、または財またはサービスを提供した時に契約負債から収益に振り替えることになる。

　品質保証型とサービスを提供する保証との区別については、「第3章　適用上の5つのステップ」の「Ⅱ　契約における履行義務の識別」を参照されたい。

3　値引き、リベート等の変動対価

　値引き、リベート、返金、インセンティブ、業績に基づく割増金、ペナルティー、仮価格による取引、返品権付取引など、取引の対価に変動性のある金額が含まれる場合、その変動部分の額を見積もる。変動対価の額に関する不確実性が事後的に解消される際に、解消される時点までに計上された収益の著しい減額が発生しない可能性が非常に高い部分に限り、取引価格に含める（収益認識会計基準54項）。

　変動対価については、適切な方法を用いて見積もるとこととされている。すなわち、契約において約束された対価に変動性のある金額を含んでいる場合には、企業は対価の金額を期待値または最頻値のいずれかの適切な方法を用いて見積もらなければならない（収益認識会計基準51項）[47]。過去の実績を集計管理できる体制の整備、一定の合理的な見積方法の確立等の

課題に取り組んでいく必要がある。

　また、変動対価の見積りについては、法人税法上の要件（法人税基本通達2-1-1の11）を満たすのかどうかの検討も必要である。

 ## 商品の販売取引

　商品の販売取引については、製品のように大幅な修正、カスタマイズを伴うことは通常なく、商品の顧客への引渡しにより、顧客が商品に対する支配を獲得し、そこで履行義務が充足されるのが通常であると考えられる。顧客が商品に対する支配を獲得した時は、原則として、商品が顧客に引き渡され、検収が完了した時であると考えられる。原則どおりその時点で収益を計上するのか、代替的な取扱い（収益認識適用指針98項）を適用して、出荷日、着荷日等に収益を計上するのかの判断を事前に行う必要がある。

　また、一定数量販売した場合の値引き、割戻し、リベートなど、取引価格に変動対価が含まれることがあり得る。変動対価の見積りが必要になる場面が生じ得る。法人税基本通達2-1-1の11の要件を満たすかどうかの検討も必要になると考えられる。

　さらに、ポイント制度を導入している企業の場合、ポイントの会計処理の見直しが必要になる。法人税基本通達2-1-1-の７の要件を満たし、会計処理が法人税法上認容された場合であっても、消費税の処理は従来どおりとなるため、その点も含めた事前の検討が必要である。この点については、「第10章　消費税の処理に係る実務上の対応（会計、法人税との乖離の問題）」を参照されたい。

　財またはサービスに対する保証が合意された仕様に従って機能すること

47　従来からの日本基準では、一般的な取扱いはなく、売上リベートの支払可能性が高いと判断された時点で収益または販売費として処理されることが多い。

の保証である場合、企業会計原則注解（注18）に定める引当金（製品保証引当金等）として処理し、また、顧客にサービスを提供する保証である場合、当該保証を履行義務として識別し、財またはサービスを提供するまでは契約負債として認識し、一定の期間（保証期間）にわたって、または財またはサービスを提供した時に契約負債から収益に振り替えることになる点については、「Ⅰ　製品の販売取引」の箇所で説明した内容と同様である。

　そのほか、返品権付取引についても、従来の実務の見直しが必要になる。なお、商品券等については、「Ⅴ　百貨店・小売業」を参照されたい。

Ⅲ　建設業

1　工事進行基準と工事完成基準

　従来、「工事契約に関する会計基準」が適用され、工事の進行途上においても、進捗部分についての成果の確実性が認められる場合には工事進行基準を適用し、この要件を満たさない場合には工事完成基準を適用するとされていた。具体的には、①工事収益総額、②工事原価総額およびそのうち③決算日までに成果として確実になった部分（工事進捗度）について、信頼性をもって見積もることができる（工事結果の信頼性ある見積りができる）ときは工事進行基準を適用し、それ以外は工事完成基準を適用するとされていた。

　収益認識会計基準の下では、ステップ5において一定の期間にわたり充足される履行義務か一時点で充足される履行義務であるかの判定対象とされ、一定の期間にわたり充足される履行義務であると判断されるものについて工事進行基準が適用される。

2　一定の期間にわたり充足される履行義務とされる要件

　次の要件のいずれかに該当する場合は、一定の期間にわたって履行義務

を充足することになる（収益認識会計基準38項）。

一定の期間にわたり充足される履行義務かどうかの判断要件

(1)　企業が顧客との契約における義務を履行するにつれて、顧客が便益を享受すること[48]（主に期間極めの役務提供取引。例えば清掃サービス、輸送サービス、経理処理等の請負サービス等）

(2)　企業が顧客との契約における義務を履行することにより、資産が生じるまたは資産の価値が増加し、当該資産が生じるまたは当該資産の価値が増加するにつれて、顧客が当該資産を支配すること（例えば顧客が所有する土地で行われる建物建築工事）

(3)　次の要件のいずれも満たすこと（例えばコンサルティングサービス、ソフトウエアの制作、建物建築工事）

①　企業が顧客との契約における義務を履行することにより、別の用途に転用することができない資産が生じること

②　企業が顧客との契約における義務の履行を完了した部分について、対価を収受する強制力のある権利を有していること

　上記の(1)の要件については、企業の提供する建設資材や工事建設サービスの提供が未完成の建物の一部（仕掛品）として形成されていくが、未完成の建物を顧客が消費することはできない。(1)の要件は基本的に満たさないと考えられる。

　(2)の要件については、工事が進行するにつれて未完成の建物（仕掛品）が増大していく。顧客が所有する土地で行われる建物建築工事契約の場合、一般的に、顧客は企業の履行から生じる仕掛品を（物理的に占有していることから）支配すると考えられるため、この要件に該当すると考えられる。

48　仮に他の企業が顧客に対する残存履行義務を充足する場合に、企業が現在までに完了した作業を他の企業が大幅にやり直す必要がないときは、企業が顧客との契約における義務を履行するにつれて、顧客が便益を享受するものとする。

(3)の要件については、まず①の要件に照らして、顧客の土地の上に建設した顧客仕様の建物の仕掛品を、別の用途に転用して便益を受けることは困難である。また、完成した建物を別の用途に容易に使用することが実務上制約される。次に②の要件に照らして、企業が現在までに履行を完了した部分の補償を受ける権利があるかどうかがポイントである。企業に当該権利があるかどうかについて、契約条件および当該契約に関連する法律や判例等を考慮して行うことになる。その点、実務上、契約書に顧客からの契約解除の場合の支払条件（補償の条項）を明確にしておくことも考えられる。

　ただし、工事契約について一定の期間にわたり充足される履行義務であると判断される場合であっても、契約における取引開始日から完全に履行義務を充足すると見込まれる時点までの期間がごく短い場合には、一定の期間にわたり収益を認識せず、完全に履行義務を充足した時点で収益を認識することができる。受注制作のソフトウエアについても、同様に取り扱われる（収益認識適用指針95項、96項）。要するに、工事完成基準によることが認められる。

3　原価回収基準の適用

　一定の期間にわたり充足される履行義務について、履行義務の充足に係る進捗度を合理的に見積もることができないが、当該履行義務を充足する際に発生する費用を回収することが見込まれる場合には、履行義務の充足に係る進捗度を合理的に見積もることができる時まで、回収することが見込まれる費用の額で収益を認識する（収益認識会計基準45項）。進捗度を合理的に見積もることができないが、履行義務を充足される際に発生する費用を回収することが見込まれる場合には、いわゆる「原価回収基準」が適用される。

　工事原価　　　　100　　/　　現預金　　　　100

　（全額回収できると見込まれる場合）

工事未収入金　100　　/　　工事売上高　100

　進捗度の合理的な見積りができないことが懸念されるのは契約の初期段階である場合が多いと考えられる。ただし、代替的な取扱いにより、一定の期間にわたり充足される履行義務について、契約の初期段階において、履行義務の充足に係る進捗度を合理的に見積もることができない場合には、当該契約の初期段階に収益を認識せず、当該進捗度を合理的に見積もることができる時から収益を認識することができると定められている（収益認識適用指針99項）。

　契約の初期段階においては、実行予算の作成がされておらず、詳細な積上げにより工事原価総額の見積りができないことが考えられるが、この代替的な取扱いが定められたことにより、収益を認識しない対応が認められる。収益を認識しないということは、原価回収基準を適用しなくてよいという意味である。その場合は、従来の実務と実質同様になる。

4　契約の結合に係る代替的な取扱い

　工事契約において、発注者が異なる場合の取扱いが論点になる。例えば、ショッピングセンターの建設工事において、躯体の工事とともに、多数のテナント工事を手掛けることになる。収益認識会計基準における契約結合の要件は、同一の顧客（当該顧客の関連当事者を含む）との間で同時またはほぼ同時に締結された複数の契約であることが前提とされているため、テナント同士が関連当事者でない限り、テナントごとに契約を識別し、テナントごとに収益を認識しなければならないのかという問題であり、実務負担の増大につながり得る。

　この問題については、次のように代替的な取扱いが定められている。すなわち、工事契約について、当事者間で合意された実質的な取引の単位を反映するように複数の契約（異なる顧客と締結した複数の契約や異なる時点に締結した複数の契約を含む）を結合した際の収益認識の時期および金額と当該複数の契約について収益認識会計基準（27項および32項）の定め

（複数の契約を結合しないで、契約における各履行義務単位で収益認識する定め）に基づく収益認識の時期および金額との差異に重要性が乏しいと認められる場合には、当該複数の契約を結合し、単一の履行義務として識別することができる（収益認識適用指針102項）。要するに、複数の契約を結合した場合と結合しなかった場合の収益認識の時期および金額との差異に重要な差異が生じないときは、あえて結合してもよいということになる。

受注制作のソフトウエアについても、工事契約に準じてこの定めを適用することができる（収益認識適用指針103項）。重要性が乏しいと認められるかどうかについては、個々の契約ごとに判断する必要があると考えられる。

5 PFI事業

建設業界では、税法上の割賦基準を適用して、PFI事業[49]を行うケースが多かった。発注者に引渡しをして運営を行っていくが、代金はサービス対価として延払いがされる。PFI事業会社において、売上はPFI事業に対するサービスの対価として何年にもわたって繰り延べて計上された。

割賦基準が廃止され、支配の移転の考え方により収益計上するルールが適用されると、前半に多額の売上を計上する場面が想定される。法人税法上も、長期割賦販売等に係る延払基準が廃止されたため、税金の支払が従来よりも早いタイミングになる。資金計画の変更等を余儀なくされることになり、今後のPFI事業の円滑な遂行に支障をきたすことになることが懸念される。

6 重要な金融要素

収益認識会計基準では、顧客との契約に重要な金融要素が含まれる場合には、約束された対価の額に含まれる金利相当分の影響を調整し、財また

---

49 Private Finance Initiativeの略であり、公共的施設等の建設、維持管理、運営等を民間の資金、経営能力および技術的能力を活用して行う手法をいう。「民間資金等の活用による公共施設等の整備等の促進に関する法律」（平成11年法律第117号）の制定により、PFI事業の活用が促進された。

はサービスに対して顧客が支払うと見込まれる現金販売価格を反映する金額で収益を認識することとしている（収益認識会計基準57項）。また、本適用指針では、金融要素が契約に含まれるかどうかおよび金融要素が契約にとって重要であるかどうかを判断するにあたっては、関連するすべての事実および状況を考慮することとしている（収益認識適用指針27項）。

　長期の工事契約について重要な金融要素が含まれると判断されるかどうかが論点になるが、長期の工事契約に対する重要な金融要素の有無の判断の困難性が指摘されている。日本の工事契約は個別性が高く、また出来高払いの条件は一般的ではなく、顧客から契約期間内に定期的に支払を受けるとしても、顧客からの支払と企業の履行の程度との関係が必ずしも明確であるとはいえず、約束した対価の額と現金販売価格との差額を識別することが困難であること等により、重要な金融要素の有無の判断に資する要件を一意的に定めることが困難であると考えられることを踏まえ、収益認識適用指針において代替的な取扱いを定めないこととされた（収益認識適用指針184項）。また、公開草案の段階の設例14「長期建設契約における支払の留保」は、当然に重要な金融要素に該当しない典型的な例を示していたが、この設例以外のケースは該当するというように誤解を招くおそれがあるという観点から、確定段階では削除された経緯がある。

 # 商社の取引

1　本人取引か代理人取引かの区別

　商社の取引については、本人取引か代理人取引かの判断が必要となるものが多いことが想定される。収益認識会計基準では、他の当事者が顧客への財またはサービスの提供に関与している場合には、企業は、企業の役割が自ら特定された財またはサービスを提供することなのか（企業が本人か）、それとも、当該財またはサービスが他の当事者によって提供される

ように手配することなのか（企業が代理人か）を判断するとされている。

　顧客との約束がその財またはサービスを企業が自ら提供する履行義務であると判断され、企業が本人に該当するときは、財またはサービスの提供と交換に企業が権利を得ると見込む対価の総額を収益として認識する。一方、顧客との約束が財またはサービスを他の当事者によって提供されるように手配する履行義務であると判断され、企業が代理人に該当するときは、手数料部分を純額で収益に計上するとされている（収益認識適用指針39項、40項）。企業は、自らが本人であるのか代理人であるのかを、顧客に約束した特定された財またはサービスのそれぞれについて判断することになる（収益認識適用指針41項）。

2　本人取引か代理人取引かの判断

　企業の役割を上記のように判断するために、企業は次の①および②の手順に従って判断する（収益認識適用指針42項）。

企業の役割を判断する手順

⑴　顧客に提供する財またはサービスを識別すること（例えば、顧客に提供する財またはサービスは、他の当事者が提供する財またはサービスに対する権利である可能性がある。）
⑵　財またはサービスのそれぞれが顧客に提供される前に、当該財またはサービスを企業が支配しているかどうかを判断すること

　財またはサービスが顧客に移転される前に、当該財またはサービスを企業が支配しているかどうかを評価する。顧客に移転する前に企業が支配している場合には、企業は本人であるとされる。しかし、財の法的所有権が顧客に移転される前に、企業が当該財の法的所有権を瞬間的にしか獲得していない場合には、企業は必ずしも当該財を支配していないと考えられる。財に対する法的所有権が顧客に移転される前に、当該法的所有権を企

業が一時的にのみ有している場合には、法的所有権を有したとしても、企業は必ずしも当該財を支配していることにはならない（収益認識適用指針45項）。

　例えば商社が商品の販売を手配する取引で、メーカーの倉庫から顧客に商品が直送される取引については、商社は当該商品の法的所有権を瞬間的にしか獲得しておらず、また、顧客に当該商品が提供される前に、商社が在庫リスクを負っていないのであれば、商社は当該商品を支配しておらず、代理人取引と判断されることが考えられる。

3　企業が財またはサービスを顧客に提供する前に支配しているかどうかを判定するにあたっての指標

　企業が財またはサービスを顧客に提供する前に支配しているかどうかを判定するにあたっては、例えば、次の(1)から(3)の指標を考慮する（収益認識適用指針47項）。

顧客に提供する前に支配しているかどうかを判定するにあたって考慮すべき指標

(1)　企業が当該財またはサービスを提供するという約束の履行に対して主たる責任を有していること

(2)　当該財またはサービスが顧客に提供される前、あるいは当該財またはサービスに対する支配が顧客に移転した後（例えば、顧客が返品権を有している場合）において、企業が在庫リスクを有していること

(3)　当該財またはサービスの価格の設定において企業が裁量権を有していること（ただし、代理人が価格の設定における裁量権を有している場合もある）

⑴　企業が当該財またはサービスを提供するという約束の履行に対して主たる責任を有していること

　顧客に提供した商品が合意した仕様どおりに機能しなかったときに、当該商品の交換などの是正措置を行う責任を負っている、製品の瑕疵に対する担保責任を負っているような場合は、企業が主たる責任を負っていると判断される可能性が高いと考えられる。

⑵　当該財またはサービスが顧客に提供される前において、企業が在庫リスクを有していること

　売れ残り、陳腐化、物理的損傷などの在庫リスクを企業が有しているときは、企業が財またはサービスを支配していることを示している可能性がある。企業が財またはサービスを提供するという約束の履行に対して主たる責任を有しているにもかかわらず、企業に在庫リスクがない場合は、財の特性によるものなのか、特殊な契約条件によるものなのか、合理的な反証が必要になると考えられる。

⑶　当該財またはサービスの価格の設定において企業が裁量権を有していること

　財、サービスの販売価格を設定する権限や値引きを行う権限を有する場合、企業は当該財またはサービスを支配している可能性を示している。ただし、代理人が利益（手数料部分の利鞘）を生み出すために、代理人に価格の設定の裁量権が与えられているケースもあるため、例外があるという前提でこの指標を参考にする必要がある。

　これらの指標は無関係に列挙されているわけではないと考えられる。財またはサービスが顧客に提供される前に、企業がその財またはサービスを支配しているのであれば、それを顧客に提供するという約束の履行に対して主たる責任を有しているのが通常であるし、顧客に提供される前において企業が在庫リスクを有していることが通常は考えられる。仮に在庫リス

クがないというのであれば、それが財の性質に基因しているからなのか、その理由を十分に究明すべきであると考えられる。⑶の価格の設定に係る裁量については、代理人が利鞘を確保する必要性から、代理人に裁量が与えられるケースがあるため、その点も考慮して判断する必要がある。

　また、上記の３つの指標は、特定の財またはサービスの性質および契約条件により、財またはサービスに対する支配への関連度合いが異なり、契約によっては、説得力のある根拠を提供する指標が異なる可能性がある点に留意する必要がある（収益認識適用指針136項）。

　財またはサービスを手配するだけの商社の取引は、一般的には、代理人としての取引であると判断されるケースが多いと考えられる。特に、メーカーの倉庫から顧客に商品が直送される取引については、商社が財またはサービスを単に手配している立場である可能性が高いと考えられる。

4　有償支給取引

　一部の商社の取引では、有償支給取引が行われている。企業が、対価と交換に原材料等（以下、「支給品」という）を外部（以下、「支給先」という）に譲渡し、支給先における加工後、当該支給先から当該支給品（加工された製品に組み込まれている場合を含む。以下同じ）を購入する場合がある。このような有償支給取引では、企業から支給先へ支給品が譲渡された後の取引や契約の形態は、さまざまであり、会計上、企業が当該支給品を買い戻す義務を有しているか否かを判断する必要がある。

　例えば、有償支給取引において、支給先によって加工された製品の全量を買い戻すことを支給品の譲渡時に約束している場合には、企業は当該支給品を買い戻す義務を負っていると考えられるが、その他の場合には、企業が支給品を買い戻す義務を負っているか否かの判断を取引の実態に応じて行う必要がある。

　企業が支給品を買い戻す義務を有しているか否かによって、会計処理が異なる（収益認識適用指針104項、177項から181項）。

買い戻す義務を有しているかどうかについて、個々の取引の実態を踏まえた判断が必要になると考えられる。なお、有償支給取引について詳しくは、「第4章　個別論点」の「Ⅴ　有償支給取引」を参照されたい。

5　法人税の取扱い

総額表示か純額表示かで、法人税法上の課税所得は変わらない。また、本人であっても代理人であっても、履行義務の充足のタイミングも変わらないと考えられる。したがって、法人税法上、会計処理がそのまま認容されることになり、申告調整は必要ないと考えられる。

ただし、法人税法上、売上金額が基準とされている制度がいくつかある点に留意する必要がある。例えば、試験研究費の税額控除制度において、当期の試験研究費の当期および過去3期の売上金額の平均額に占める割合に基づいて、税額控除率および税額控除上限額の割増制度の適用を受けることができるかどうかを判断する取扱いもある。

したがって、法人税にまったく影響がないというわけではない。この点、財またはサービスを手配しているだけの立場であり、代理人であると判断される場合は、法人税法上も、資産の譲渡ではなく、役務提供に係る収益としてとらえるという考え方は採り得ると考えられる。

6　消費税の取扱い

消費税法上、売手における課税売上げに係る消費税額とそれに対応する買手（仕入側）における課税仕入れに係る消費税額を一致させる必要性から、従来どおり実際の取引額に基づいて課税標準を計算する取扱いは何ら変わるものではない。すなわち、消費税は取引に対して課されるものであり、課税資産の譲渡等の対価として収受された金額、または収受されるべき金額を課税標準として計算される。結果として、収益認識会計基準の適用に伴い会計処理が変更された場合であっても、消費税の処理は従来どおりとされる。

　例えば、商社が顧客との間で製品の販売に係る契約を締結したとする。ただし、商社は代理人の立場であり、メーカーから顧客に製品を提供するように手配しているだけの立場であり、製品自体もメーカーの倉庫から直送されるものとする。顧客との契約は商社との間で行われており、販売代金の授受も商社と顧客との間で行われており、また、商社とメーカーとの間で（商社にとっての）仕入代金の授受が行われているとする。この場合、商社にとっては、顧客に販売した対価が課税売上げとなり、一方でメーカーからの仕入れの対価が課税仕入れになると考えられる。したがって、仮払消費税等と仮受消費税等を両建てで認識することになると考えられる。

　詳しくは、「第10章　消費税の処理に係る実務上の対応（会計、法人税との乖離の問題）」の「Ⅵ　消化仕入れ」を参照されたい。

百貨店・小売業

1　本人取引か代理人取引か

　収益認識会計基準では、他の当事者が顧客への財またはサービスの提供に関与している場合には、企業は、企業の役割が自ら特定された財またはサービスを提供することなのか（企業が本人か）、それとも、当該財またはサービスが他の当事者によって提供されるように手配することなのか（企業が代理人か）を判断するとされている。

　企業の役割を上記のように判断するために、企業は次の(1)および(2)の手順に従って判断する（収益認識適用指針42項）。

企業の役割を判断する手順

(1) 顧客に提供する財またはサービスを識別すること（例えば、顧客に提供する財またはサービスは、他の当事者が提供する財またはサービスに対する権利である可能性がある。）

(2) 財またはサービスのそれぞれが顧客に提供される前に、当該財またはサービスを企業が支配しているかどうかを判断すること

財またはサービスが顧客に移転される前に、当該財またはサービスを企業が支配しているかどうかを評価する。顧客に移転する前に企業が支配している場合には、企業は本人であるとされる。しかし、財の法的所有権が顧客に移転される前に、企業が当該財の法的所有権を瞬間的にしか獲得していない場合には、企業は必ずしも当該財を支配していないと考えられる。

企業が財またはサービスを顧客に提供する前に支配しているかどうかを判定するにあたっては、例えば、次の(1)から(3)の指標を考慮する（収益認識適用指針47項）。

顧客に提供する前に支配しているかどうかを判定するにあたって考慮すべき指標

(1) 企業が当該財またはサービスを提供するという約束の履行に対して主たる責任を有していること

(2) 当該財またはサービスが顧客に提供される前、あるいは当該財またはサービスに対する支配が顧客に移転した後（例えば、顧客が返品権を有している場合）において、企業が在庫リスクを有していること

(3) 当該財またはサービスの価格の設定において企業が裁量権を有していること（ただし、代理人が価格の設定における裁量権を有している場合もある。）

　いわゆる消化仕入取引において、店舗にある商品の法的所有権が仕入先にあり、商品に関する保管管理責任および在庫リスクも仕入先が有している場合、商品が顧客に提供される前に、百貨店はその商品を支配していないと判断されると考えられる。また、顧客への商品販売時に、商品の法的所有権が仕入先から百貨店に移転し、同時に顧客に移転する場合、百貨店が商品の法的所有権を瞬間的にしか獲得していないと判断されるため、百貨店は必ずしも当該商品を支配していないと考えられる。

　そのように判断される場合、百貨店は代理人であると判断され、手数料部分のみを純額で収益計上することになる。

　法人税法上、総額表示か純額表示かで課税所得が変わるものではない。また、本人であっても代理人であっても、履行義務の充足のタイミングは変わらないと考えられるため、会計処理がそのまま認容される。ただし、法人税法上、売上金額が基準とされている制度がいくつかある点に留意する必要がある。例えば、試験研究費の税額控除制度において、当期の試験研究費の当期および過去3期の売上金額の平均額に占める割合に基づいて、税額控除率および税額控除上限額の割増制度の適用を受けることができるかどうかを判断する取扱いもある。したがって、法人税にまったく影響がないというわけではない。この点、財またはサービスを手配しているだけの立場であり、代理人であると判断される場合は、法人税法上も、資産の譲渡ではなく、役務提供に係る収益としてとらえるという考え方は採り得ると考えられる。

　一方、消費税法上、売手における課税売上げに係る消費税額とそれに対応する買手（仕入側）における課税仕入れに係る消費税額を一致させる必要性から、従来どおり実際の取引額に基づいて課税標準を計算する取扱いは何ら変わるものではない。消化仕入取引において、代理人取引と判断される場合であっても、顧客から収受する販売代金を課税売上げに、テナントに対する仕入代金を課税仕入れとしてそれぞれ認識することになる。消費税法上の対応については、「第10章　消費税の処理に係る実務上の対応

（会計、法人税との乖離の問題）」の「Ⅵ　消化仕入れ」を参照されたい。

　なお、収益認識適用指針の設例28にも示されているように、返品条件付買取仕入契約は、本人取引であると判断される場合が多い。

2　商品券等の会計処理

　将来において財またはサービスを移転する履行義務については、顧客から支払を受けた時に、支払を受けた金額で契約負債を認識する。財またはサービスを移転し、履行義務を充足した時に、当該契約負債の消滅を認識し、収益を認識する（収益認識適用指針52項）。

　収益認識会計基準では、契約負債における非行使部分について、企業が将来において権利を得ると見込む場合には、当該非行使部分の金額について、顧客による権利行使のパターンと比例的に収益を認識する。また、契約負債における非行使部分について、企業が将来において権利を得ると見込まない場合には、当該非行使部分の金額について、顧客が残りの権利を行使する可能性が非常に低くなった時に収益を計上する（収益認識適用指針54項）。過去の実績等に基づき権利行使割合を見積もることができ、非行使部分の金額を算出することができる場合は、非行使部分の金額について権利行使割合を乗じた金額について、会計期間ごとに収益を認識することが考えられる。一方、過去の実績等が明らかでなく、権利行使割合を見積もることができない場合は、顧客が残りの権利を行使する可能性が非常に低くなった時に収益を認識することが考えられる。

　一定期間経過後に残存している負債の認識を中止し、必要に応じて引当金を計上する従来の実務は認められない。収益認識会計基準を適用する場合に、非行使部分の見積りが難しいという指摘が当初よりなされている。非行使部分について顧客が権利を行使しないことが見込まれる場合に、その金額を見積もる方法について、事前に検討する必要がある。従来からの商品券回収損失引当金の見積方法を参考にすることも考えられる。

3　ギフト配送契約

　送料込みのギフト配送サービスの場合、ステップ2の履行義務の識別の
ルールから、商品の販売と配送が別個の履行義務とされることが、業界で
は懸念されていたが、商品の販売と配送が一体不可分のものとして合意さ
れたものである場合には、その配送サービスは商品の移転という企業の約
束を履行するための不可分一体の活動と考え、「商品の販売」と一体の履
行義務として取り扱う考え方も成り立つと考えられる。この点、顧客が商
品に対する支配を獲得した後に行う出荷および配送活動については、商品
を移転する約束を履行するための活動として処理し、履行義務として識別
しないことができるとする代替的な取扱い（収益認識適用指針94項）が置
かれている。

電気・ガス事業

1　検針日基準

　電気・ガス事業会社は、従来から検針日基準により収益を計上してい
る。すなわち、電気・ガスの計量は月末日に一斉に確認できないため、月
末日以外の計量で確認した顧客の使用料に基づき収益計上している。例え
ば毎月20日に計量している場合は、21日から月末日までの収益は翌月に計
上されている。

　しかし、収益認識会計基準のルールでは、履行義務の充足に応じて収益
を認識するため、先の例では21日から月末日までの収益を見積もったうえ
で、計上する必要が生じる。この点については、第361回企業会計基準委
員会（平成29年5月30日）では、別記事業による会計規則が定められてい
る場合はそちらが優先されるため、電気料金の検針日基準についても、電
気事業会計規則にその根拠が担保されていることから、引き続き、その処
理を継続することとなるとの議論がなされている。旧一般電気事業者（み

なし小売電気事業者）は、小売料金の規制が残る経過措置期間は、電気事業会計規則が適用されるため、従前の検針日基準を適用することが考えられる[50]。

　一方、検針日基準の継続適用を電気事業会計規則の規定のみに拠る場合、将来、経過措置料金が撤廃され、旧一般電気事業者が電気事業会計規則の適用対象外になった際に、検針日基準を継続適用できなくなることが想定される。

　この点について、決算月に実施した計量の日から決算日までに生じた収益を見積もることの困難性に関する意見および代替的な取扱いを定める必要がある旨の意見が、電気事業およびガス事業の業界団体から寄せられていた。

　この問題について、企業会計基準委員会の審議において、当該見積りの困難性について代替的な取扱いを検討し、決算日までの顧客による使用量を確認できない場合や、計量により確認した使用量に応じて複数の単価が適用される場合等、当該見積りが困難となり得る状況に対して検討が行われたが、当該見積りの困難性に係る評価が十分定まらず、代替的な取扱いの必要性について合意が形成されなかった。今後、財務諸表作成者により、財務諸表監査への対応を含んだ見積りの困難性に対する評価が十分に行われ、収益認識会計基準の定めに従った処理を行うことが実務上著しく困難である旨、企業会計基準委員会に提起された場合には、公開の審議により、別途の対応を図ることの要否を当委員会において判断することが考えられるとされている（収益認識適用指針188項）。

　収益認識会計基準を適用する企業において、検針日の翌日から決算日までの期間についての見積りの方法について、今後検討が行われることになる。

　また、見積りが実務上困難であると判断された場合、意見を集約させた

50　旧一般電気事業者（みなし小売電気事業者）は、小売料金の規制が残る経過措置期間は、電気事業会計規則の適用を受ける。

上で、企業会計基準委員会に対して公式に提起するかどうかを判断することになると考えられる。

2　複数の履行義務への取引価格の配分

　電力・ガス事業について、段階的に自由化が進められてきていることは周知のとおりである。電気とガスなど複数のエネルギーを一体的に供給する場合もみられるし、エネルギー供給と通信や機器保守サービス等の他のサービスを一体的に提供する場合もみられる。また、他のサービスと一体的に提供することで、独立販売価格を下回る価格でサービスの提供を行う場合もある。

　複数のサービスを一体的に提供する場合、1つの契約に複数の履行義務が含まれる関係になる場合は、取引価格を複数の履行義務に配分することになる。各履行義務の契約価格と独立販売価格が異なる場合には、収益の計上額が契約価格と異なることもあり得る点に留意しなければならない。

3　ポイント制度

　電力・ガス事業においても、その利用料に応じてポイントを付与するポイント制度を導入している。そのポイントが顧客に重要な権利を提供するものである場合、独立した履行義務として処理することになる。ポイントの付与時点では履行義務は充足されていないため、収益を認識せず、ポイント部分について契約負債を認識し、当該ポイントの利用に応じて契約負債から収益に振り替えることが考えられる。

　なお、他社のポイント制度の場合は、付与する他社のポイントに対応する金額は、他社のために回収する金額に該当するため、売上計上額から除外し、当該他社に対する未払金を計上する。

船舶による運送

1　一定の期間にわたり充足される履行義務

　船舶による運送サービスは、一定の期間にわたり充足される履行義務であるかどうかが論点になる。次の(1)から(3)のいずれかに該当する場合には、資産に対する支配が顧客に一定の期間にわたり移転することにより、一定の期間にわたり履行義務を充足し収益を認識することが要求される（収益認識会計基準38項）。この場合、航海完了基準によって航海の完了時にすべての収益を計上する処理はもちろん認められない。

一定の期間にわたり充足される履行義務かどうかの判断要件

(1)　企業が顧客との契約における義務を履行するにつれて、顧客が便益を享受すること[51]

(2)　企業が顧客との契約における義務を履行することにより、資産が生じるまたは資産の価値が増加し、当該資産が生じるまたは当該資産の価値が増加するにつれて、顧客が当該資産を支配すること（例えば顧客が所有する土地で行われる建物建築工事）

(3)　次の要件のいずれも満たすこと

①　企業が顧客との契約における義務を履行することにより、別の用途に転用することができない資産が生じること

②　企業が顧客との契約における義務の履行を完了した部分について、対価を収受する強制力のある権利を有していること

　上記の要件のうちの「(1)企業が顧客との契約における義務を履行するに

51　仮に他の企業が顧客に対する残存履行義務を充足する場合に、企業が現在までに完了した作業を他の企業が大幅にやり直す必要がないときは、企業が顧客との契約における義務を履行するにつれて、顧客が便益を享受するものとする。

つれて、顧客が便益を享受すること」を満たすかどうかについては、例えば企業が顧客との間で、製品をＡ港からＢ港を経由してＣ港まで輸送する契約を締結したと仮定すると、企業がＢ港までしか輸送できず別の企業に引き継いだとした場合、輸送を引き継いだ企業がＡ港からＢ港までの輸送をし直す必要があるかどうかがポイントになる。残存履行義務を引き継ぐ他の企業が、企業がそれまでに実施した作業を大幅にやり直す必要がないと判断される場合には、要件(1)を満たしていると考えられる。この場合、一定の期間にわたり充足される履行義務の要件を満たしていると判断できることから、一定の期間（輸送の期間）にわたり収益を認識することになる。

2　原則的な取扱い

　一航海の輸送において、複数の顧客との間で貨物の輸送に関する契約を締結するのが通常である。複数の顧客との間の複数の契約を結合することは、収益認識会計基準において原則として認められない。したがって、一航海の輸送において、複数の顧客との間で貨物の輸送に関する契約を締結した場合、顧客ごとの輸送をそれぞれ別個の契約かつ別個の履行義務として識別することになり、各履行義務単位で収益を認識することになる。したがって、それぞれの履行義務が一定の期間にわたり充足される履行義務であると判断される場合には、顧客ごとの履行義務について、一定の期間にわたり収益を認識することになる。

　ただし、この処理は実務負担につながると考えられる。この点、次項の代替的な取扱いが置かれている。

3　代替的な取扱い

　従来の実務では、不定期船事業においては、航海単位（空船廻航期間[52]を含む）で収支計算を行うことが実務上定着していた。収益認識会計基準

52　貨物の輸送の為に貨物を積載しない状態で航海する期間をいう。

の原則的な取扱いに従うと、複数の顧客の貨物を取り扱う船舶による輸送の場合、複数の顧客に係る複数の契約の結合を行うことが認められないため、顧客ごとの契約単位で履行義務の識別を行うことになる。航海単位から顧客との契約単位への収益認識の変更に伴う実務上の負担が増大するとの意見や、空船廻航期間の取扱いについて実務慣行から大きく離れる可能性がある旨の指摘がされていた。

　このような意見に配慮し、一定の期間にわたり収益を認識する船舶による運送サービスについて、一航海の船舶が発港地を出発してから帰港地に到着するまでの期間が通常の期間（運送サービスの履行に伴う空船廻航期間を含み、運送サービスの履行を目的としない船舶の移動または待機期間を除く）である場合には、複数の顧客の貨物を積載する船舶の一航海を単一の履行義務としたうえで、当該期間にわたり収益を認識することができるとする代替的な取扱いが定められた（収益認識適用指針97項）。

　代替的な取扱いが定めている要件を満たす場合には、一航海を収益認識の単位とすることが認められるため、実質的に従来と同様の処理を適用することが可能となる。実務負担が増大することはない。

 # VIII　輸出取引

1　支配の移転の時点

　従来の実務では、貨物を船に積み込んだ時点で収益認識する「船積基準」や、買手が検収した時点で収益認識する「検収基準」などが採用されてきた。今後は、収益認識会計基準のルールに基づいて、いつ収益を認識するのかを適切に判断する必要がある。輸出取引については、支配が移転する時点が契約内容や契約条件によって左右されるので、個々の契約ごとに契約内容、契約条件等を確認して、支配が移転する日を判断することは避けられないと考えられる。代替的な取扱いである収益認識適用指針98項

は、国内における販売に限定された取扱いであり、輸出取引についての代替的な取扱いは置かれていない。

⑴　本船甲板渡条件（FOB）の場合

　貿易条件として、本船甲板渡条件（FOB：Free On Board）の契約では、危険負担と費用負担の移転のタイミングが一致しており、船積時に製品に係るリスクと便益が顧客に移転すると考えられ、例外的な契約条件の定めがない限り、製品に対する支配は船積時に移転すると考えられる。

　売手は、貨物を発港地で本船に積み込むまでの費用およびリスクを負担し、それ以降の費用（運賃、海上保険料、輸入関税、通関手数料等）および滅失・損傷に係るリスクは買手が負担する内容になっているのが通常であるため、費用とリスクが買手に移転する時点は、貨物が本船の船上に積まれたときであると考えられる。この契約条件の下では、船積基準で売上を計上することは認められると考えられる。

⑵　運賃・保険料込み条件（CIF）の場合

　貿易条件として、運賃・保険料込み条件（CIF：Cost、Insurance and Freight）の契約では、売主は、貨物を荷揚げ地の港で荷揚げするまでの費用（運賃、海上保険料等）を負担し、荷揚げ以降の費用（輸入関税、通関手数料を含む）は買手の負担となる。ただし、滅失・損傷に係るリスクは、貨物が発港地で本船に積み込まれた時点で買手に移転する。危険負担は船積時に顧客に移転するが、企業が輸送と輸送中の保険を手配するため、費用負担の移転は輸送が完了する時点である。

　製品を引き渡すという履行義務は、例外的な契約条件の定めがない限り、船積時に充足されると考えられる。その時点で、製品を引き渡す履行義務に対応する金額を売上に計上することが考えられる。ここで重要なポイントは、製品に対する支配が顧客に移転した後に提供される輸送サービスが別個の履行義務に該当すると考えられる点である。

　本来は、輸送サービスを別個の履行義務ととらえ、輸送サービスが完了した時にそれに対応する金額を収益に計上することになる。ただし、代替的な取扱い、すなわち「顧客が商品又は製品に対する支配を獲得した後に行う出荷及び配送活動については、商品又は製品を移転する約束を履行するための活動として処理し、履行義務として識別しないことができる。」（収益認識適用指針94項）という取扱いが置かれている。したがって、船積基準で売上を計上することは認められると考えられる。

(3)　仕向地持込渡条件（DAP）の場合

　貿易条件として、仕向地持込渡条件（DAP：Delivered at Place）がある。インコタームズ2010（2011年1月1日発効）で新たに規定されたものである。仕向地持込渡条件の下では、買手への引渡しまでの間、費用、滅失・損傷に係るリスクを売手が負担することになる。貨物が指定仕向地に到着し、荷卸しの準備ができている状態の下で輸出物品を買主の処分に委ねた時点において、費用、滅失・損傷に係るリスク負担が売主から買主に移転し、履行義務が充足されると考えられる。したがって、収益認識会計基準のルールでは、船積基準で売上を計上することは認められないと考えられる。

2　出荷および配送活動を別個の履行義務とみるのか

　先の本船甲板渡条件（FOB：Free On Board）や運賃・保険料込み条件（CIF：Cost、Insurance and Freight）のように、貨物に対する支配が船積時点で買手に移転する場合に、その後の出荷および配送活動が、別個の履行義務であると判断すべきかどうかが論点になる。

　この点については、顧客が商品または製品に対する支配を獲得した後に行う出荷および配送活動については、商品または製品を移転する約束を履行するための活動として処理し、履行義務として識別しないことができると考えられる（収益認識適用指針94項）。

Ⅸ 不動産業

　不動産業といっても、不動産開発・分譲事業、不動産賃貸業、不動産管理業など、いくつかに分類される。収益認識会計基準適用に伴う主な論点は、次のとおりである。

1 契約コスト

　例えばマンション分譲事業において、販売に先立って、モデルルーム設置費用や広告宣伝費が発生する。従来の実務では、費用収益対応の原則により、物件の引渡しまで繰り延べる処理を採用しているケースがある。これについて、IFRS第15号では、契約を獲得するためのコストのうち、契約を獲得したかどうかに関係なく発生するものについて、発生時に費用処理するものとされている。従来から繰延処理してきた企業において、このルールが適用されると財務面に多大な影響が生じ得る。

　この点について、収益認識会計基準では、棚卸資産や固定資産等、コストの資産化等の定めがIFRSの体系とは異なるため、IFRS第15号における契約コスト（契約獲得の増分コストおよび契約を履行するためのコスト）の定めを範囲に含めないものとする柔軟な対応がされた。

　ただし、IFRSまたは米国会計基準を連結財務諸表に適用している企業が当該企業の個別財務諸表に収益認識会計基準を適用する場合には、契約コストの会計処理を連結財務諸表と個別財務諸表で異なるものとすることは実務上の負担を生じさせると考えられるため、個別財務諸表においてIFRS第15号またはFASB-ASC のSubtopic 340-40「その他の資産及び繰延コスト―顧客との契約」（以下「Subtopic 340-40」という）における契約コストの定めに従った処理をすることを認めるとしている。

　また、IFRSまたは米国会計基準を連結財務諸表に適用している企業の連結子会社が当該連結子会社の連結財務諸表および個別財務諸表に収益認

識会計基準を適用する場合にも、契約コストの会計処理を親会社の連結財務諸表における会計処理と異なるものとすることは実務上の負担を生じさせると考えられるため、連結財務諸表および個別財務諸表においてIFRS第15号またはSubtopic 340-40における契約コストの定めに従った処理をすることを認めるとしている（収益認識会計基準109項）。

2　礼金・保証金の取扱い

　不動産業における礼金、更新料の取扱いが論点になる。契約の締結等に対する謝礼的な性格であると解する見解や賃料の前払いとしての性格であるとする見解など、考え方は統一されていないと思われる。もともと住居が不足していた時代に、借主が大家に対して入居させてくれたことに対するお礼として支払っていたものが慣行として残っているものであると考えられている。収益認識会計基準の設定に係る審議において、礼金、更新料は直接取り上げられていない。私見であるが、礼金を支払わなければ入居できない、または更新料を支払わなければ賃貸借契約を更新できないという条件として課されるものであり、入居・更新と礼金・更新料の支払との関連性が高いことから、支払を受けた時に収益計上すべきものと考えられる。

3　不動産管理業における管理報酬の取扱い

　不動産の管理業務は、清掃、メンテナンス、事務サービスなど、異なる性質を有する様々な活動が含まれる。管理報酬としては、その活動の内訳が明示されていないのが通常である。この点について、それぞれの役務提供が別個の履行義務と判断されるのかどうかが論点になる。

　その判断に当たっては、当該財またはサービスから顧客が単独で、または、顧客が容易に利用できる他の資源を組み合わせて便益を得ることができるかどうかに加え、契約における他の財またはサービスへの依存性、相互関連性を考慮することが考えられる。顧客との契約の観点を考慮すると、

それらの一連の業務が、賃貸不動産が契約の目的に従って運営されるための1つの履行義務を満たすための一部であると判断される場合において複数の履行義務を認識することは、顧客に対する企業の約束を忠実に表現するものではないと考えられる。一連の業務が賃貸不動産の運営という1つの履行義務を充足するための一部であると判断されるときは、全体が1つの履行義務であると判断されると考えられる。

　また、商業施設における限定的なイベントを誘致するような活動が行われる場合は、それ自体を他の活動とは性質が異なるととらえて、別個の履行義務と判断することになる可能性が高いと考えられる。別個の履行義務であると判断されるときは、取引価格（管理報酬全体）を各履行義務に配分する実務が必要になると考えられる。

モバイルコンテンツ関連事業

1　モバイルコンテンツ関連事業に係る収益認識

　スマートフォンゲーム等のサービスを提供するモバイルコンテンツ関連事業を行う企業における収益認識の取扱いが問題となる。現状では、ゲーム内アイテムに関する収益認識の時期については、大きく次の3つの実務が存在すると考えられる。

ゲーム内アイテムに関する収益認識の時期

(1)　ユーザーがゲーム内で課金し、ゲーム内で利用可能な通貨を購入した時点
(2)　ユーザーがゲーム内で通貨を使用し、ゲーム内で利用可能なアイテムを購入した時点
(3)　ユーザーが(2)で購入したアイテムの使用状況に応じて（アイテムの種類による）

　モバイルコンテンツ関連事業者で構成される業界団体である「一般社団法人　モバイル・コンテンツ・フォーラム」（MCF）は公開草案等に対して、上記のうちの(3)については、膨大なアイテムの使用状況等を個別に算定し、収益認識の基礎とすることに困難が伴うため、(2)の処理が望ましい旨のコメントを提出していた。実務上は、まずは(1)を適用すべきか(2)を適用すべきかを判断することが考えられる。仮に一定の期間にわたり充足される履行義務であると判断される場合は、履行義務の充足に係る進捗度を見積もり、当該進捗度に基づいて収益を一定の期間にわたり認識することになる。

　また、アイテム等を「消費性」のものと、「非消費性（継続性、永久性等ともいう）」のものに分類し、「非消費性」のアイテム等については、利用期間を見積もったうえでその期間にわたって収益を繰り延べる必要があるという意見もある。この場合の繰延期間を合理的に見積もるためには、様々なデータを集計、分析する必要があり、相当な実務負担につながるおそれがある。

　収益認識に関する判断は、企業が提供するゲームの性質やアイテムの性質等を加味して決定されるべきであり、企業やゲームによって収益の認識時期が異なる可能性が考えられる。この点、各社が、自社が提供するゲームの実態を反映した適切な方法に基づき収益を認識すべきであると考えられる。

　なお、企業会計基準委員会は、上記のコメントに対して、次の「コメントへの対応」を公表している。

・スマートフォンゲームにおけるゲーム内課金に係る収益認識については、収益認識会計基準38項の要件に照らして、一時点で収益を認識すべきか、一定の期間にわたり収益を認識すべきかを判断する。仮に一定の期間にわたり収益を認識すべきと判断した場合には、履行義務の充足に係る進捗度を見積り、当該進捗度に基づき収益を一定の期間にわたって計上することとなる。

・上記の判断および進捗度の適切な見積方法は、企業が提供するゲームの性質や、ゲームの中で使用されるアイテムの性質等を加味して決定されるべきものであり、企業やゲームによって、収益の認識時期は異なる可能性がある。そのため、単一の収益認識方法を会計基準の中で定めることは適切ではなく、各社が、自社が提供するゲームの実態を反映した適切な方法に基づき収益を認識すべきであると考えられる。

2　業界ガイドラインの作成

　単一の収益認識方法が定められなかった経緯があり、「一般社団法人モバイル・コンテンツ・フォーラム」（MCF）は、平成30年5月29日に「スマートフォンゲーム等における収益認識基準に関するガイドラインの作成に向けて」を公表し、収益認識に関する業界の指針を作成することを明らかにした。それを受けて、令和2年3月に「スマートフォンゲーム等における収益認識基準に関するガイドライン」が公表された。会員企業がここで取り上げた会計処理の事例に従わなければならないものでもないし、外部の関係者などに対して拘束力を持つものでもなく、あくまで会計処理をする上での参考文献としての位置付けとなる旨がその前文に示されている。

　膨大なゲーム内アイテム等に関連する収益認識に関して、主要なパターンに応じた指針を作成することで、会員企業の適正な会計処理に資することが狙いである。会員企業は、このガイドラインを参考として、自社の取引の実態に合う会計処理を検討することになると考えられる。

第12章

開示

　収益認識会計基準の早期適用段階では、注記事項について必要最低限の定めのみが置かれており、強制適用される時（令和３年４月１日以後に開始する事業年度の期首）までに、注記事項の定めを検討するとされていた。

　令和２年３月31日付で、検討課題とされていた注記事項の定めを盛り込む内容を中心とする収益認識会計基準の改正が公表された。この改正後の収益認識会計基準は、令和３年４月１日以後に開始する連結会計年度および事業年度の期首から適用されるが、令和２年４月１日以後に開始する連結会計年度および事業年度の期首から早期適用することができる。また、令和２年４月１日に終了する連結会計年度および事業年度から令和３年３月30日に終了する連結会計年度および事業年度までにおける年度末に係る連結財務諸表および個別財務諸表から早期適用することもできる。

　なお、注記事項の定めだけではなく、契約資産と債権を区分表示（またはそれぞれの残高を注記）しなければならないとする改正も併せて行われている。

　以下は、改正後の収益認識会計基準の内容に基づいている。

I　貸借対照表の表示

1　契約資産、契約負債、債権の計上

　企業が履行している場合や企業が履行する前に顧客から対価を受け取る場合等、契約のいずれかの当事者が履行している場合等には、企業は、企業の履行と顧客の支払との関係に基づき、契約資産、契約負債または顧客との契約から生じた債権を計上する（収益認識会計基準79項前段）。

　要するに、契約の当事者（企業および顧客）のいずれかが、他の当事者よりも先に義務を履行する場合、契約の当事者である企業は、資産または負債を認識する必要がある。契約資産、契約負債または顧客との契約から生じた債権を、適切な科目をもって貸借対照表に表示するとされているため、契約資産、工事未収入金、契約負債、前受金、売掛金、営業債権など、適切な科目をもって表示することが考えられる。

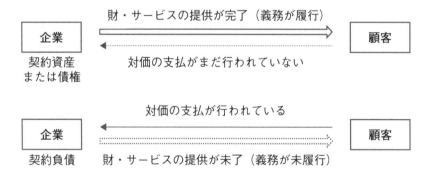

　契約資産と債権の違いは、対価に対する権利が、契約資産の場合は支払期日の到来以外の条件が求められる権利であるのに対して、債権の場合は対価を受け取る期限が到来する前に必要となるのが時の経過のみであるという点である。収益認識会計基準12項において、「顧客との契約から生じた債権」とは、企業が顧客に移転した財またはサービスと交換に受け取る対価に対する権利のうち無条件のもの（すなわち、対価に対する法的な請

求権）をいうものと定義しているが、売掛金のように支払期日の到来のみ
が満たされればよいものは債権である。一方、工事進行基準の適用におい
て進捗度に応じて収益を計上するときの相手勘定である工事未収入金は、
工事が未完成である以上、支払期日の到来以外の条件が求められる権利に
該当するため、契約資産である。

　なお、契約資産、契約負債または顧客との契約から生じた債権について
は、財務諸表等規則に従い、従来から用いている科目、もしくは当該資産
または負債を示す名称を付した科目をもって表示するなど、貸借対照表が
明瞭に表示されていることに留意した上で適切な科目をもって表示する。
また、契約資産に係る貸倒引当金の会計処理については、「金融商品に関
する会計基準」における債権の取扱いを適用し、外貨建ての契約資産に係
る外貨換算については、「外貨建取引等会計処理基準」の外貨建金銭債権
債務の換算の取扱いを適用する（収益認識会計基準77項）[53]。

2　契約資産と債権の区分表示

　令和2年3月31日付の改正前の収益認識会計基準では、経過措置として、
契約資産と顧客との契約から生じた債権を区分表示しないことができると
されていたが、改正後の収益認識会計基準ではこの経過措置を定める規定
が削除された。したがって、改正後の収益認識会計基準を適用する場合は、
この経過措置の適用は受けられない点に留意する必要がある。

　契約資産と顧客との契約から生じた債権を区分表示するのが原則である
が、契約資産と顧客との契約から生じた債権のそれぞれについて、貸借対
照表に他の資産と区分して表示しない場合には、それぞれの残高を注記す
る。また、契約負債を貸借対照表において他の負債と区分して表示しない
場合には、契約負債の残高を注記することになる（収益認識会計基準79項
後段）。区分表示をしないのであれば、それぞれの残高の注記が必要になる。

53　顧客との契約から生じた債権については、金銭債権として、貸倒引当金の会計処理や当初
　　認識の測定に係る会計処理などについて「金融商品に関する会計基準」が適用される。

損益計算書

　顧客との契約から生じる収益を、適切な科目をもって損益計算書に表示する。なお、顧客との契約から生じる収益については、それ以外の収益と区分して損益計算書に表示するか、または両者を区分して損益計算書に表示しない場合には、顧客との契約から生じる収益の額を注記する必要がある（収益認識会計基準78-2項前段）。従来と同様に、企業の実態に応じて適切な表示科目を用いる。具体的には、売上高、売上収益、営業収益など、適切な科目をもって表示することが考えられる。

　また、顧客との契約に重要な金融要素が含まれる場合、顧客との契約から生じる収益と金融要素の影響（受取利息または支払利息）を損益計算書において区分して表示する（収益認識会計基準78-2項後段）。金融要素は受取利息または支払利息の性質を有するものであるから、売上高等とは区分して表示することになる。

 注記

　令和2年3月31日付で公表された改正後の収益認識会計基準では、IFRS第15号の定める注記事項と実質同様の注記事項が定められている[54]。次のようにまとめることができる。

54　IFRS第15号では、顧客との契約から生じた債権または契約資産について認識した減損損失の開示を求めているが、IFRS第9号「金融商品」における金融資産の減損に関する定めと、日本における貸倒引当金繰入額および貸倒損失額に関する定めが異なっているため、同様の開示を求めることは困難であるという理由により、日本基準では求めないとしている。この開示については、「金融商品に関する会計基準」の見直しと合わせて検討するとしている。

収益認識に関連する注記

重要な会計方針	(1) 企業の主要な事業における主な履行義務の内容 (2) 企業が当該履行義務を充足する通常の時点（収益を認識する通常の時点）	
収益認識に関する注記	(1) 収益の分解情報	
	(2) 収益を理解するための基礎となる情報	・契約および履行義務に関する情報（ステップ1、ステップ2） ・取引価格の算定に関する情報（ステップ3） ・履行義務への配分額の算定に関する情報（ステップ4） ・履行義務の充足時点に関する情報（ステップ5） ・本会計基準の適用における重要な判断
	(3) 当期および翌期以降の収益の金額を理解するための情報	・契約資産および契約負債の残高等 ・残存履行義務に配分した取引価格

（注1）　重要な会計方針として注記している内容は、収益認識に関する注記として記載しないことができる。

（注2）　収益認識に関する注記として記載する内容について、財務諸表における他の注記事項に含めて記載している場合には、当該他の注記事項を参照することができる。

　以下、各項目について、詳しく解説する。

1　重要な会計方針

　顧客との契約から生じる収益に関する重要な会計方針として、次の項目を注記しなければならない（収益認識会計基準80-2項）。

(1)　企業の主要な事業における主な履行義務の内容

(2)　企業が当該履行義務を充足する通常の時点（収益を認識する通常の時点）

　上記(1)は、主要な事業における顧客との契約に基づく主な履行義務の内容を明らかにするものであり、例えば甲事業については、A製品およびB

製品を製造の上、主要取引先である○○品メーカーに引き渡すなど、あくまでも主要な事業について、主な履行義務の内容を示すことが考えられる。また、(2)は収益の認識時点であるから、その製品の顧客における検収の日、その製品の出荷の日、サービスを提供するにつれて、サービスの提供の完了時など、収益の計上の通常の時点を示すことが考えられる。

　また、上記の項目以外にも、重要な会計方針に含まれると判断した内容については、重要な会計方針として注記する（収益認識会計基準80-3項）。

2　収益認識に関する注記

　収益認識に関する注記における開示目的は、顧客との契約から生じる収益およびキャッシュ・フローの性質、金額、時期および不確実性を財務諸表利用者が理解できるようにするための十分な情報を企業が開示することである（収益認識会計基準80-4項）。

　上記の開示目的を達成するため、収益認識に関する注記として、次の項目を注記する（収益認識会計基準80-5項）。

(1)　収益の分解情報
(2)　収益を理解するための基礎となる情報
(3)　当期および翌期以降の収益の金額を理解するための情報

　ただし、上記に掲げている各注記事項のうち、開示目的に照らして重要性に乏しいと認められる注記事項については、記載しないことができる。開示目的を達成するために必要な注記事項の開示の要否を、企業の実態に応じて企業自身で判断する。開示目的に照らして重要性が乏しいと認められるか否かの判断は、定量的な要因と定性的な要因の両方を考慮して行う（収益認識会計基準168項）。

　収益認識に関する注記を記載するにあたり、どの注記事項にどの程度の重点を置くべきか、また、どの程度詳細に記載するのかを収益認識会計基準80-4項の開示目的に照らして判断することになる。重要性に乏しい詳細

な情報を大量に記載したり、特徴が大きく異なる項目を合算したりすることにより有用な情報が不明瞭とならないように、注記は集約または分解する（収益認識会計基準80-6項）。

なお、重要な会計方針として注記している内容は、収益認識に関する注記として記載しないことができる。また、収益認識に関する注記として記載する内容について、財務諸表における他の注記事項に含めて記載している場合には、当該他の注記事項を参照することができる（収益認識会計基準80-8項、80-9項）。

以下、各項目について、詳しく解説する。

(1) 収益の分解情報
① 収益の分解情報の注記

損益計算書に表示される収益は、様々な財またはサービスの移転および様々な種類の顧客または契約から生じる可能性があり、顧客との多くの契約から生じた複合的な金額である。当期に認識した顧客との契約から生じる収益の内訳を財務諸表利用者が理解できるようにするために求められるものである（収益認識会計基準174項）。

当期に認識した顧客との契約から生じる収益を、収益およびキャッシュ・フローの性質、金額、時期および不確実性に影響を及ぼす主要な要因に基づく区分に分解して注記する（収益認識会計基準80-10項）。

企業会計基準第17号「セグメント情報等の開示に関する会計基準」（以下、「セグメント情報等会計基準」という）を適用している場合、注記する収益の分解情報と、セグメント情報等会計基準に従って各報告セグメントについて開示する売上高との間の関係を財務諸表利用者が理解できるようにするための十分な情報を注記する必要がある（収益認識会計基準80-11項）。後掲の「Ⅵ　開示例」の甲社から丙社の事例は、分解した売上高と報告セグメントの売上高との関連を明らかにしている。

②　収益の分解に用いる区分の決定

　IFRS第15号では、収益の分解情報を開示する目的は、「顧客との契約から認識した収益を、収益およびキャッシュ・フローの性質、金額、時期および不確実性がどのように経済的要因の影響を受けるのかを描写する区分に分解すること」であるとされている。収益認識会計基準は、これを踏まえてどのように収益の分解情報を注記するのかを定めている。

　収益の分解に用いる区分については、次のような情報において、企業の収益に関する情報が他の目的でどのように開示されているのかを考慮して、決定する（収益認識適用指針106-4項）。

・財務諸表外で開示している情報（例えば、決算発表資料、年次報告書、投資家向けの説明資料）
・最高経営意思決定機関が事業セグメントに関する業績評価を行うために定期的に検討している情報
・他の情報のうち、上記で識別された情報に類似し、企業または企業の財務諸表利用者が、企業の資源配分の意思決定または業績評価を行うために使用する情報

　財務諸表利用者とのコミュニケーションにおいて開示している区分や企業が業績評価の目的で利用している区分を考慮するという趣旨である。企業が業績評価の目的で利用している区分については、セグメント情報の報告区分が参考になると考えられる。ただし、セグメント情報では一定の要件を満たしている場合に集約を認める取扱いがあるが、収益認識に関する注記では集約を認める取扱いが置かれていない。セグメント情報の開示よりもより詳細に区分した開示を行う必要も生じ得る点に留意する必要がある。

　収益を分解する程度については、企業の実態に即した事実および状況に応じて決定する必要がある。

③ 区分の例示と開示例

収益を分解するための区分の例として次のものが挙げられる（収益認識適用指針106-5項）。IFRS第15号に示されている例示と同じである。

- ・財またはサービスの種類（例えば、主要な製品ライン）
- ・地理的区分（例えば、国または地域）
- ・市場または顧客の種類（例えば、政府と政府以外の顧客）
- ・契約の種類（例えば、固定価格と実費精算契約）
- ・契約の存続期間（例えば、短期契約と長期契約）
- ・財またはサービスの移転の時期（例えば、一時点で顧客に移転される財またはサービスから生じる収益と一定の期間にわたり移転される財またはサービスから生じる収益）
- ・販売経路（例えば、消費者に直接販売される財と仲介業者を通じて販売される財）

収益の分解情報は、単一の区分により開示される場合もあれば、複数の区分により開示される場合（例えば、製品別の収益の分解と地域別の収益の分解）もあると考えられる。また、企業の収益およびキャッシュ・フローの性質、金額、時期および不確実性に影響を及ぼす要因のすべてを考慮する必要はなく、「主要な」要因に基づく区分による収益の分解情報を開示すれば足りる（収益認識会計基準178項）。

次の開示例は、複数の区分により開示される場合の例示である。

開示例1 収益の分解情報

1．前提条件

(1) A社は、企業会計基準第17号「セグメント情報等の開示に関する会計基準」に従って、消費者製品、輸送及びエネルギーの各セグメントについて報告している。

(2) A社は、投資家向けの説明資料を作成する際に、収益を、主たる地域

市場、主要な財又はサービスのライン及び収益認識の時期（一時点で移
転される財又は一定の期間にわたり移転されるサービス）に分解してい
る。A社は、本適用指針第106-3項から第106-5項に基づき、投資家向け
の説明資料で使用している区分を、会計基準第80-10項に示す収益を分
解する区分（収益及びキャッシュ・フローの性質、金額、時期及び不確
実性に影響を及ぼす主要な要因に基づく区分）として使用できると判断
した。

(3) 次の表では、主たる地域市場、主要な財又はサービスのライン及び収
益認識の時期による分解情報の例を示している。また、この例示では、
会計基準第80-11項に従って、分解した収益が消費者製品、輸送及びエ
ネルギーの各セグメントとどのように関連しているのかに関する調整表
を提供している。

２．注記例

（単位：百万円）

セグメント	消費者製品	輸送	エネルギー	合計
主たる地域市場				
日本	990	2,250	5,250	8,490
アジア	300	750	1,000	2,050
北米	700	260	–	960
	1,990	3,260	6,250	11,500
主要な財又はサービスのライン				
事務用品	600	–	–	600
器具	990	–	–	990
衣類	400	–	–	400
オートバイ	–	500	–	500
自動車	–	2,760	–	2,760
太陽光パネル	–	–	1,000	1,000
発電所	–	–	5,250	5,250

	1,990	3,260	6,250	11,500
収益認識の時期				
一時点で移転される財	1,990	3,260	1,000	6,250
一定の期間にわたり移転されるサービス	–	–	5,250	5,250
	1,990	3,260	6,250	11,500

（出典：「収益認識に関する会計基準の適用指針」の設例より）

(2) 収益を理解するための基礎となる情報

　顧客との契約が、財務諸表に表示している項目または収益認識に関する注記における他の注記事項とどのように関連しているのかを示す基礎となる情報として、次の事項を注記する（収益認識会計基準80-12項）。括弧書きは、対応するステップの番号を示している。

- ・契約および履行義務に関する情報（ステップ1、ステップ2）
- ・取引価格の算定に関する情報（ステップ3）
- ・履行義務への配分額の算定に関する情報（ステップ4）
- ・履行義務の充足時点に関する情報（ステップ5）
- ・本会計基準の適用における重要な判断

---

① 契約および履行義務に関する情報

　収益として認識する項目がどのような契約から生じているのかを理解するための基礎となる情報を注記する。この情報には、(i)履行義務に関する情報および(ii)重要な支払条件に関する情報が含まれる（収益認識会計基準80-13項）。

　履行義務に関する情報を注記するにあたっては、履行義務の内容（企業が顧客に移転することを約束した財またはサービスの内容）を記載する。また、例えば、次の内容が契約に含まれる場合には、その内容を注記する（収益認識会計基準80-14項）。ただし、「履行義務の内容」は、企業が顧客

に移転することを約束した財またはサービスの内容ならびに収益および
キャッシュ・フローの金額、時期および不確実性を理解するために必要な
基礎となる情報を開示するものであるため、重要な会計方針に注記すると
されている。これ以外にも、重要な会計方針に含まれると判断した内容に
ついては、重要な会計方針として注記する。

> ・財またはサービスが他の当事者により顧客に提供されるように手配
>   する履行義務（すなわち、企業が他の当事者の代理人として行動す
>   る場合）
> ・返品、返金およびその他の類似の義務
> ・財またはサービスに対する保証および関連する義務

　重要な支払条件に関する情報を注記するにあたっては、例えば、次の内
容を記載する（収益認識会計基準80-15項）。

> ・通常の支払期限
> ・対価に変動対価が含まれる場合のその内容
> ・変動対価の見積りが第54項に従って通常制限される場合のその内容
> ・契約に重要な金融要素が含まれる場合のその内容

②　取引価格の算定に関する情報

　取引価格をどのように算定したかを理解できるよう、取引価格を算定す
る際に用いた見積方法、インプットおよび仮定に関する情報を注記する。
例えば、次の内容を記載する（収益認識会計基準80-16項）。

> ・変動対価の算定
> ・変動対価の見積りが制限される場合のその評価
> ・契約に重要な金融要素が含まれる場合の対価の額に含まれる金利相
>   当分の調整

・現金以外の対価の算定

・返品、返金およびその他の類似の義務の算定

　取引価格に変動対価が含まれる場合、その見積方法、インプットおよび仮定に関する情報は、有用なものとなる。例えば、過去の実績を基礎とする場合において、どのような期間の実績を基礎としたのか、期待値または最頻値のうちのいずれの方法を用いたのかなど、具体的な見積方法等を示すことが考えられる。また、返品権付取引については、返品が見込まれる数量、金額を見積もることになるが、その見積方法等に関する情報も同様である。

③　履行義務への配分額の算定に関する情報

　取引価格の履行義務への配分額の算定方法について理解できるよう、取引価格を履行義務に配分する際に用いた見積方法、インプットおよび仮定に関する情報を注記する。例えば、次の内容を記載する。

・約束した財またはサービスの独立販売価格の見積り

・契約の特定の部分に値引きや変動対価の配分を行っている場合の取引価格の配分

　独立販売価格が直接観察可能でないときは、独立販売価格を見積もることになる。その見積方法として、調整した市場評価アプローチ、予想コストに利益相当額を加算するアプローチ、残余アプローチがあるが、どのような情報を基礎としていずれの方法を用いたのかなどを示すことが考えられる。

　また、契約の特定の部分に値引きの配分を行っている場合は、特定の財またはサービスに値引きを配分した上で、残余アプローチにより見積もることが考えられるが（収益認識会計基準33項）、その内容を注記することが考えられる。

④　履行義務の充足時点に関する情報

　履行義務を充足する通常の時点（収益を認識する通常の時点）の判断および当該時点における会計処理の方法を理解できるよう、次の事項を注記する（収益認識会計基準80-18項）。「履行義務を充足する通常の時点（収益を認識する通常の時点）」は、重要な会計方針として注記する。

- ・履行義務を充足する通常の時点（収益を認識する通常の時点）
- ・一定の期間にわたり充足される履行義務について、収益を認識するために使用した方法および当該方法が財またはサービスの移転の忠実な描写となる根拠
- ・一時点で充足される履行義務について、約束した財またはサービスに対する支配を顧客が獲得した時点を評価する際に行った重要な判断

　履行義務を充足する通常の時点（収益を認識する通常の時点）としては、その製品の顧客における検収の日、その製品の出荷の日など、収益の計上の通常の時点を示すことが考えられる。

　また、一定の期間にわたり充足される履行義務については、アウトプット法またはインプット法のうちのいずれかの方法を用いて進捗度を見積もることになるが、具体的な見積方法（原価比例法、発生した労働時間に応ずる方法、経過期間に応ずる方法など）を示すとともに、その見積方法が進捗度を最もよく反映すると判断した根拠を示すことが考えられる。

　さらに、一時点で充足される履行義務については、財またはサービスに対する支配を顧客が獲得した時点で収益を認識することになるが、顧客が支配を獲得した時点をどのように判断したのかを示すことが考えられる。

⑤　本会計基準の適用における重要な判断

　収益認識会計基準を適用する際に行った判断および判断の変更のうち、顧客との契約から生じる収益の金額および時期の決定に重要な影響を与え

るものを注記する（収益認識会計基準80-19項）。

　IFRS第15号においては、IFRS第15号の適用における重要な判断および判断の変更に関して特に注記が求められる事項として、「履行義務の充足の時期」ならびに「取引価格および履行義務への配分額」を決定する際に用いた判断および判断の変更が挙げられている。

　企業がこれらの事項を「収益を理解するための基礎となる情報」に掲げる事項または内容を踏まえて注記している場合には、本会計基準を適用する際に行った判断および判断の変更の項目を改めて設けて記載する必要はない（収益認識会計基準191項）。すなわち、上記の②から④の開示項目において十分な開示が行われていれば、⑤について独立した項目を設けて開示を行う必要はないと考えられる。

(3)　当期および翌期以降の収益の金額を理解するための情報

①　契約資産および契約負債の残高等

　履行義務の充足とキャッシュ・フローの関係を理解できるよう、次の事項を注記する（収益認識会計基準80-20項）。

- ・顧客との契約から生じた債権、契約資産および契約負債の期首残高および期末残高（区分して表示していない場合）
- ・当期に認識した収益の額のうち期首現在の契約負債残高に含まれていた額
- ・当期中の契約資産および契約負債の残高の重要な変動がある場合のその内容
- ・履行義務の充足の時期が通常の支払時期にどのように関連するのかならびにそれらの要因が契約資産および契約負債の残高に与える影響の説明

　また、過去の期間に充足（または部分的に充足）した履行義務から、当期に認識した収益（例えば、取引価格の変動）がある場合には、当該金額

を注記する。

　ある会計期間に認識された収益と契約資産および契約負債の残高の変動
との関係を確認することができ、当期の営業成績および将来の収益予測に
も資する情報になる。

　契約資産および契約負債の期首残高および期末残高については、IFRS
第15号と同様に、契約資産および契約負債の期首から期末への合計額の調
整を表形式で注記することを求めてはいない（収益認識会計基準192項）。
すなわち、表形式での開示は行わないで、契約資産および契約負債の期首
残高と期末残高、当期に認識した収益の額のうち期首現在の契約負債残高
に含まれていた額等を注記した上で、当期中の契約資産および契約負債の
重要な変動について説明することが考えられるが、開示の形式や方法につ
いての制約はなく、企業の判断に委ねられる。後掲の「Ⅵ　開示例」の事
例は、いずれも、契約資産および契約負債の期首残高と期末残高を表形式
で示し、当期に認識した収益の額のうち期首現在の契約負債残高に含まれ
ていた額を注記する方法を採っている。重要な変動については、その内容
とされているように、必ずしも定量的情報を含める必要はない。

②　残存履行義務に配分した取引価格

(ⅰ)　残存履行義務に係る一定の事項

　既存の契約から翌期以降に認識することが見込まれる収益の金額および
時期について理解できるよう、残存履行義務に関して次の事項を注記する
（収益認識会計基準80-21項）。

・当期末時点で未充足（または部分的に未充足）の履行義務に配分し
　た取引価格の総額
・上記に従って注記した金額を、企業がいつ収益として認識すると見
　込んでいるのか、次のいずれかの方法により注記する。
　(a)　残存履行義務の残存期間に最も適した期間による定量的情報を

　　使用した方法

　(b)　定性的情報を使用した方法

　当期末時点で未充足（または部分的に未充足）の履行義務に配分した取引価格は、翌期以降の収益として認識されることが予定されているものであるが、企業がいつ収益として認識すると見込んでいるのかを開示することにより、履行義務の充足の時期についての説明を求めるものである。1年以内に充足されるものがほとんどである場合はその旨を説明することが考えられるが（「Ⅵ　開示例」に掲げる甲社と乙社の事例）、1年以内に充足されるものと1年を超えて充足されるものがある場合は、その内訳を示すことが考えられる（「Ⅵ　開示例」に掲げる丙社の事例）。

　外的な要因がその充足の時期に影響を与える場合もあり得るが、その場合はそれについての説明も求められると考えられる。

　次の開示例は、定量的情報を使用した例である。

開示例2-1　経過期間に基づいて進捗度を見積っている場合（固定対価）

1．前提条件

⑴　A社は、X1年6月30日に、サービスを提供するためにB社（顧客）と2年の解約不能期間を有する契約を締結する。A社は、X1年12月31日現在の残存履行義務に配分した取引価格の注記に含めるべき情報を決定する際に、会計基準第80-21項から第80-24項の定めを検討する。

⑵　A社は、清掃サービス及び芝生のメンテナンス・サービスを、今後2年間にわたり、最大で1か月に4回、必要に応じてB社に提供する。

⑶　B社は、両方のサービスに対して1か月当たり40千円の固定価格を支払う。

⑷　A社は、経過期間に基づいて、履行義務の充足に係る進捗度を見積る。

２．注記例

(1)　A社は、収益としてまだ認識していない取引価格を、A社が当該金額をいつ収益として認識すると見込んでいるのかを示す期間により表形式で注記する（会計基準第80-21項）。注記に含まれる当該契約の情報は、次のとおりである。

（単位：千円）

X1年12月31日現在でこの契約に関して認識されると見込まれる収益	X2	X3	合計
	480（＊1）	240（＊2）	720

（＊1）　480千円＝40千円×12か月
（＊2）　240千円＝40千円×6か月

開示例2-2　経過期間に基づいて進捗度を見積っている場合（変動対価）

１．前提条件

(1)は［開示例2-1］と同様の前提条件を置く。

(2)　A社は、今後2年間にわたり必要に応じて清掃サービスを提供する。

(3)　B社は、1か月当たり10千円の固定対価に加えて、B社の施設の規制上の審査及び認定に対応する0円から100千円までの範囲の1回限りの変動対価（すなわち、業績ボーナス）を支払う。A社は、業績ボーナスに関して、変動対価84千円に対する権利を得ると見積っており、本適用指針第25項の諸要因に関する評価に基づき、変動対価の見積額84千円を取引価格に含める。これは、変動対価の額に関する不確実性が事後的に解消される際に、解消される時点までに計上された収益の著しい減額が発生しない可能性が高いためである（会計基準第54項）。

(4)　A社は、経過期間に基づいて、履行義務の充足に係る進捗度を見積る。

２．注記例

(1)　A社は、収益としてまだ認識していない取引価格を、いつ収益として認識すると見込んでいるのかを示す期間により表形式で注記する（会計基準第80-21項）。注記に含まれる当該契約の情報は、次のとおりである。

X1年12月31日現在でこの契約に関して認識されると見込まれる収益	X2	X3	（単位：千円）合計
	162（＊１）	81（＊２）	243

（＊１）　取引価格＝324千円（10千円×24か月＋変動対価84千円）
　　　　324千円を24か月にわたり均等に認識する（１年当たり162千円）。
（＊２）　162千円×（６か月÷12か月）＝81千円

(2)　また、Ａ社は、会計基準第54項の変動対価の見積りの制限の定めに従って業績ボーナスの一部を取引価格に含めていないため、会計基準第80-23項における注記の定めに従って、残存履行義務に配分した取引価格の注記に含めていないものがある旨を注記する。

（出典：「収益認識に関する会計基準の適用指針」の設例）を一部加工

　［開示例2-2］は、収益認識会計基準54項の変動対価の見積りの制限に係る規定に従い、取引価格に業績ボーナスの一部を含めておらず、結果として収益認識会計基準80-21項の注記に含めていない。その場合は、その旨の注記が必要になる（収益認識会計基準80-23項）。
　次の開示例は、定性的情報を使用した例である。

■開示例3■ 残存履行義務に配分した取引価格の注記－定性的情報

１．前提条件

(1)　Ａ社は、Ｂ社（顧客）とX2年１月１日に1,000百万円の固定対価で商業ビルを建設する契約を締結する。

(2)　Ａ社は、当該ビルの建設は、一定の期間にわたり充足する単一の履行義務であると判断している。

(3)　X2年12月31日現在、Ａ社は320百万円の収益を認識している。Ａ社は、X3年に当該ビルの建設が完了すると見積っているが、X4年の前半になる可能性もあると判断している。

２．注記例

(1)　X2年12月31日に、Ａ社は、収益としてまだ認識していない取引価格

を、残存履行義務に配分した取引価格の注記において開示する。

⑵　また、A社は、残存履行義務に配分した取引価格に係る金額をいつ収益として認識すると見込んでいるのかに関する説明を注記する。当該説明は、残存履行義務の残存期間に最も適した期間による定量的情報と定性的情報のいずれかにより行うことができる。

⑶　当該契約の収益の認識時期に不確実性があるため、A社は、この情報を次のように定性的に注記する（会計基準第80-21項）。

> 　X2年12月31日現在、商業ビルの建設に係る残存履行義務に配分した取引価格の総額は680百万円である。当社は、当該残存履行義務について、当該ビルが完成するにつれて今後12か月から18か月の間で収益を認識することを見込んでいる。

（出典：「収益認識に関する会計基準の適用指針」の設例より）

⒤　実務上の便法

　ただし、次のいずれかの条件に該当する場合には、収益認識会計基準80-21項の注記に含めないことができる（収益認識会計基準80-22項）。

・履行義務が、当初に予想される契約期間が１年以内の契約の一部である。
・履行義務の充足から生じる収益を収益認識適用指針19項[55]に従って認識している
・次のいずれかの条件を満たす変動対価である。
　⒜　売上高または使用量に基づくロイヤルティ
　⒝　収益認識会計基準72項の要件に従って、完全に未充足の履行義

---

[55]　提供したサービスの時間に基づき固定額を請求する契約等、現在までに企業の履行が完了した部分に対する顧客にとっての価値に直接対応する対価の額を顧客から受け取る権利を有している場合には、請求する権利を有している金額で収益を認識することができるとするアウトプット法に属する取扱いである。したがって、固定金額が時間チャージされ、時間数に応じた取引価格となる契約については、本注記は必要ない。収益認識適用指針の開示例2-1を参照されたい。

務（あるいは収益認識会計基準32項(2)に従って識別された単一の
履行義務に含まれる1つの別個の財またはサービスのうち、完全
に未充足の財またはサービス）に配分される変動対価

　上記のいずれかの条件に該当するため、収益認識会計基準80-21項の注
記に含めていないものがある場合には、それらのいずれの条件に該当して
いるか、および当該注記に含めていない履行義務の内容を注記する必要が
ある（収益認識会計基準80-24項前段）。

　また、最後の(a)または(b)のいずれかの条件に該当し、収益認識会計基準
80-21項の注に含めていない場合は、残存する契約期間および注記に含
めていない変動対価の概要（例えば、変動対価の内容およびその変動性が
どのように解消されるのか）を注記する必要がある（収益認識会計基準
80-24項後段）。

⑷　工事契約等から損失が見込まれる場合

　「工事契約に関する会計基準」に定められている次の注記事項が収益認
識会計基準に引き継がれる。

①　当期の工事損失引当金繰入額
②　同一の工事契約に関する棚卸資産と工事損失引当金がともに計上
　　されることとなる場合、棚卸資産と工事損失引当金の相殺の有無と
　　関連する影響額

受注制作のソフトウエアについても、同様に取り扱われる。

連結財務諸表を作成している場合の個別財務諸表における表示および注記事項

連結財務諸表を作成している場合、個別財務諸表における表示および注

記事項について一部簡素化が行われている。財務諸表作成者の実務負担に
配慮したものである。

1　貸借対照表および損益計算書の表示等に係る規定の省略

　連結財務諸表を作成している場合、個別財務諸表においては、収益認識
会計基準78-2項（顧客との契約から生じる収益を、適切な科目をもって損
益計算書に表示し、それ以外の収益と区分して損益計算書に表示する等の
規定）、78-3項（顧客との契約に重要な金融要素が含まれる場合に、顧客
との契約から生じる収益と区分して表示する旨の規定）および79項（企業
が履行している場合や企業が履行する前に顧客から対価を受け取る場合
等、契約のいずれかの当事者が履行している場合等には、企業は、企業の
履行と顧客の支払との関係に基づき、契約資産、契約負債または顧客との
契約から生じた債権を計上する等の規定）の定めを適用しないことができ
る（収益認識会計基準80-25項）。

2　注記の一部の省略

　連結財務諸表を作成している場合、個別財務諸表においては、「収益の
分解情報」および「当期および翌期以降の収益の金額を理解するための情
報」について注記しないことができる（収益認識会計基準80-26項）。

3　連結財務諸表の参照

　連結財務諸表を作成している場合、個別財務諸表においては、「収益を
理解するための基礎となる情報」の注記を記載するにあたり、連結財務諸
表における記載を参照することができる（収益認識会計基準80-27項）。

4　四半期財務諸表の取扱い

　四半期連結財務諸表および四半期個別財務諸表において、年度の期首か
ら四半期会計期間の末日までの期間に認識した顧客との契約から生じる収

益について、収益の分解情報の注記が求められる。

　連結財務諸表作成会社の場合の各財務諸表における注記の取扱いをまとめると、次の図表のとおりである。

各財務諸表における注記（連結財務諸表作成会社の場合）

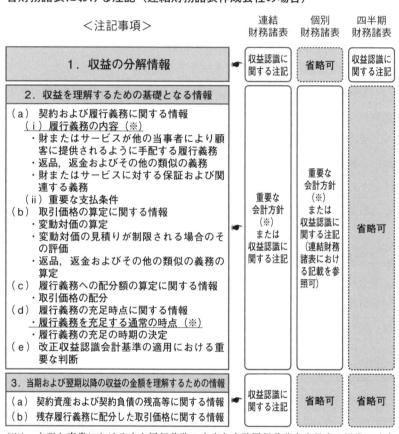

（※）　主要な事業における主な履行義務の内容と当該履行義務を充足する通常の時点は、重要な会計方針として注記する。これ以外にも、重要な会計方針に含まれると判断した内容については、重要な会計方針として注記する。

（出典：ASBJ公表の企業会計基準公開草案第66号の概要（別紙２）を一部修正）

開示に係る経過措置

1　適用初年度の比較情報に係る組替えの省略

　改正後の収益認識会計基準の適用初年度に表示方法の変更が生じる場合には、当該変更は企業会計基準第24号「会計方針の開示、会計上の変更及び誤謬の訂正に関する会計基準」13項(1)の「表示方法を定めた会計基準又は法令等の改正により表示方法の変更を行う場合」として取り扱われる。

　表示方法の変更が生じる場合には、適用初年度の比較情報について、新たな表示方法に従い組替えを行わないことができる（収益認識会計基準89-2項）。この場合には、適用初年度において影響を受ける連結財務諸表および個別財務諸表の主な表示科目に対する影響額を記載することになる。

2　適用初年度の比較情報に係る注記の省略

　改正後の収益認識会計基準の適用初年度においては、収益認識会計基準78-2項、79項なお書きおよび80-2項から80-27項に記載した内容を適用初年度の比較情報に注記しないことができる（収益認識会計基準89-3項）。

　適用初年度の比較情報についての注記事項に関する情報を入手し集計することは実務上煩雑である可能性があるため、当該実務上の負担に配慮し、適用初年度においては、収益認識会計基準78-2項、79項なお書きおよび80-2項から80-27項に記載した内容を、適用初年度の比較情報に注記しないことができることとされたものである。

 開示例

　収益認識会計基準における注記事項の定めは、IFRS第15号における定めと実質同様であるため、以下にIFRS第15号の任意適用事例を掲載する。

あくまでも参考例であり、各企業の実情に応じて対応する必要がある点は当然である。

事例では、分解した売上高とセグメント情報におけるセグメント別の売上高との関連が示されている。

なお、改正後の収益認識会計基準の適用初年度において、前期の比較情報について省略できる点は、すでに説明したとおりである。

甲社・令和元年12月期有価証券報告書より

(重要な会計方針)

⑸ 収益

当社グループは、下記の5ステップアプローチに基づき、収益を認識しております。

ステップ1：顧客との契約を識別する

ステップ2：契約における履行義務を識別する

ステップ3：取引金額を算定する

ステップ4：取引価格を契約における履行義務に配分する

ステップ5：企業が履行義務の充足時に収益を認識する

当社グループは、多くの家電製品分野、車載関連機器、インダストリー分野で使用されるコイル部品を主要な製品として製造販売しており、これらの分野の製品を販売する国内外の様々なメーカーを顧客としております。

このようなコイル製品の販売については、製品を顧客に引渡した時点で顧客が当該製品に対する支配を獲得することから、履行義務が充足されると判断しており、当該製品の引渡時点で収益を認識しております。また、収益は、顧客との契約において約束された対価から、値引、リベートおよび返品などを控除した金額で測定しております。

一部のグループ会社においては、顧客の要請に基づき仕様設計等の開発サービス、特定の工具製造を請け負っております。

　当該開発・工具製造サービスについてはコイル製品販売と区別され、開発期間等一定の期間にわたり収益を認識しております。

（収益認識に関する注記）
23. 収益

　当社グループは、アジア・パシフィック事業及びEU事業を経営資源の配分の決定及び業績の評価をするために、定期的に検討を行う対象としていることから、これらの事業で計上する収益を売上収益として表示しております。

　当社グループは、顧客との契約から生じる収益を顧客との契約に基づき、それぞれの事業の収益を家電製品関連、車載関連、インダストリー分野に区分しております。また、地域別の収益は販売元の所在地に基づき分解しております。これらの分解した収益とセグメント売上高との関連は以下のとおりであります。

　なお、当社グループではIFRS第15号が規定している経過措置である累積的影響を適用開始日に認識する方法を適用しており、前連結会計年度の修正再表示は行っておりません。

⑴　収益の分解
前連結会計年度（自 2018 年 1 月 1 日至 2018 年 12 月 31 日）

製品分野区分	販売元区分					（単位：百万円）
	日本	香港中国	アジア	欧州	北米	合計
一家電製品関連	847	11,621	1,788	－	1,109	15,367
一車載関連	9,320	15,269	1,686	－	8,177	34,454
一インダストリー分野	4,890	1,412	1,121	－	1,858	9,282
アジア・パシフィック事業合計	15,058	28,303	4,596	－	11,146	59,104

－家電製品関連	－	－	－	2,898	－	2,898
－車載関連	－	－	－	27,216	－	27,216
－インダストリー分野	－	－	－	8,318	－	8,318
EU事業合計	－	－	－	38,433	－	38,433
顧客との契約から生じる収益	15,058	28,303	4,596	38,433	11,146	97,538
収益認識の時期						
一時点で移転する製品	15,058	28,303	4,596	37,682	11,146	96,787
一定の期間にわたり移転するサービス	－	－	－	751	－	751
	15,058	28,303	4,596	38,433	11,146	97,538

当連結会計年度（自 2019 年 1 月 1 日至 2019 年 12 月 31 日）

製品分野区分	販売元区分					（単位：百万円）
	日本	香港中国	アジア	欧州	北米	合計
－家電製品関連	742	10,357	3,901	－	3,668	18,669
－車載関連	8,410	13,279	1,588	－	9,262	32,540
－インダストリー分野	4,407	1,148	953	－	2,354	8,863
アジア・パシフィック事業合計	13,560	24,785	6,443	－	15,284	60,073
－家電製品関連	－	－	－	1,907	－	1,907
－車載関連	－	－	－	24,422	－	24,422
－インダストリー分野	－	－	－	7,880	－	7,880
EU事業合計	－	－	－	34,210	－	34,210
顧客との契約から生じる収益	13,560	24,785	6,443	34,210	15,284	94,283

収益認識の時期						
一時点で移転する製品	13,560	24,785	6,443	32,510	15,284	92,584
一定の期間にわたり移転するサービス	–	–	–	1,699	–	1,699
	13,560	24,785	6,443	34,210	15,284	94,283

①　アジア・パシフィック事業

　アジア・パシフィック事業においては、家電製品関連、車載関連、インダストリー関連のコイル製品の販売を行っており、主にこれらの分野を手がける製造業を営む企業を顧客としております。

　このようなコイル製品の販売については、製品を顧客に引渡し検収された時点で顧客が当該製品に対する支配を獲得することから、履行義務が充足されると判断しており、当該製品の引渡時点で収益を認識しております。

　アジア・パシフィック事業における一部の製品販売については、販売金額など一定の目標の達成を条件としたリベートを支払うことがあります。その場合の取引金額は、顧客との契約において約束された対価から当該販売に対応するリベートの見積額を控除した金額で算定しております。

　収益は重大な戻入が生じない可能性が非常に高い範囲でのみ認識しております。

　顧客からの受注に基づき生産し販売するため、販売した製品に瑕疵がある場合以外の返品はなく、返品に係る過去の実績からも重要性が見込まれていないため、返品に係る負債及び当該返品に掛かる資産は認識しておりません。

②　EU事業

　EU事業においては、車載関連、インダストリー関連、家電製品関連のコイル製品の販売を行っており、主にこれらの分野を手がける製造業を営

む企業を顧客としております。

　このようなコイル製品の販売については、製品を顧客に引渡し検収された時点で顧客が当該製品に対する支配を獲得することから、履行義務が充足されると判断しており、当該製品の引渡時点で収益を認識しております。

　またEU事業では上記顧客の要請に基づき仕様設計等や製造用工具等の開発サービスを請け負っています。当該開発サービスについてはコイル製品販売と区別され、開発期間等一定の期間にわたり収益を認識しております。

　EU事業における一部の製品販売については、販売金額など一定の目標の達成を条件としたリベートを支払うことがあります。その場合の取引金額は、顧客との契約において約束された対価から当該販売に対応するリベートの見積額を控除した金額で算定しております。

　収益は重大な戻入が生じない可能性が非常に高い範囲でのみ認識しております。

　顧客からの受注に基づき生産し販売するため、販売した製品に瑕疵がある場合以外の返品はなく、返品に係る過去の実績からも重要性が見込まれていないため、返品に係る負債及び当該返品に掛かる資産は認識しておりません。

(2)　契約残高

　顧客との契約から生じた債権、契約資産及び契約負債の残高は以下のとおりです。

（単位：百万円）

	2018年1月1日残高	前連結会計年度 （2018年12月31日）	当連結会計年度 （2019年12月31日）
顧客との契約から生じた債権	19,037	18,422	18,398
契約資産	723	1,061	1,029

契約負債	286	487	510

(注)　1．報告期間に認識した収益のうち期首現在の契約負債残高に含まれていた額は295百万円であります。

　　　2．当連結会計年度期首に認識されていた契約資産及び契約負債に係る当連結会計年度における重要な変動はありません。

　　　3．契約資産は、主にEU事業における仕様設計や製造工具等の開発サービスにおいて、報告日時点で役務が完了しているがまだ請求することができない作業対価に係るものであります。

　　　　　当該契約資産は、提供した役務につき顧客の検収ののち請求書が発行され、通常個別の顧客との間で取り交わされた契約による支払サイト経過後に顧客から支払が行われます。当社グループでは様々な条件を勘案した上一般的に検収時から数か月以内の支払い期日を設定しております。

　　　　　契約負債は、主に特定の顧客からの前受金に関連するものであります。当該前受金は主に当該顧客向け製品の製造に係る設備若しくは材料等の製造資源の調達に充てられ、これらの資源を消費して製造した製品を当該顧客に納品、顧客の検収を経て収益に計上されます。

　　　　　なお、連結財政状態計算書上、契約資産はその他の流動資産、契約負債はその他の流動負債及びその他の非流動負債に計上しております。

(3)　残存履行義務に配分した取引価格

　当連結会計年度末で未充足（または部分的に未充足）の履行義務に配分した取引価格の総額は以下のとおりであります。

（単位：百万円）

	前連結会計年度 （2018年12月31日）	当連結会計年度 （2019年12月31日）
未充足の履行義務に配分した取引価格の総額	26,751	16,225

　未充足の履行義務に配分した取引価格は、連結会計年度末日現在、弊社グループが受注済みの製品または役務の取引価格のうち、同日現在において納品又は役務が顧客に未提供のため収益を認識していない取引価格の総額であります。当該取引価格については概ね1年以内に収益が計上される見込みであります。

乙社・令和元年12月期有価証券報告書より

（重要な会計方針）

⒁　収益

　当社グループは以下の5ステップアプローチに基づき、顧客への財やサービスの移転との交換により、その権利を得ると見込む対価を反映した金額で売上収益を認識しています。

　　ステップ1：顧客との契約を識別する。

　　ステップ2：契約における履行義務を識別する。

　　ステップ3：取引価格を算定する。

　　ステップ4：取引価格を契約における別個の履行義務へ配分する。

　　ステップ5：履行義務を充足した時点で（又は充足するに応じて）売上収益を認識する。

　当社グループの製品は顧客に納品することを約束した製品等について、契約条件に照らし合わせて顧客が当該製品等に対する支配を獲得したと認められる時点が契約の履行義務の充足時期であり、顧客への製品の到着時、検収時や貿易上の諸条件等に基づき売上収益を認識しています。また、これらの製品に関連する保守・運用などの役務を顧客に対して提供する場合がありますが、当該役務に関する履行義務については、基本的に時の経過につれて充足されるため、当該契約期間に応じて売上収益を計上しています。なお、一部のインフラやシステム等は顧客独自の仕様指定により個別受注生産を行なっています。これらの製品の履行義務は製造の進捗に伴って充足されるものであり、履行義務の結果を合理的に測定できる場合は見積総コストに対して実際に発生したコストの割合に応じて売上収益を計上し、履行義務の結果を合理的に測定できない場合は、発生したコストの範囲でのみ売上収益を計上しています。

（収益認識に関する注記）

24　売上収益

(1)　収益の分解

当社グループは、工業部門及び医療部門から構成されています。

工業部門では製造業を営む顧客に販売しており、医療部門では主として病院等の医療機関や医療機器商社等の顧客に販売しています。

各報告セグメントの主な事業内容及び製造する製品の関係は以下のとおりです。

報告セグメント	事業内容	製品
工業部門	インダストリアル	産業用ポンプ・コンプレッサー 液化ガス・産業ガス関連機器・装置
	精密機器	発電プラント向け水質調整装置 電子部品製造関連装置 粉体計測機器(注)
	航空宇宙	民間航空機向け炭素繊維強化樹脂(CFRP)成形品
医療部門	メディカル	透析関連製品 急性血液浄化関連製品　その他

(注)　当連結会計年度において、当社の連結子会社であったマイクロトラック・ベル株式会社及びMicrotrac, Inc.の株式を譲渡し、粉体計測機器事業を売却しております。

これらに分解した事業収益とセグメント売上収益との関連は以下のとおりです。

前連結会計年度（自 2018 年 1 月 1 日至 2018 年 12 月 31 日）

（単位：百万円）

	報告セグメント		
	工業部門	医療部門	合計
インダストリアル	76,763	－	76,763
精密機器	10,682	－	10,682

航空宇宙	16,909	–	16,909
メディカル	–	60,824	60,824
その他	146	–	146
合　計	104,501	60,824	165,326

（注）　グループ会社間の内部取引控除後の金額を表示しています。

当連結会計年度（自2019年1月1日至2019年12月31日）

（単位：百万円）

	報告セグメント		
	工業部門	医療部門	合計
インダストリアル	75,238	–	75,238
精密機器	9,233	–	9,233
航空宇宙	17,955	–	17,955
メディカル	–	62,046	62,046
その他	1,306	–	1,306
合　計	103,734	62,046	165,780

（注）　グループ会社間の内部取引控除後の金額を表示しています。

　売上収益は、識別された履行義務に対して、顧客との契約に基づく対価を製造コストや過去の販売実績等を勘案して配分し、当該履行義務が充足された時点で計上しています。

　当社グループの製品は顧客に納品することを約束した製品等について、契約条件に照らし合わせて顧客が当該製品等に対する支配を獲得したと認められる時点が契約の履行義務の充足時期であり、顧客への製品の到着時、検収時や貿易上の諸条件等に基づき売上収益を認識しています。また、これらの製品に関連する保守・運用などの役務を顧客に対して提供する場合がありますが、当該役務に関する履行義務については、基本的に時の経過につれて充足されるため、当該契約期間に応じて売上収益を計上しています。これらの対価は履行義務の充足時点から概ね3ヶ月以内に支払を受

けています。

　なお、一部のインフラやシステム等は顧客独自の仕様指定により個別受注生産を行なっています。これらの製品の履行義務は製造の進捗に伴って充足されるものであり、履行義務の結果を合理的に測定できる場合は見積総コストに対して実際に発生したコストの割合に応じて売上収益を計上し、履行義務の結果を合理的に測定できない場合は、発生したコストの範囲でのみ売上収益を計上しています。これらにかかる対価は契約に基づく支払条件に基づいて、製品の完成前又は完成後に支払を受けています。また売上収益を計上し、未請求の対価に対して契約資産を計上し、顧客からの前受金に対して契約負債を計上しています。

(2)　契約残高

（単位：百万円）

	前連結会計年度期首 （2018年1月1日）	前連結会計年度 （2018年12月31日）	当連結会計年度 （2019年12月31日）
顧客との契約から生じた債権			
受取手形及び売掛金	42,962	49,874	46,555
契約資産	8,042	4,741	6,691
契約負債	2,935	6,482	4,447

　認識した収益のうち、期首現在の契約負債残高に含まれていたものは前連結会計年度は2,404百万円、当連結会計年度は5,454百万円です。

(3)　残存履行義務に配分した取引価格

　残存履行義務に配分した取引価格は以下のとおりです。当社グループの残存履行義務の多くは期末日から1年以内に売上収益が実現しますが、工業部門の大型のポンプ及びシステム製品については1年を超えて売上収益が実現するものがあります。

（単位：百万円）

	前連結会計年度 （2018年12月31日）	当連結会計年度 （2019年12月31日）
工業部門	51,947	47,340
医療部門	3,272	3,823

⑷　顧客との契約の獲得又は履行のためのコストから認識した資産

　当連結会計年度において、顧客との契約の獲得又は履行のためのコストから認識した資産の額に重要性はありません。また、認識すべき資産の償却期間が1年以内である場合には、実務上の便法を使用し、契約の獲得の増分コストを発生時に費用として認識しております。

丙社・令和元年12月期有価証券報告書より

（重要な会計方針）

⒂　収益

　当社グループは、下記の5ステップアプローチに基づき、収益を認識しています。

　ステップ1：顧客との契約を識別する

　ステップ2：契約における履行義務を識別する

　ステップ3：取引価格を算定する

　ステップ4：取引価格を契約における履行義務に配分する

　ステップ5：企業が履行義務の充足時に収益を認識する

①　一時点で充足される履行義務

　当社グループは、産業用ロボット部品、建設機械用機器、鉄道車両用ブレーキ装置・自動扉装置、航空機部品、自動車用ブレーキ装置・駆動制御装置、舶用制御装置、建物及び一般産業用自動扉装置、プラットホーム安全設備等の製造販売を主な事業としています。これらの製品の販売につい

ては、多くの場合、製品の引渡時点において顧客が当該製品に対する支配を獲得し、履行義務が充足されると判断していることから、主として当該製品の引渡時点で収益を認識しています。また、収益は顧客との契約において約束された対価から値引き、割戻及び返品等を控除した金額で測定しています。

②　一定期間にわたり充足される履行義務

当社グループは、次の要件のいずれかに該当する場合は、製品又は役務に対する支配が一定期間にわたり移転するため、一定期間にわたり履行義務を充足し収益を認識しています。

a　顧客が履行によって提供される便益を、履行するにつれて同時に受け取って消費する。

b　履行が、資産を創出するか又は増価させ、顧客が当該資産の創出又は増価について支配する。

c　履行が、他に転用できる資産を創出せず、かつ現在までに完了した履行に対する支払を受ける強制可能な権利を有している。

当社グループにおいて、一定期間にわたり充足される履行義務に関する収益としては、プラットホーム安全設備等の履行義務があります。プラットホーム安全設備等の収益は進捗度を見積り認識しています。進捗度は、見積原価総額に対する実際原価の割合で算出しています（インプット法）。

（収益認識に関する注記）

22.　顧客との契約から生じる収益

⑴　収益の分解

当社グループの事業は、コンポーネントソリューション事業、トランスポートソリューション事業、アクセシビリティソリューション事業及びその他の事業により構成されており、当社の取締役会が経営資源の配分の決定及び業績を評価するために、定期的に検討を行う対象となっているもの

です。

　当社グループでは、これらの事業を通じて得られる収益を売上高として表示しています。また売上高は、主要な製品別に分解しています。これらの分解した売上高と注記「5．事業セグメント」で記載しているセグメント別の売上高との関連は、以下のとおりです。

　なお、当社グループの代理人としての履行義務はありません。

(単位：百万円)

セグメントの名称	主要な製品	前連結会計年度 （自2018年1月1日 至2018年12月31日)	当連結会計年度 （自2019年1月1日 至2019年12月31日)
コンポーネント ソリューション事業	精密減速機	65,803	54,941
	油圧機器	53,395	52,169
	その他	82	78
	小計	119,280	107,188
トランスポート ソリューション事業	鉄道車両用機器	31,207	30,280
	航空機器	18,526	22,796
	商用車用機器	14,600	14,170
	舶用機器	9,777	10,848
	その他	7,754	5,899
	小計	81,863	83,994
アクセシビリティ ソリューション事業	自動ドア	75,957	79,971
	小計	75,957	79,971
その他	包装機	14,650	16,069
	その他	2,876	2,586
	小計	17,527	18,654
合　計		294,626	289,808

（注）　金額は、外部売上高で表示しています。

(2)　契約残高

　顧客との契約から生じた債権、契約資産及び契約負債に関する情報は以下のとおりです。

（単位：百万円）

	前連結会計年度 （2018年12月31日）	当連結会計年度 （2019年12月31日）
顧客との契約から生じた債権	74,646	69,175
契約資産	1,650	1,000
契約負債	5,232	5,579

　契約資産は主に、一定期間にわたり充足した履行義務に係る対価に対する当社グループの権利であり、支払いに対する権利が無条件になった時点で債権に振り替えられます。顧客との契約から生じた債権は、履行義務の充足後、別途定める支払条件により、主として1年以内に対価を受領しています。また、当社グループの顧客との契約から生じた債権に重要な金融要素はありません。

　契約負債は主に、製品の引渡前に当社グループが顧客から受け取った対価です。

　当連結会計年度に認識した収益のうち、期首時点で契約負債に含まれていた金額は4,915百万円です。また過去の期間に充足（又は部分的に充足）した履行義務から認識した収益の額に重要性はありません。

　なお、当連結会計年度において、顧客との契約から生じた債権について認識した減損損失(損失評価引当金の新規認識による増加額)は130百万円、契約資産について認識した減損損失はありません。

⑶　**残存履行義務に配分した取引価格**

　残存履行義務の充足時期ごとの取引価格は以下のとおりです。本取引価格の中に変動対価の金額の見積は含めていません。なお、実務上の便法を使用しているため、以下の金額には個別の予想契約期間が1年以内の取引金額を含めていません。

（単位：百万円）

	前連結会計年度 （2018年12月31日）	当連結会計年度 （2019年12月31日）
1年以内	27,125	28,367
1年超	15,524	15,325
合　計	42,648	43,692

⑷　顧客との契約の獲得又は履行のためのコストから認識した資産

　当連結会計年度において顧客との契約の獲得又は履行のためのコストから認識した資産はありません。なお、認識すべき資産の償却期間が1年以内である場合には、実務上の便法を使用し、契約の獲得の増分コストを発生時に費用として認識しています。

第13章

適用時期

Ⅰ　適用時期の定め

　令和2年3月31日付で公表された改正後の収益認識会計基準は、令和3年4月1日以後に開始する連結会計年度および事業年度の期首から適用する（収益認識会計基準81項）。

　また、早期適用として、令和2年4月1日以後に開始する連結会計年度および事業年度の期首から適用することができる（収益認識会計基準82項）。

　なお、早期適用については、追加的に、令和2年4月1日に終了する連結会計年度および事業年度から令和3年3月30日に終了する連結会計年度および事業年度までにおける年度末に係る連結財務諸表および個別財務諸表から早期適用することもできる（収益認識会計基準83項）。この適用にあたって、早期適用した連結会計年度および事業年度の翌年度に係る四半期（または中間）連結財務諸表および四半期（または中間）個別財務諸表においては、早期適用した連結会計年度および事業年度の四半期（または中間）連結財務諸表および四半期（または中間）個別財務諸表について、本会計基準を当該年度の期首に遡って適用する（収益認識会計基準83項）。

適用初年度に係る経過措置

1　遡及適用に係る原則と例外

　本会計基準の適用初年度においては、会計基準等の改正に伴う会計方針の変更として取り扱い、原則として、新たな会計方針を過去の期間のすべてに遡及適用する。

　ただし、適用初年度の期首よりも前に新たな会計方針を遡及適用した場合の適用初年度の累積的影響額を、適用初年度の期首の利益剰余金に加減し、当該期首残高から新たな会計方針を適用することができる（収益認識会計基準84項）。

遡及適用に係る原則と例外

原則	遡及適用
例外	適用初年度の期首以前の累積的影響額を期首の利益剰余金に加減算

　原則どおり遡及適用するか、適用初年度の累積的影響額を適用初年度の期首の利益剰余金に加減するか、いずれを適用するかを判断する必要があるが、新たな会計方針の適用による影響額が重要である場合は、遡及適用する選択を行う可能性がより高くなるという見方もあると思われる。ただし、実務負担の観点から、例外を適用する企業が多くなると予想される。

2　原則的な取扱いに従って遡及適用する場合

　収益認識会計基準を原則的な取扱いに従って遡及適用する場合、次の(1)から(4)の方法のうちの1つまたは複数を適用することができる（収益認識会計基準85項）。

(1)　適用初年度の前連結会計年度および前事業年度の期首より前までに従前の取扱いに従ってほとんどすべての収益の額を認識した契約について、適用初年度の前連結会計年度の連結財務諸表および四半期（または

中間）連結財務諸表（注記事項を含む）ならびに適用初年度の前事業年度の個別財務諸表および四半期（または中間）個別財務諸表（注記事項を含む）（以下合わせて「適用初年度の比較情報」という）を遡及的に修正しないこと

(2)　適用初年度の期首より前までに従前の取扱いに従ってほとんどすべての収益の額を認識した契約に変動対価が含まれる場合、当該契約に含まれる変動対価の額について、変動対価の額に関する不確実性が解消された時の金額を用いて適用初年度の比較情報を遡及的に修正すること

(3)　適用初年度の前連結会計年度内および前事業年度内に開始して終了した契約について、適用初年度の前連結会計年度の四半期（または中間）連結財務諸表および適用初年度の前事業年度の四半期（または中間）個別財務諸表を遡及的に修正しないこと

(4)　適用初年度の前連結会計年度および前事業年度の期首より前までに行われた契約変更について、すべての契約変更を反映した後の契約条件に基づき、次の①から③の処理を行い、適用初年度の比較情報を遡及的に修正すること

①　履行義務の充足分および未充足分の区分

②　取引価格の算定

③　履行義務の充足分および未充足分への取引価格の配分

3　例外的な取扱いに従って処理する場合

　適用初年度の累積的影響額を、適用初年度の期首の利益剰余金に加減する例外的な処理（収益認識会計基準84項ただし書の処理）をする場合、適用初年度の期首より前までに従前の取扱いに従ってほとんどすべての収益の額を認識した契約に、新たな会計方針を遡及適用しないことができる。

　また、契約変更について、次の(1)または(2)のいずれかを適用し、その累積的影響額を適用初年度の期首の利益剰余金に加減することができる。

(1)　適用初年度の期首より前までに行われた契約変更について、すべての

契約変更を反映した後の契約条件に基づき、前項(4)の①から③の処理を行うこと

(2)　適用初年度の前連結会計年度および前事業年度の期首より前までに行われた契約変更について、すべての契約変更を反映した後の契約条件に基づき、前項(4)の①から③の処理を行うこと

4　IFRSまたは米国会計基準を連結財務諸表に適用している企業の特例

収益認識会計基準84項から86項の定めにかかわらず、国際財務報告基準（IFRS）または米国会計基準を連結財務諸表に適用している企業（またはその連結子会社）が当該企業の個別財務諸表に本会計基準を適用する場合には、本会計基準の適用初年度において、IFRS第15号「顧客との契約から生じる収益」またはFASB Accounting Standards Codification（米国財務会計基準審議会（FASB）による会計基準のコード化体系）のTopic 606「顧客との契約から生じる収益」のいずれかの経過措置の定めを適用することができる。

また、収益認識会計基準84項から86項の定めにかかわらず、IFRSを連結財務諸表に初めて適用する企業（またはその連結子会社）が当該企業の個別財務諸表に本会計基準を適用する場合には、本会計基準の適用初年度において、IFRS第1号「国際財務報告基準の初度適用」における経過措置に関する定めを適用することができる（収益認識会計基準87項）。

5　消費税の会計処理を税込方式から税抜方式に変更する場合の特例

消費税および地方消費税の会計処理を税込方式から税抜方式に変更する場合には、会計基準等の改正に伴う会計方針の変更として取り扱う。この場合、適用初年度の期首より前までに税込方式に従って消費税等が算入された固定資産等の取得原価から消費税等相当額を控除しないことができる（収益認識会計基準89項）。

過去の期間に消費税等が算入された固定資産の取得原価を修正するとな

ると、相当の期間にわたり情報を入手することが必要となり、実務的な対応に困難を伴うことが想定されるため、適用初年度の期首より前までに消費税等が算入された固定資産等の取得原価から消費税等相当額を控除しないことができるとする経過措置が置かれたものである（収益認識会計基準212項）。

Ⅲ 遡及適用した場合と適用初年度の累積的影響額を適用初年度の期首の利益剰余金に加減する処理をした場合の相違

　遡及適用した場合と適用初年度の累積的影響額を適用初年度の期首の利益剰余金に加減する処理をした場合の違いであるが、例えば、ポイント引当金を計上している企業が、原則どおり遡及適用した場合には、前期以前に遡及して収益認識会計基準を適用したものとして処理するため、有価証券報告書や四半期報告書における当期の財務諸表だけでなく、比較情報である前期の財務諸表においてもポイント引当金は表示されず、ポイント部分について契約負債が表示されることになる。返品調整引当金についても、同様に、比較情報である前期の財務諸表においても返品調整引当金は表示されず、その部分について返金負債が表示され、対応する原価相当額について返品資産が表示されることになる。

　一方、適用初年度の期首よりも前に新たな会計方針を遡及適用した場合の適用初年度の累積的影響額を、適用初年度の期首の利益剰余金に加減し、当該期首残高から新たな会計方針を適用する処理を選択した企業の場合、当期の期首日の日付で、ポイント引当金（または返品調整引当金）を取り崩して、契約負債（または返金負債および返品資産）を計上することになると考えられる。そのときの貸借差額は期首の利益剰余金の加減で処理することになると考えられる。

法人税との関係

1　適用初年度の別表による調整

　法人税法上、遡及適用という考え方はない。前事業年度末の利益積立金額が当事業年度の期首の利益積立金額と一致することになる。したがって、適用初年度の法人税申告書の別表５(1)の期首現在利益積立金額の箇所で、一定の資産科目または負債科目と繰越損益金の項目の箇所に調整を入れることが考えられる。もちろん期首現在利益積立金額のトータルの数字は、前事業年度末の利益積立金額と同額となることは言うまでもない。

　原則どおり遡及適用した場合も、適用初年度の期首よりも前に新たな会計方針を遡及適用した場合の適用初年度の累積的影響額を、適用初年度の期首の利益剰余金に加減し、当該期首残高から新たな会計方針を適用する処理をした場合も、その調整の方法は実質同様であると考えられる。

2　具体例

(1)　出荷日基準から検収日基準に変更した場合

　出荷日基準から検収日基準に会計方針の変更をした場合を例として、申告調整の方法を説明する。

設 例 出荷基準から検収基準に変更した場合の申告調整

前提条件

　前期までは出荷基準により売上を計上していたが、収益認識会計基準の適用初年度である当期より売上の計上基準を検収基準に変更している。

　前期中に出荷したものの前期末に未検収（当期において検収）であった商品に係る売上5,000,000円とこれに対応する原価が3,000,000円ある。

　なお、法定実効税率を30％とし、繰延税金資産の回収可能性はあるものとする。

解　答

① 　会計処理

　前期中に出荷したものの前期末に未検収（当期において検収）であった商品に係る売上とこれに対応する原価が、前期の売上および売上原価に計上されているが、変更後の検収基準を遡及適用した場合、これらは前期に計上すべきでないことになる。前期の会計上の利益は2,000,000円過大に計上されていることになる。適用初年度である当期首の利益剰余金を減額する仕訳が必要になる。

　適用初年度の期首の日付で、次の仕訳が起きる。

繰越利益剰余金	1,400,000	売掛金	5,000,000
棚卸資産	3,000,000	繰延税金負債	900,000
繰延税金資産	1,500,000		

　②で説明するように、税務上の仕訳はなしであるから、売掛金および棚卸資産に係る会計上の帳簿価額と税務上の帳簿価額との間に差異が生じる。これが、税効果会計における一時差異に該当する。売掛金に係る会計上の帳簿価額と税務上の帳簿価額との差異が将来減算一時差異に当たり、棚卸資産に係る会計上の帳簿価額と税務上の帳簿価額との差異が将来加算一時差異に当たる。繰延税金資産を1,500,000円（5,000,000円×30％）、繰延税金負債を900,000円（3,000,000円×30％）計上する。

② 　税務処理

　変更後の会計方針を前期以前の事業年度に遡及適用し、遡及適用による累積的影響額を適用初年度の期首残高に反映する処理は会計処理のみであり、税務上はそのような処理がなかったものとして取り扱われる。税務上は、仕訳なしである。

③ 　申告調整

　適用初年度である当期の法人税申告書の別表5(1)において、次のような調整を行うことが考えられる。なお、本会計処理のみに焦点を当て、他の取引に係る数字は捨象している。

別表四　所得の金額の計算に関する明細書

区　　分	総　　額	処　　分	
		留　保	社外流出
	①	②	③
当期利益又は当期欠損の額			配　当
			その他
加算　売上原価過大計上（過年度遡及）	3,000,000	3,000,000	
法人税等調整額	600,000	600,000	
減算　売上過大計上（過年度遡及）	5,000,000	5,000,000	

別表五㈠　利益積立金額及び資本金等の額の計算に関する明細書

Ⅰ　利益積立金額の計算に関する明細書				
区　　分	期首現在利益積立金額	当期の増減		差引翌期首現在利益積立金額 ①-②+③
		減	増	
	⑤	⑥	⑦	⑧
売掛金（過年度遡及）	5,000,000		△5,000,000	0
棚卸資産（過年度遡及）	△3,000,000		3,000,000	0
繰延税金資産	△1,500,000		1,500,000	0
繰延税金負債	900,000		△900,000	0
繰越損益金	△1,400,000	△1,400,000	XXX	XXX

　なぜ別表4の調整が生じるのかであるが、加算および減算それぞれについて、次の理由による。前期末に出荷済であり、かつ、未検収の商品については、前期に売上原価を計上しているが、遡及適用した結果、検収基準により当期に売上原価が再度計上される。売上原価が二重に所得に反映されるのを避けるために、別表4で加算する必要がある。この加算により、

期首の棚卸資産に係る会計上の帳簿価額と税務上の帳簿価額との差異が解消する（繰延税金負債の取崩）。

　また、前期末に出荷済みで、かつ、未検収の商品については、前期に売上を計上しているが、遡及適用した結果、検収基準により当期に売上が再度計上される。売上が二重に所得に反映されるのを避けるために、別表４で減算する必要がある。この減算により、期首の売掛金に係る会計上の帳簿価額と税務上の帳簿価額との差異が解消する（繰延税金資産の取崩）。

　要するに、わかりやすく表現すれば、前期中に出荷したものの前期末に未検収（当期において検収）であった商品に係る売上とこれに対応する原価を、前期に計上されなかったものと仮定して、適用初年度の期首の利益剰余金の変動により修正したが、その額が期首における売掛金および棚卸資産の帳簿価額の変動を通じて、当期の損益に影響することになる。その影響を税務上は申告調整により、当期の所得金額に影響させないようにするという意味になる。

⑵　ポイントに係る引当金処理から契約負債を計上する処理に変更した場合

　適用初年度の前期末までポイント引当金を計上していた企業が、適用初年度である当期から契約負債を計上する処理に変更し、変更後の会計処理を遡及適用した場合、適用初年度の期首の日付で、ポイント引当金を打ち消して、契約負債を計上し、利益剰余金を加減する仕訳が起きる。

設例　ポイント制度に係る申告調整
前提条件

　ポイント制度を採用しており、前期までポイント引当金を計上する会計処理によっていた。当期の期首から収益認識会計基準を適用したが、収益認識会計基準ベースの契約負債を計上する会計処理を前期以前の事業年度に遡及適用した。前期末に計上していたポイント引当金は8,000,000円

であった。また、適用初年度である当期の期首に計上すべき契約負債は6,500,000円と算定された。

　当期の期首時点のポイントのうち、当期中に使用されたポイントの割合は40％であり、契約負債から売上に振り替えられた金額は2,600,000円（6,500,000円×40％）であった。

　また、税務上の観点から、ポイント制度を見直し、令和3年4月1日以後に開始する事業年度の期首以後の取引について付与するポイントについて法人税基本通達2-1-1の7の要件が満たされるように対応したため、税務上も契約負債について収益を減額する処理が認容されるものとする。すなわち、当期に付与したポイントに係る収益の減額処理については、法人税法上認容されているものとする。

　法定実効税率を30％とし、繰延税金資産の回収可能性はあるものとする。

解　答

（期首）

ポイント引当金	8,000,000		契約負債	6,500,000
繰延税金資産	1,950,000		繰越利益剰余金	1,050,000
			繰延税金資産	2,400,000

　契約負債の計上額は、取引対価の額を商品の販売とポイントのそれぞれの履行義務に独立販売価格の比率に基づいて配分し、そのポイントに配分された額である。したがって、契約負債の計上額は、ポイント引当金の計上額と異なることが考えられる。

　また、ポイント引当金は税務上認められない引当金であるため、将来減算一時差異に該当し、繰延税金資産を計上していた場合は、期首の日付で取り崩すことが考えられる。一方、契約負債については、法人税基本通達2-1-1の7の要件が満たされており、税務上も認容されるとしても、当期の期首時点のポイントについては、前期以前の事業年度において、商品の販売時点において収益の減額処理はされておらず、全額益金の額に算入されている。当期以降において使用された部分について売上に振替が行われる

が、その金額については別表4で減算が行われることになるため、将来減算一時差異に該当すると考えられる。6,500,000円に30％を乗じた金額である1,950,000円について、期首の日付で繰延税金資産を計上する。

　このとき、契約負債から売上に振り替える分、会計上の売上が増額されるが、別表4の減算により認容されるため、税金費用が増額となるように調整を入れる必要がある。契約負債から売上に振り替わる部分に対応する繰延税金資産の取崩により、税金費用の増額調整が入ることで税金費用の適切な調整が行われる。

別表四　所得の金額の計算に関する明細書

区　　分	総　　額	処　　分	
		留　保	社外流出
	①	②	③
当期利益又は当期欠損の額			配　当
			その他
加算　法人税等調整額	780,000	780,000	
減算　契約負債認容	2,600,000	2,600,000	

別表五(一)　利益積立金額及び資本金等の額の計算に関する明細書

Ⅰ　利益積立金額の計算に関する明細書				
区　　分	期首現在利益積立金額	当期の増減		差引翌期首現在利益積立金額 ①－②＋③
		減	増	
	①	②	③	④
ポイント引当金	△8,000,000（前期末に残高8,000,000あり）			0
契約負債	6,500,000		△2,600,000	3,900,000

繰延税金資産 (ポイント引当金)	2,400,000 (前期末に残高 △2,400,000あり)			0
繰延税金資産	△1,950,000		780,000	△1,170,000
繰越損益金	1,050,000 XXX	XXX	XXX	XXX

　別表5(1)の期首現在利益積立金額の箇所で、会計上の期首の仕訳に対応する調整が入る。ポイント引当金の調整は消え、新たに契約負債の調整が入る。また、繰延税金資産に係る調整についても、ポイント引当金に対応する繰延税金資産の調整は消え、契約負債に対応する繰延税金資産の調整が入る。さらに、会計上、期首の繰越利益剰余金が1,050,000円増加したため、繰越損益金の行に調整が入る。期首現在利益積立金額のトータル金額は、前事業年度の差引翌期首現在利益積立金額の数字と同額であり、変動なしである。

　期首のポイントのうちの40％が使用され、契約負債から売上に2,600,000円振替が行われたが、前期以前に付与された時点で売上の減額は行われておらず、ポイント引当金の対象であったため、この金額については別表4で減算されると考えられる。

影響を受けると考えられる会計処理

Ⅰ　適用が認められないこととなる処理

　収益認識会計基準によると、主に、次の従来の日本基準における実務の取扱いが認められないこととなる。

・顧客に付与するポイントについての引当金処理（ポイント引当金）
・消費税等の税込方式による会計処理（税込み経理）および酒税、たばこ税、揮発油税で第三者のために回収される額を売上に含める会計処理
・返品調整引当金の計上
・割賦販売における割賦基準に基づく収益計上

Ⅱ　影響を受ける可能性がある処理

　次に列挙する処理については、一定の影響を受ける可能性があるので、事前の検討が必要である。

項目	ポイント	影響を受ける可能性がある取引例
契約の結合	改正前のルールには取扱いがないため、個々の契約が収益認識の基本的な単位になっている。収益認	例えば、機器の販売と保守サービスの契約を分けている場合、汎用ソフトウエア

	識会計基準では契約の結合についての定めがある。	を顧客仕様にカスタマイズして提供する場合にソフトウエア本体の利用権の提供とカスタマイズの契約を分けている場合、ソフトウエアの受注制作において開発工程ごとに契約を分けている場合など
契約の変更	改正前のルールには工事契約や受注制作のソフトウエアを除き、一般的な取扱いがない。既存の契約と別契約とするのか、契約変更による影響を損益として認識するかの判断が必要になる。	例えば、建設、ソフトウエアの開発、設備の長期の受注制作など
履行義務の識別	約束した財またはサービスが別個のものか否かの判断（履行義務単位への分割）について、改正前のルールには工事契約や受注制作のソフトウエアを除き、一般的な取扱いがない。履行義務の識別について、収益認識会計基準に基づく判断が必要になる。	商品等の提供とその後の一定期間にわたる付随的サービスの提供が1つの契約に含まれる取引、例えば機械の販売と据付サービス・保守サービス、ソフトウエア開発とその後のサポート・サービスなど
ライセンスの供与	改正前のルールには一般的な定めがない。収益認識会計基準に基づく判断が必要になる。	例えば、特許権の使用許諾、一定地域における独占販売権を与えるライセンス、メディア・コンテンツやフランチャイズ権のライセンス、ソフトウエアのライセンスおよび医薬品業界の導出取引など
変動対価	改正前のルールには一般的な定めがない。収益認識会計基準に基づく判断が必要になる。	例えば、多くの業種において行われている仮価格による取引の会計処理が影響を受ける可能性がある。また、販売数量や業績達成に応じたインセンティブを付すリベート等が生じる取引も影響を受ける可能性があると考えられる。さらに、販売店が消費者に対して行う値引きについて、メーカーがその値引きの一部を負担する取引等も影響を受ける可能性がある。

取引価格の各履行義務への配分	改正前のルールには工事契約や受注制作のソフトウエアを除き、一般的な取扱いがない。収益認識会計基準では、取引価格を独立販売価格の比率で配分する。	1つの契約の中に複数の履行義務が識別される取引に影響する可能性がある。例えば、機械の販売と保守サービス、ポイント制度など
一定の期間にわたり充足される履行義務	改正前のルールでは、一定の契約に従い継続して役務の提供を行う場合には、時間の経過を基礎として収益を認識するとされている。収益認識会計基準では、一定の期間にわたり履行義務が充足されると判断されるための要件が明確化されているため、従来の実務において一定の期間にわたり収益を認識しているものであっても、一時点で収益を認識しなければならなくなるもの、あるいはその逆になるものがあり得る。	一定の期間にわたって継続的にサービスを提供する契約や、一定の期間で製品を製造する契約が影響を受ける可能性がある。例えば、輸送サービス、管理や事務代行等のサービス提供取引、ソフトウエア開発やビル建設等の長期の個別受注取引など
一定の期間にわたり充足される履行義務（進捗度を合理的に測定できない場合）	改正前のルールでは、工事契約について、その進捗部分について成果の確実性が認められるときは工事進行基準を適用し、その要件を満たさないときは工事完成基準を適用するとされている。収益認識会計基準では、一部の状況においては、企業が履行義務の結果を合理的に測定することができないが、当該履行義務を充足する際に発生するコストを回収すると見込んでいる場合があり、その場合には、当該履行義務の結果を合理的に測定できるようになるまで、発生したコストが回収されると見込まれる範囲でのみ収益の認識を行う（原価回収基準）。	収益や原価等の見積りの策定に工事開始後一定期間を要する工事が影響を受ける可能性があると考えられる。例えば、長期の工事契約が影響を受ける可能性があると考えられる。
一時点で充足される履行義務	改正前のルールでは、一時点で充足される履行義務については、実現主義の原則に従い、商品等の販売または役務の給付によって実現したものについて売上を計上するとされている。収益認識会計基準では、履行義務の充足時に収益を計上する。	物品の販売契約や輸出契約等の取引が影響を受ける可能性があると考えられる。特に、出荷してから顧客による検収までの期間が一定程度ある取引について、影響を受ける可能性があると考えられる。

			（ただし、国内の販売で、出荷時から当該商品または製品の支配が顧客に移転される時までの期間が通常の期間である場合、出荷時点等に収益を認識することができる代替的な取扱いが定められている。）
商品券		従来の実務では、債務履行の可能性を考慮して一定の要件を満たす場合に収益計上する会計処理が行われている。収益認識会計基準では、顧客から前払金を受け取った段階で契約負債を計上する。未行使の権利（非行使部分）については、企業が将来において権利を得ると見込むか見込まないかによって、会計処理の方法が定められている。	将来の財またはサービスに対する支払が前もって行われるような取引が影響を受ける可能性があると考えられる。例えば、商品券、旅行券、食事券、ギフト券の発行を伴う取引が挙げられる。
顧客からの返金が不要な支払		従来の実務では、一般的な定めがないため、入金時に一括して収益を認識する処理や収益を契約期間にわたって配分する処理がみられる。 収益認識会計基準では、顧客から返金が不要な支払を受ける場合には、当該支払が約束した財またはサービスの移転を生じさせるものか、あるいは将来の財またはサービスの移転に対するものかどうかを判断する。	サービス業における入会金や電気通信契約の加入手数料等が、影響を受ける可能性がある。
本人取引か代理人取引か		改正前のルールでは、ソフトウエア取引を除き、収益に関して売上と仕入を総額で表示するか純額で表示するかに関する定めはない。収益認識会計基準では、他の当事者が顧客への財またはサービスの提供に関与している場合には、企業は、企業の役割が自ら特定された財またはサービスを提供することなのか（企業が本人か）、それとも、当該財またはサービスが他の当事者によって提供されるように手配することなのか（企業が代理人か）を判断する。	企業間の取引を仲介するケース等について、影響を受ける可能性がある。例えば、卸売業における取引、小売業におけるいわゆる消化仕入、メーカーの製造受託の取引や有償支給取引および電子商取引サイト運営に係る取引等の会計処理が影響を受ける可能性がある。

顧客に支払われる対価の表示（売上リベート等）	改正前のルールでは、顧客への支払の表示に関する一般的な定めはない。 収益認識会計基準では、企業に移転する別個の財またはサービスに対する支払である場合を除き、取引価格（収益）から減額する。	企業が顧客に対して、返金や値引きを行う場合に影響が生じる可能性があると考えられる。例えば、キャッシュ・バックもしくは値引きを行う場合、または顧客に売上リベートを支払う場合等が該当する可能性がある。
有償支給取引	改正前のルールでは、有償支給取引に関する一般的な定めはない。 収益認識会計基準では、有償支給取引において、企業が支給品を買い戻す義務を負っていない場合には、企業は当該支給品の消滅を認識することとなるが、当該支給品の譲渡に係る収益は認識しない。企業が支給品を買い戻す義務を負っている場合には、支給先は当該支給品に対する支配を獲得していないこととなる。この場合、企業は支給品の譲渡に係る収益を認識せず、当該支給品の消滅も認識しないこととなる。しかし、譲渡された支給品は、企業による在庫管理に関して実務上の困難さがある点が指摘されており、この点を踏まえ、個別財務諸表においては、支給品の譲渡時に当該支給品の消滅を認識することができる。	有償支給取引全般について、収益認識会計基準に基づく判断が必要になる。その判断の結果、現在の実務の見直しが必要になるものも生じ得る。

参考2

代替的な取扱い

収益認識適用指針92項から104項にかけて、以下の13項目が定められている。

代替的な取扱いの項目および内容

属性	項目	代替的な取扱いの内容
契約変更	契約変更における重要性が乏しい場合の取扱い	契約変更による財またはサービスの追加が既存の契約内容に照らして重要性が乏しい場合には、当該契約変更について処理するにあたり、収益認識会計基準30項または31項(1)もしくは(2)のいずれの方法も適用することができる（独立した契約として処理する、既存の契約をいったん解約して新たな契約を締結したものと仮定して処理する、契約変更を既存の契約の一部であると仮定して処理する、以上のいずれの処理も認められる）。
履行義務の識別	履行義務の識別における顧客との契約の観点で重要性が乏しい場合の取扱い	約束した財またはサービスが、顧客との契約の観点で重要性が乏しい場合には、当該約束が履行義務であるのかについて評価しないことができる。顧客との契約の観点で重要性が乏しいかどうかを判定するにあたっては、当該約束した財またはサービスの定量的および定性的な性質を考慮し、契約全体における当該約束した財またはサービスの相対的な重要性を検討する。

	出荷および配送活動に関する会計処理の選択	顧客が商品または製品に対する支配を獲得した後に行う出荷および配送活動については、商品または製品を移転する約束を履行するための活動として処理し、履行義務として識別しないことができる。
一定の期間にわたり充足される履行義務	期間がごく短い工事契約	工事契約について、契約における取引開始日から完全に履行義務を充足すると見込まれる時点までの期間がごく短い場合には、一定の期間にわたり収益を認識せず、完全に履行義務を充足した時点で収益を認識することができる。
	期間がごく短い受注制作のソフトウエア	受注制作のソフトウエアについても、上記の期間がごく短い場合の取扱いが認められる。
	船舶による運送サービス	一定の期間にわたり収益を認識する船舶による運送サービスについて、一航海の船舶が発港地を出発してから帰港地に到着するまでの期間が通常の期間（運送サービスの履行に伴う空船廻航期間を含み、運送サービスの履行を目的としない船舶の移動または待機期間を除く）である場合には、複数の顧客の貨物を積載する船舶の一航海を単一の履行義務としたうえで、当該期間にわたり収益を認識することができる。
一時点で充足される履行義務	出荷基準等の取扱い	商品または製品の国内の販売において、出荷時から当該商品または製品の支配が顧客に移転される時までの期間が通常の期間である場合には、出荷時から当該商品または製品の支配が顧客に移転される時までの間の一時点（例えば、出荷時や着荷時）に収益を認識することができる。商品または製品の出荷時から当該商品または製品の支配が顧客に移転される時までの期間が通常の期間である場合とは、当該期間が国内における出荷および配送に要する日数に照らして取引慣行ごとに合理的と考えられる日数である場合をいう。

履行義務の充足に係る進捗度	契約の初期段階における原価回収基準の取扱い	一定の期間にわたり充足される履行義務について、契約の初期段階において、履行義務の充足に係る進捗度を合理的に見積ることができない場合には、当該契約の初期段階に収益を認識せず、当該進捗度を合理的に見積もることができる時から収益を認識することができる。
履行義務への取引価格の配分	重要性が乏しい財またはサービスに対する残余アプローチの使用	履行義務の基礎となる財またはサービスの独立販売価格を直接観察できない場合で、当該財またはサービスが、契約における他の財またはサービスに付随的なものであり、重要性が乏しいと認められるときには、当該財またはサービスの独立販売価格の見積方法として、残余アプローチを使用することができる。
契約の結合、履行義務の識別および独立販売価格に基づく取引価格の配分	契約に基づく収益認識の単位および取引価格の配分	次の(1)および(2)のいずれも満たす場合には、複数の契約を結合せず、個々の契約において定められている顧客に移転する財またはサービスの内容を履行義務とみなし、個々の契約において定められている当該財またはサービスの金額に従って収益を認識することができる。 (1)顧客との個々の契約が当事者間で合意された取引の実態を反映する実質的な取引の単位であると認められること (2)顧客との個々の契約における財またはサービスの金額が合理的に定められていることにより、当該金額が独立販売価格と著しく異ならないと認められること
	工事契約の収益認識の単位	工事契約について、当事者間で合意された実質的な取引の単位を反映するように複数の契約（異なる顧客と締結した複数の契約や異なる時点に締結した複数の契約を含む）を結合した際の収益認識の時期および金額と当該複数の契約について原則的な取扱い（収益認識会計基準27項および32項の定め）に基づく収益認識の

		時期および金額との差異に重要性が乏しいと認められる場合には、当該複数の契約を結合し、単一の履行義務として識別することができる。
	受注制作のソフトウエアの収益認識の単位	受注制作のソフトウエアの収益認識の単位についても、工事契約に準じて、上記の取扱いを適用することができる。
その他の個別事項	有償支給取引	有償支給取引に係る処理にあたっては、企業が当該支給品を買い戻す義務を負っているか否かを判断する必要がある。 有償支給取引において、企業が支給品を買い戻す義務を負っていない場合、企業は当該支給品の消滅を認識することとなるが、当該支給品の譲渡に係る収益は認識しない。 一方、有償支給取引において、企業が支給品を買い戻す義務を負っている場合、企業は支給品の譲渡に係る収益を認識せず、当該支給品の消滅も認識しないこととなるが、個別財務諸表においては、支給品の譲渡時に当該支給品の消滅を認識することができる。なお、その場合であっても、当該支給品の譲渡に係る収益は認識しない。

【著者略歴】

公認会計士・税理士

太田達也（おおた　たつや）

　慶応大学経済学部卒業後、第一勧業銀行（現みずほ銀行）を経て、太田昭和監査法人（現EY新日本有限責任監査法人）入所。平成4年公認会計士登録。現在、EY新日本有限責任監査法人において、会計・税務・法律など幅広い分野の助言・指導を行っている。

　著書に、決算・税務申告対策の手引、消費税の「軽減税率とインボイス制度」完全解説、同族会社のための「合併・分割」完全解説、合同会社の法務・税務と活用事例、「固定資産の税務・会計」完全解説、「解散・清算の実務」完全解説、「純資産の部」完全解説（以上、税務研究会）など多数。

　本書の内容に関するご質問は、FAX・メール等、文書で編集部宛に
お願いいたします。
　FAX：03-6777-3483
　E-mail：books@zeiken.co.jp
　なお、個別のご相談は受け付けておりません。

　本書刊行後に追加・修正事項がある場合は、随時、当社のホームページ
にてお知らせいたします。

「収益認識会計基準と税務」完全解説

平成30年10月15日　　初　版第一刷発行　　　　　　　（著者承認検印省略）
令和3年5月20日　　改訂版第三刷発行

Ⓒ　著　者　太田　達也
　　発行所　税務研究会出版局
　　　　　　https://www.zeiken.co.jp
　　　　　　週　刊　「税務通信」　発行所
　　　　　　　　　　「経営財務」
　　　　　　代表者　山　根　　毅
　　　　　〒100-0005
　　　　　東京都千代田区丸の内1-8-2 鉄鋼ビルディング

乱丁・落丁の場合は、お取替え致します。　　　　印刷・製本　奥村印刷
ISBN978-4-7931-2555-3